觀堂集林

附別集

上册

王國維　著

中華書局

圖書在版編目(CIP)數據

觀堂集林/(清)王國維著. —北京:中華書局,1959.6
(2024.12 重印)
ISBN 978-7-101-00866-1

Ⅰ.觀… Ⅱ.王… Ⅲ.王國維-文集 Ⅳ.C53

中國版本圖書館 CIP 數據核字(1999)第 27520 號

責任印製:管 斌

觀堂集林
(全二册)
王國維 著
*
中華書局出版發行
(北京市豐臺區太平橋西里 38 號 100073)
http://www.zhbc.com.cn
E-mail:zhbc@zhbc.com.cn
北京虎彩文化傳播有限公司印刷
*
850×1168 毫米 1/32 · 39⅛印張 · 385 千字
1959 年 6 月第 1 版 2024 年 12 月第 17 次印刷
印數:28251-28850 册 定價:158.00 元

ISBN 978-7-101-00866-1

出版説明

王國維字静安，又字伯隅，號觀堂，一八七七年（光緒三年）生於浙江海寧。清末曾留學日本，歸國後做過南通、蘇州師範學堂的教習，並任職學部。辛亥革命以後，主要是在大學裏教書，晚年擔任清華大學研究院教授。一九二七年在北京頤和園昆明湖投水自盡，年五十歲。

王氏早年所作學術性論文，多散見於雪堂叢刊及廣倉學宭叢書。到一九二一年才由他本人收集增删爲觀堂集林二十卷，交烏程蔣氏刊行。王氏逝世後，羅振玉輯印了他的全集，以觀堂集林爲第一種，卷數增加到二十四卷，編次和蔣本不同。後來商務印書館又輯印全集，也把觀堂集林列爲第一種，次第復與羅本互有歧異。原來蔣本出版以後，作者本人續有增補，而輯印全集的人又各據己見加以編訂，以致書名雖同，内容却不盡一致。商務本晚出，比較完備，現在就依據這個本子斷句影印，删去了其中的詩詞雜文二卷，另將别集裏考據性文章二卷合印在一起。王氏所作關於古代史料、古器物及文字學、音韻學等重要論文，大體已包括在内。

商務本觀堂集林係據作者晚年的修改稿印行，内容較初刻本已有許多改正。惟繕校不精，反而增加了一些新的錯誤，甚至還有整行脱漏的。我們在付印前，曾參照蔣、羅兩本和雪堂叢刊、廣倉學宭叢書等覆勘。其中點畫小差的字如「桯」，誤爲「程」，「陜」誤爲「陝」等，已在原本上改正；至於顛倒脱漏和無法就原本改動的，另作校記附於書後。此外更有原稿顯然錯誤，各本都沒有改正的，如引爾雅「釋魚」誤作「釋木」，水經注「淇水」、「淯水」誤作「清水」等，也查對原書校正，一併列入校記。

集林卷九有殷卜辭中所見先公先王考和續考兩篇，前考作於丁巳（一九一七年）二月，續考作於同年閏二月下旬。兩文的第一條同釋「夋」字，因作續考時發現了「癸巳貞於高祖夒」的拓本，才對前文作了補充，這從蔣本裏可以很清楚的看出。商務本前考「夋」字條根據晚年改定稿，實際上已包括了續考的補充材料，這不是初作所應有的。現在採用了商務本，對這一點不能不加以說明。

中華書局編輯部　一九五九年四月

觀堂集林目錄 附別集

第一冊　卷一　藝林一　　總頁碼

卷二　藝林二

卷三　藝林三

第二冊 卷七 藝林七

卷十二　史林四

卷十三　史林五

第三冊　卷十四　史林六

第四册　卷十九　史林十一

卷二十　史林十二

觀堂集林卷第一

海甯　王國維

生霸死霸考

說文霸月始生魄然也承大月二日小月三日从月䨣聲周書曰哉生霸此所引者乃壁中古文漢書律歷志引古文尚書武成亦作霸其由孔安國寫定者則從今文作魄馬融注古文尚書康誥云魄朏也謂月三日始生兆朏名曰魄此皆古文尚書說也法言五百篇月未望則載魄於西既望則終魄於東漢書王莽傳太保王舜奏公以八月載生魄庚子奉使朝用書此平帝元始四年事據太初術是年八月己亥朔二日得庚子則以二日為載生魄白虎通日月篇月三日成魄（本禮鄉飲酒義及孝經援神契）此皆今文家說與許馬古文說同是漢儒於生霸死霸無異辭也漢志載

劉歆三統歷獨為異說曰死霸朔也生霸望也孟康申之曰月二日以往明生魄死故言死魄魄月質也歆之說顧命曰成王三十年四月庚戌朔十五日甲子哉生霸則孟康之言洵可謂得歆意者矣僞古文尚書用其說故於武成篇造哉生明一語以配哉生魄僞孔傳用其說故以旁死魄為月二日以魄生明死為在十五日以後以哉生魄為十六日相承二千年未有覺其謬者近德清俞氏樾作生霸死霸考援許馬諸儒之說以正劉歆其論篤矣然於諸日名除哉生魄外尚用歆說如以既死魄為一日旁死魄為二日既生魄為十五日旁生魄為十六日既旁生魄為十七日此皆與名義不能相符余謂說文霸月始生魄然也朏月未盛之明也此二字同義聲亦相近故馬融曰魄朏也霸為月始生為月未盛之明則月之一日霸死久矣二日若承大月則霸方生謂之旁死霸可乎十五日以降霸生已

久至是始謂之既生霸不已晚乎且朔與望古自有初吉既望二名又留鼎銘先言六月既望復云四月既生霸一器之中不容用兩種記日法則既生霸之非望決矣以既生霸之非望可知既死霸之決非朔而旁死霸之非二日旁生霸之非十六日又可決矣余覽古器物銘而得古之所以名日者凡四曰初吉曰既生霸曰既望曰既死霸因悟古者蓋分一月之日為四分一曰初吉謂自一日至七八日也二曰既生霸謂自八九日以降至十四五日也三曰既望謂十五六日以後至二十二三日四曰既死霸謂自二十三日以後至于晦也八九日以降月雖未滿而未盛之明則生已久二十三日以降月雖未晦然始生之明固已死矣蓋月受日光之處雖同此一面然自地觀之則二十三日以後月無光之處正八日以前月有光之處此即後世上弦下弦之由分以始生之明既死故謂之既死霸此生霸

死霸之確解。亦即古代一月四分之術也。若更欲明定其日。於是有哉生魄（書康誥及顧命）旁生霸（漢書律歷志引古文尚書武成逸周書世俘解均作既旁生霸既字疑衍）旁死霸（古文尚書武成及周書世俘解）諸名。哉生魄之為二日或三日。自漢已有定說。旁者溥也。義進於既。以古文武成差之。如既生霸為八日。則旁生霸為十日。既死霸為二十三日。則旁死霸為二十五日。事與義會。此其證矣。凡初吉既生霸既望既死霸。各有七日或八日。哉生魄旁生霸旁死霸。各有五日若六日。而第一日亦得專其名。書器於上諸名有作公名用者。如顧命。惟四月哉生魄。王不懌。甲子。王乃洮頮水。哉生魄不日。至甲子乃日者。明甲子乃哉生魄中之一日。而王之不懌。固前乎甲子也。靜敦云。惟六月初吉。王在𦉢京。丁卯。王命靜司射。穴彝云。惟六月初吉。王在鄭。丁亥。王格大室。邢敦云。惟二年正月初吉。王在周邵宮。丁亥。王格于宣榭。初吉皆不日。至丁卯丁亥乃日者。明丁卯丁亥皆初吉中之一日。至王在奔在鄭在周邵宮固前乎丁卯丁亥也更證之他器則虢季子白盤云惟王十有二年正月初吉丁亥案宣王十二年正月乙酉朔丁亥乃月三日吳尊云惟二月初吉丁亥末云惟王二祀案宣王二年二月癸未朔則丁亥乃月五日師兌敦云惟三年二月初吉丁亥案幽王三年二月庚辰朔丁亥乃月之八日是一日至八日均可謂之初吉也師虎敦云惟元年六月既望甲戌案宣王元年六月丁巳朔十八日得甲戌是十八日可謂之既望也兮伯吉父盤（亦稱兮田盤）云唯五年三月既死霸庚寅此器有伯吉父之名有伐玁狁之事當即詩六月之文武吉甫所作必宣王時器而宣王五年三月乙丑朔二十六日得庚寅又如頌鼎頌敦頌壺諸器皆云惟三年五月既死霸甲戌此諸器自其文字辭命觀之皆屬宣以降之器而宣王三年六月乙亥朔三十日得甲戌是二十六日三十日皆得謂之既死霸也此為用

公名者也其用爲專名者如古文武成云惟一月壬辰旁死霸若翌日癸巳又云粤若來二月既死霸粤五日甲子又云惟四月既旁生霸粤五日庚戌召誥云惟二月既望越六日乙未此皆以旁死霸既死霸既旁生霸既望等專屬第一日然皆不日惟武成之旁死霸獨日顧不云旁死霸壬辰而云惟一月壬辰旁死霸者亦謂旁死霸自壬辰始而非壬辰所得而專有也故欲精紀其日則先紀諸名之第一日而又云粤幾日某某以定之如武成召誥是也否則但舉初吉既生霸諸名以使人得知是日在是月之弟幾分如顧命及諸古器銘是也苟由此說以攷書器所紀月日皆四達而不悖何以證之古文武成云惟一月壬辰旁死霸若翌日癸巳武王朝步自周于征伐紂又云粤若來二月既死霸粤五日甲子咸劉商王紂又云惟四月既旁生霸粤五日庚戌武王燎于周廟由舊說推之既以一月二日

為壬辰。二月五日為甲子，則四月中不得有庚戌。史遷蓋不得其說，於是移武王伐紂於十二月，移甲子誅紂於正月。今史記周本紀作二月甲子昧爽，徐廣曰二月一作正月。劉歆不得其說，於是於二月後置閏。然商時置閏皆在歲末，故殷虛卜辭屢云十三月，武王伐紂之時，不容遽改閏法。此於制度上不可通者，不獨以既死霸為朔，旁死霸為二日，既旁生霸為十七日，為名之不正而已。若用今說，則一月戊辰朔，二十五日壬辰旁死霸，次日得癸巳，此武王伐紂興師之日也。二月戊戌朔，二十三日庚申既死霸，越五日至二十七日得甲子，是咸劉商王紂之日也。三月丁卯朔，四月丁酉朔，十日丙午既旁生霸，十四日得庚戌，是武王燎于周廟之日也。於是武成諸日月，不待改月置閏而可通。此旁生霸為十日，既死霸為二十三日，既旁死霸為二十五日之證也。或曰：如子說，則戊午為二月二十一日，一月無戊午，而太誓序言一月戊午師渡盟津，然則書序非歟？曰：史遷、劉歆之失，正由牽合武成與太誓序之故。太誓序言戊午在一月，於是不得不以武成之二月既死霸為二月朔。二月朔為庚申，則四月無庚戌，於是或改月，或置閏以通之。然史遷於太誓本有二說，周本紀以為武王十一年伐紂時作

（齊太公世家以為九年觀兵時作今以前說就武成本文考之一一符合不當以繫年不定之序亂經是可決矣）又曶鼎紀事凡三節第一節云惟王元年六月既望乙亥下紀王命曶司卜事曶因作牛鼎之事次三兩節皆書約劑次節云惟王四月既生霸辰在丁酉則記小子𩛥訟事三節則追紀匡人寇曶禾後償曶之事第三節之首明紀昔饉歲則首次兩節必為一歲中事今以六月既望乙亥推之假令既望為十七日則是月己未朔五月己丑朔四月庚申朔無丁酉中間當有閏月（此器乃宗周中葉物周置閏不在歲終由召誥洛誥三月十二日為乙卯十二月有戊辰知之若武成在武王伐商時固不得改閏法也）則四月當為庚寅朔八日得丁酉此既生霸為八日之證也要之古書殘闕古器之兼載數干支而又冠以生霸死霸諸名者又僅有曶鼎一器然據是器已足破既生霸為望既死霸為朔之說既生霸非望自當在朔望之間既死霸非朔自當在望後朔前此皆不待證明者而由是以考古書古器之存者又無乎不合故特著之後之學者可無惑於劉孟之舊說矣

高宗肜日說

尚書家於高宗肜日有二說。大傳云。武丁祭成湯。有飛雉升鼎耳而雊。武丁問諸祖己。祖己曰。雉者野鳥也。不當升鼎。今升鼎者。欲為用也。遠方將有來朝者乎。故武丁內返諸己以思先王之道。三年。編髮重譯來朝者六國。孔子曰。吾於高宗肜日見德之有報之疾也。史記殷本紀亦云。帝武丁祭成湯。明日有飛雉升鼎耳而呴。武丁懼。祖己曰。王勿憂。先修政事。武丁修政行德天下咸驩。殷道復興。又云。帝武丁崩。子帝祖庚立。祖己嘉武丁之以祥雉為德。立其廟為高宗。遂作高宗肜日及訓。是史遷以此篇為武丁之事。作於祖庚之朝。其意與大傳無甚異。惟金仁山尚書注。始疑此篇為祖庚之時繹於高宗之廟而作。余謂金氏說是也。請舉三證以明之。一。高宗肜日果為武丁祭成湯而作。則從尚書書法。當如堯典舜格於文祖。伊訓伊尹祀於先王。

泰誓大子發上祭於畢之例。徑云王祭於成湯。即如史記說亦當云高宗祭成湯。不得云高宗肜日也。肜日者。祭名。云高宗肜日者。高宗廟之繹祭也。以殷虛卜辭證之。如云丙申卜貞王賓大丁肜日亡尤。甲申卜貞王賓大甲肜日亡尤。丁未卜貞王賓武丁肜日亡尤。凡云貞王賓某甲某乙某祭者。不下百條。辭中某甲某乙。皆謂所祭之人。而非主祭之人。此經言高宗肜日。不得釋爲高宗祭成湯之確證一也。二。祖己之名。亦見卜辭。云己卯卜貞王賓祖己翌日亡尤。凡兩見己酉卜貞王賓祖己[illegible]亡尤。己酉卜貞王賓祖己□日亡尤。案卜辭中。除先公先王外。雖伊尹咸戊。亦無王賓之稱。則祖己當是殷之先祖。而殷先王中。沃甲亦稱祖甲。般庚亦稱祖庚。小乙亦稱祖乙。武丁亦稱祖丁。而殷先王以己名者。有雍己。以沃甲盤庚等例之。亦可稱祖己。然卜辭又有一條云。癸酉卜行貞王賓父丁歲三牛眔兄己一牛兄庚一牛亡尤考殷諸帝中凡丁之子無名己與庚者惟武丁之子有孝己有祖庚則此辭乃祖甲所卜父丁謂武丁兄己兄庚謂孝己祖庚也兄庚後稱祖庚則兄己後亦必稱祖己殷人祀其先祖無論兄弟嫡庶與已立未立名禮皆同是孝己得稱祖己無疑孝己之名見於荀子性惡大畧二篇莊子外物篇戰國秦燕二策漢書古今人表皆無事實而人表列之於祖己之後祖伊之前自以為高宗時人世說新語言語篇陳元方曰昔高宗放孝子孝己注引帝王世紀云殷高宗武丁有賢子孝己其母蚤死高宗惑後妻之言放之而死天下哀之家語弟子解亦云高宗以後妻之言殺孝己其言必有所本又古訓殺為放非必誅死之謂則經之祖己自必其人顧經言祖己訓於王如王斥高宗則以子訓父於辭為不順若釋為祖己誡祖庚則如伊尹訓大甲於事無嫌蓋孝己既放廢不得立祖庚之世知其

無罪而還之。孝己上不懟其親，下則友其弟，因雊雉之變而陳正事之諫。殷人重之，編之於書。然不云兄己、父己而云祖己，則其納諫雖在祖庚之世，而其著竹帛必在武乙之後。此高宗肜日不得為武丁祭成湯之證二也。三經云典祀無豐於昵，馬本作尼，訓為禰廟，則高宗肜日為祖庚祭高宗之廟而非高宗祭成湯無疑，其證三也。仁山之說雖與書序及古今文家說不同，然得其證於後出之卜辭，可知殷之史事在周世已若存若亡，此孔子所以有文獻不足之歎歟。

余曩作殷卜辭中所見先公先王考，已疑尚書之祖己即高宗子孝己，然以單文孤證，故不著其說。繼思商書中以日名者，皆商之帝王，更無臣子稱祖之理。白虎通姓名篇：臣民亦得以生日名子者，以尚書道殷臣有巫咸，有祖己也。余所見商周間彝器，臣子稱其祖父為祖甲、祖乙、父丙、父丁者，不知凡幾，然門內

之稱不能施之於國史故書之祖己實非孝己不能有此稱也至西伯戡黎之祖伊亦疑即紂之諸父兄弟果如此則商書之著竹帛當在宋之初葉矣

洛誥解

周公拜手稽首曰朕復子明辟

復白也周禮大僕掌諸侯之復逆小臣掌三公及諸侯之復逆御僕掌羣吏之逆及庶民之復先鄭司農曰復謂奏事也辟君也復子明辟猶立政言告孺子王時成王繼周公相宅至於雒故周公白之

王如弗敢及天基命定命予乃胤保大相東土其基作民明辟

如而也而汝也弗敢猶言弗敢弗也周公云王弗敢弗及天基命定命成王云公不敢不敬天之休互相歸美立言之體也不言弗敢弗者語之亟也基始也基命謂始受天命周頌

曰成王不敢康夙夜基命宥密周受天命久矣至是復言基命者文王受命僅有西土武王伐紂天下未寧而崩至周公克殷踐奄東土大定作新邑於雒以治東諸侯周之一統自成王始故曰予乃胤保大相東土其基作民明辟胤繼也公自言公之大相東土繼成王及天基命定命之志也

予惟乙卯朝至於洛師我卜河朔黎水我乃卜澗水東瀍水西惟洛食我又卜瀍水東亦惟洛食伻來以圖及獻卜

乙卯三月十二日（見召誥）日而不月者成王至雒與周公相見時在五月乙卯以前故也伻使圖謀也俾成王來雒以謀定都之事且獻卜兆於王此周公所復者皆追述王至雒以前事也

王拜手稽首曰公不敢不敬天之休來相宅其作周匹休公既定宅伻來來視予卜休恆吉我二人共貞公具以予萬億年敬

天之休拜手稽首誨言

休美匹配也伻來來者上來謂周公使來下來成王自謂己來也視示也貞當爲鼎當也謂卜之休吉王與周公共當之也

周公曰王肇稱殷禮祀于新邑咸秩無文予齊百工伻從王於周予惟曰庶有事

肇始稱舉也殷禮祀天改元之禮殷先王即位時舉之文王受命建元亦行之於周及雒邑既成成王至雒始舉此禮非有故事故曰肇稱百工百官也周謂宗周即鎬京也周公本意欲使百官從王歸宗周以行此禮故曰予惟曰庶有事

今王即命曰記功宗以功作元祀惟命曰女受命篤弼丕視功載乃女其悉自教工

記功宗以下周公述成王之言也功謂成雒邑之功殷人謂

年為祀元祀者因祀天而改元因謂是年曰元祀矣時雒邑既成天下大定周公欲王行祀天建元之禮於宗周王則歸功於雒邑之成故即命曰記功宗以功作元祀意欲於雒邑行之也載事也敎工大傅作學功學效也欲令周公效雒邑之功以示天下也

孺子其朋孺子其朋其往無若火始燄燄厥攸灼叙弗其絕厥若彝及撫事如予惟以在周工往新邑伻嚮即有僚明作有功惇大成裕女永有辭

此周公承成王之意使在宗周之百官皆往新邑助王行祀禮也有讀為友酒誥曰矧大史友內史友毛公鼎曰及茲卿事寮大史寮

公曰已女惟沖子惟終女其敬識百辟享亦識其有不享享多儀儀不及物惟曰不享惟不役志于享凡民惟曰不享惟事其

爽侮

百辟。諸侯也。是時諸侯皆來助祭。因行享禮。周禮大行人廟中將幣三享。覲禮三享皆束帛加璧。禮器。大饗（饗當作享涉上文大饗腥而誤鄭以為祫祭先王非也郊特牲旅幣無方一節文與此畧同在賓入大門之下鄭亦以此賓為朝聘之賓也）其王事與三牲魚腊四海九州之美味也。籩豆之薦四時之和氣也。內金示和也。束帛加璧尊德也。龜為前列先知也。金次之見情也。丹漆絲纊竹箭與衆共財也。其餘無常貨各以其國之所有則致遠物也。是享之物本多。周公欲成王知天下歸心與否。故使之不覲其物而覲其儀也。

乃惟孺子。頒朕不暇。聽朕教汝于棐民彝。女乃是不蘉。乃時惟不永哉。篤敘乃正父。罔不若予。不敢廢乃命。女往敬哉。茲予其明農哉。彼裕我民。毋遠用戾。

正父皆官之長也。酒誥曰庶士有正。又曰有正有事。又曰劼惟若疇圻父。薄違農父。若保宏父。定辟。

王若曰。公明保予沖子。公稱丕顯德。以予小子揚文武烈。奉答天命。和恆四方民。居師。惇宗將禮。稱秩元祀。咸秩無文。惟公德明。光于上下。勤施于四方。旁作穆穆迓衡。不迷文武勤教。予沖子夙夜毖祀。王曰。公功棐迪篤。罔不若時。王曰。公。予小子其退。即辟于周。命公後。四方迪亂。未定于宗禮。亦未克敉公功。迪將其後。監我士師工。誕保文武受民。亂為四輔。

前周公言。予其明農。有致仕之意。故成王極道周公之功以留之。予小子其退以下。則又成王將歸宗周。命公留守新邑之辭也。後者。王先歸宗周。周公留雒。則為後矣。宗禮。謂記功宗作元祀之禮。時雖行宗禮。四方尚有未服者。故命公留新邑以鎮之也。敉之言彌。終也。大誥曰。敉寧武圖功。又曰。肆予曷敢不越卬。敉寧王大命。立政曰。亦越武王。率惟敉功。敉皆謂終。四方迪亂。是公功未終。明公未可去也。士師工。皆官也。
受民謂所受於天之民。立政曰。相我受民。又曰。以乂我受民。
盂鼎曰。粤我其勸相先王受民受疆土。
王曰。公定。予往已。公功肅將祗歡。公無困哉。我惟無斁其康事。
公勿替刑。四方其世享。周公拜手稽首曰。王命予來承保乃文
祖受命民。越乃光烈考武王。宏朕恭。孺子來相宅。其大惇典殷
獻民。亂為四方新辟。作周恭先。曰其自時中乂。萬邦咸休。惟王
有成績。予旦以多子越御事。篤前人成烈。答其師。作周孚先考
朕昭子刑。乃單文祖德。

此周公拜受王命之辭。

伻來毖殷。乃命寧予以秬鬯二卣。曰明禋。拜手稽首休享。予不
敢宿。則禋於文王武王。惠篤敘。無有遘自疾。萬年厭于乃德。殷
乃引考。王伻殷乃承敘。萬年其永觀朕子懷德。

寧安也詩曰歸寧父母盂爵曰惟王初□于成周王命盂寧
鄧伯是上下相存問通稱寧也王以秬鬯寧周公周公尊也
公嘉王賜故禋于文王武王精意以享曰禋明禋以下八字
亦周公述成王之言朕子謂成王
戊辰王在新邑烝祭歲文王騂牛一武王騂牛一王命作册逸
祝册惟告周公其後王賓殺禋咸格王入太室祼王命周公後
作册逸誥在十有二月惟周公誕保文武受命惟七年
戊辰是歲十二月之晦也作册官名逸人名顧命命作册度
畢命序康王命作册畢分居里成周郊彝器多稱作册某或
云作册内史某或但云内史某其長云作册尹亦曰内史尹
亦單稱尹氏皆掌册命臣工之事此云作册逸猶他書云史
佚尹佚矣祝册猶金縢言册祝告者告於文王武王也王賓
謂文王武王死而賓之因謂之賓殷人卜文屢云卜貞王賓

某某。王賓下皆殷先王名。知此王賓即謂文武矣。殺。殺牲禋。禋祀也。周禮大宗伯。以禋祀祀昊天上帝。以實柴祀日月星辰。以槱燎祀司中司命風師雨師。三者互言。皆實牲於柴而燎之。使煙徹於上。禋之言煙也。殷人祀人鬼亦用此禮（見殷虛書契考釋）逸武成云。燎于周廟。知周初亦然矣。咸格者。言文王武王皆因禋祀而來格也。先燔燎而後祼者。亦周初禮。大宗伯以肆獻祼享先王。肆獻在祼前。知既灌迎牲為後起之禮矣。王命周公後者。因烝祭告神。復於廟中以留守新邑之事册命周公。已面命而復册命者。重其事也。誥謂告天下。成王既命周公。因命史佚書王與周公問答之語。並命周公時之典禮以誥天下。故此篇名洛誥。尚書記作書人名者。惟此一篇。惟周公誕保文武受命惟七年者。上紀事。下紀年。猶餘尊云惟王來正人方惟王廿有五祀矣。誕保文武受命。即上成王所謂誕保文武受民周公所謂承保乃文祖受命民皆指留守新邑之事。周公留雒。自是年始。故書以結之。書法先日次月次年者。乃殷周間記事之體。殷人卜文及庚申父丁角戊辰彝皆然。周初之器。或先月後日。然年皆在文末。知此為殷周間文辭通例矣。是歲既作元祀。猶稱七年者。因元祀二字前已兩見。不煩複舉。故變文云惟七年。明今之元祀即前之七年也。自後人不知誕保文武受命指留雒邑監東土之事。又不知此經紀事紀年各為一句。遂生周公攝政七年之說。蓋自先秦以來然矣。

與林浩卿博士論洛誥書

浩卿先生講席。夏間駕涖京都。獲親道範。嗣讀大著周公及其時代一書。深佩研鑽之博與論斷之精。於考定周官及禮經二書編撰時代。尤徵卓識。誠不朽之盛事也。國學叢刊中拙著小篇。乃荷稱許。又加以攻錯。敝國近日承學之士日鮮。又闕討論機關。是以罕獲切磋之益。今乃得此於先生。何其幸也。茲就先生所賜教者。畧陳述鄙見。祈再正之。既灌迎牲。自郊特牲以降至於近世。說無異辭。誠如尊敎。非獨七十子後學之說然也。周禮春官司尊彝於四時之祭及追享朝享。皆先言灌尊而後及朝踐再獻之尊。與大宗伯肆獻祼次序不同。然天子諸侯祭禮既佚。無以定其是非。而郊特牲等篇。又出於七十子後學即謂作記者親見禮經全文。約之為是說。然亦僅足以言宗周中葉以後之祭禮。未足以定殷周間之祭禮也。殷周間之祭禮僅可據詩書以為說。詩言祼將而無其次。書洛誥祼次在殺禋之後。曩釋洛誥時。以經有明文。而周禮大宗伯肆獻祼之次適與之合。故亦牽連及之。實則以洛誥本文為據。猶大著考周公事專據詩書而以周禮禮經為旁證之意也。今以禮意言之。則祼者古非專用於神其用於神也亦非專為降神之用周禮小宰職凡賓客贊祼大宗伯職大賓客則攝而載果小宗伯職凡祭祀賓客以時將瓚果肆師職大賓客贊果將鬱人職掌凡祭祀賓客之祼事大行人職上公之禮王禮再祼而酢諸侯諸伯壹祼而酢諸子諸男壹祼不酢郊特牲諸侯為賓灌用鬱鬯是古於賓客亦以鬯為獻酢其於神亦當用以歆之而不徒用以降之矣殷虛卜辭紀祭祀所用之鬯自六卣以至於百其多如此又此諸條中別無酒醴之文則祼之事所以歆神而不徒以降神明矣知祼之為歆神而不徒以降神則無惑乎其在殺禮之後矣古求神之道亦多端矣或以氣或以聲或以臭其次雖有不同而其用則無或異周人先求諸陰（謂周中世以後）故先灌殷人先求諸陽郊特牲以樂當之然燔燎之事亦求諸陽之一道魂氣歸天其說蓋古殷周之間此意尤盛書召誥曰茲殷多先哲王在天

詩大雅曰。文王在上。於昭于天。又曰。文王陟降。在帝左右。神既
在天。於是有燔燎之禮以格之。煙炎之徹於上。較聲音之號之
詔告於天地之間者。尤為有象矣。觀殷虛卜辭所紀祀先王禮。
大抵先𡉚。次卯。次𤀁沈。或先𡉚後沈。或先𡉚後卯。周禮之取膟
膋燔燎與焫蕭合羶薌。亦商𡉚禮之具體而微者。其次雖異。其
用則同。知禋祀之用以降神。而不徒以歆神。則無惑乎其在祼
之先矣。至王賓之釋之當否。則視卜辭賓字之釋之確否。案卜
辭賓字多作𡧊。或作𡧊。作𡧊。作𡧊。虘鐘作𡧊。邾公鐘作𡧊。其所
从之宀宀與宀同意。皆象屋形。古文自有宀宀二部。首[illegible][illegible][illegible]
諸字皆从之。又宀宀二部首即宀宀之省。亼部亦然。舍倉諸字从亼可證𡧊上
从屋下从人从止。象人至屋下。其義為賓。各客二字从夊意皆
如此。金文及小篆易从止為从貝者。乃後起之字。古者賓客至。
必有物以贈之。其贈之之事謂之賓。故其字从貝。其義即禮經

之儐字也。如大敦蓋史頌敦睘卣貿鼎諸器之賓字从貝省。其義皆為儐也。後世以賓為賓客字。而別造儐字以代賓字。賓則⿱宀刀乃賓之本字。賓則儐之本字也。賓之本字其省者从宀从刀。其𢍰變也。乃以宀中之一畫屬於人上。如虘鐘之賓作𡧍。若此字从宀从丏。蓋已非其朔。羅君卜辭中賓字之釋。似尚可信。又稱先祖為賓。經典亦無明文。然檀弓。孔子謂周人殯於西階之上。則猶賓之。雜記。曾子論遣奠曰。父母而賓客之。所以為哀也。是生則親之。死則賓之。古代當有此義。於禮。卿大夫之繹祭謂之賓尸。則殷周間稱先王為王賓。亦不足怪也。洛誥時代去商甚近。其所云王賓。當與卜辭義同。若釋為周公。則下文咸格之咸字。無所施之。若以為助祭諸侯。則與本事無涉。故前釋為文王武王。鄙見如此。敢盡布之。以俟討論。如蒙救正。幸甚。天寒。惟自衛。不宣。

再與林溥士論洛誥書

浩卿先生講席。承寄東亞研究雜誌。知前所寄一書。又荷審正。學術正賴如此違覆。乃有進步。所獲益於先生者不鮮矣。承教以祼字之義。謂灌地降神為第一義。歆神為第二義。用於賓客為第三義。周中世以後。尚多用第一義。不應周初作洛誥時却用第二義。剖晰至精。甚佩甚佩。今當就此字再陳鄙見。諸惟裁正。案此字。書洛誥詩大雅皆作祼。周禮小宰大宗伯小宗伯肆師鬱人鬯人司尊彝典瑞大行人。考工記玉人。皆祼果雜出。康成于大行人注云。故書祼作果。於玉人注云。祼或作果。或作淉。案殷周古文未見从示之祼。以示部諸字言之。如祿古文作彔。祥。古文作羊。祖。古文作且。鬃。古文作彭。禘。古文作帝。禦。古文作御。社。古文作土。知古祼字即借用果木之果。周禮故書之果。乃其最初之假借字。而祼乃其孳乳之形聲字也。故果字最古。祼字次之惟論語戴記始有灌字此灌字果為先秦以前所用之字歟抑漢人以詁訓字代本字歟疑不能明也此祼灌二字之不同也祼字之音陸德明音義以降皆讀如灌唐本切韻亦入換韻（孫愐唐韻古玩切亦同）段氏玉裁說文注始正之曰此字从果為聲古音在十七部（即歌戈韻）周禮注兩言祼之言灌凡云之言者皆通其音義以為詁訓非如讀為之易其字讀如之擬其音也如載師載之言事族師師之言帥禋衣禋之言亹斐栁柳之言聚副編次副之言覆禋祀禋之言煙卝人卝之言礦未嘗曰禋即讀煙副即讀覆也以是言之祼之音本讀如果卝之音本為卵讀如鯤與灌礦為雙聲後人竟讀灌讀礦全失鄭意段氏此言自音學上觀之則祼灌雙聲又祼在歌部灌在元部為陰陽對轉之字然與同部之字究未達一間此祼灌二音之不同也至祼之字義毛詩文王傳云祼灌鬯也說文則云灌祭也鄭於周禮小宰大

宗伯玉人三注皆云祼之言灌然祼與灌不過以聲相訓凡文字惟指事象形會意三種可得其本義至形聲之字則凡同母同韻者其義多可相訓而不能以相專故訓祼為灌可也訓以他雙聲之字如瑕斝假等字亦無不可也考先秦以前所用祼字非必有灌地之義大雅殷士膚敏祼將于京毛以灌鬯鄭以助祭釋之然祼神之事除王與小宰大宗伯外非助祭之殷士所得與則詩之祼將果為祼神抑為朝事儀中酢王之事尚不可知也周語王耕籍田祼鬯享醴乃行此非祀事則祼鬯非灌地降神之謂也左氏襄五年傳君冠必以祼享之禮行之諸侯冠禮之祼享正當士冠禮之醴或醮則祼享非灌地降神之謂也投壺當飲者皆跪奉觴曰賜灌勝者跪曰敬養注灌猶飲也此明明是灌人非灌地矣祭統君執圭瓚灌尸大宗執璋瓚亞灌又明明云灌尸非灌地矣灌地之意始見於郊特牲曰周人

尚書灌用鬯臭鬱合鬯臭陰達於淵泉鄭注始以灌地為說然灌地之事不過祼中之一節凡以酒醴獻者亦無不然鄭於尚書大傳注（皇侃論語集解義疏所引）云灌是獻尸尸既得獻乃祭酒以灌地也夫祼之事以獻尸為重而不以尸之祭酒為重此治禮者人人所首肯也若如說文莤字下說謂束茅加於祼圭而灌鬯酒是為莤象神歆之也案周禮甸師祭紀供蕭茅鄭大夫云蕭字或為莤莤讀為縮束茅立之祭前沃酒其上酒滲下去若神飲之故謂之縮許說本此但鄭大夫不云是祼許君以莤祼為一耳然古說莤縮二字皆與鄭許異郊特牲云縮酌用茅明酌也醆酒涚於清汁獻涚於醆酒皆言泲酒之事詩小雅有酒湑我毛傳湑莤之也以藪曰湑後鄭於甸師注亦云縮酒泲酒也是古謂泲酒為莤與祼事固無涉且如許君之說（皇侃論語疏所引一說略同）此乃士喪禮祭苴之禮（士虞禮未迎尸佐食取黍稷祭於苴亦三取膚祭如初祝取奠觶祭亦如之）大夫士之吉祭猶未有行之者

况天子宗廟之祭乎。且古天子於賓客皆祼。豈有尸而不祼者。
故祼之義。自當取祼尸之説。而不當取灌地之説。故鄭於周禮
典瑞注曰爵行曰祼。於禮器注曰祼。獻也。此祼與灌地二義之
不必同者也。祼字形聲義三者皆不必與灌同。則不必釋爲灌
地降神之祭。既非降神之祭。則雖在殺牲燔燎之後。固無嫌也。
竊謂郊特牲一篇。乃後人言禮意之書。其求陰求陽之説。雖廣
大精微。固不可執是以定上古之事實。毛公許鄭之釋祼字。亦
後人詁經之法。雖得其一端。未必即其本義。吾儕前後所論。亦
多涉理論。此事惟當以事實決之。詩書周禮三經與左傳國語。
有祼字。無灌字。事實也。祼。周禮故書作果。事實也。祼从果聲。與
灌从雚聲。部類不同。事實也。周禮諸書祼字兼用於神人。事實
也。大宗伯以肆獻祼爲序。與司尊彝之先祼尊而後朝獻再獻
之尊。亦皆事實而互相異者也。吾儕當以事實決事實。而不當

以後世之理論決事實。此又今日為學者之所當然也。故敢再布其區區。惟是正而詳辨之。不宣。

周書顧命考

周書顧命一篇。記成王沒康王即位之事。其時當武王克殷周公致太平之後。周室極盛之時。其事為天子登假嗣王繼體之大事。其君則以聖繼聖。其公卿猶多文武之舊臣。其册命之禮。質而重。文而不失其情。史官紀之。為顧命一篇。古禮經既佚。後世得考周室一代之大典者。惟此篇而已。顧年代久遠。其禮絕無他經可證。書今文家說是篇者。畧見於白虎通。及吳志虞翻傳注所引翻別傳。而殊無理致。古文家如馬融鄭玄。雖禮學大師。其注是篇。亦多違失。虞翻所奏鄭注尚書違失三事。是篇居其二。翻所難固無當。然鄭以册命之禮行於殯所。祭咤之事謂為對神。其失遠在仲翔所舉二事之上作偽孔傳者亦從其說有周一代鉅典晻闇而弗章者二千有餘年矣今以彝器冊命之制與禮經之例銓釋之其中儀文節目遂犁然可解世之君子弗以易古注為責則幸矣

丙辰二月

王麻冕黼裳由賓階隮卿士邦君麻冕蟻裳入即位大保大史大宗皆麻冕彤裳大保承介圭上宗奉同瑁由阼階隮大史秉書由賓階隮御王冊命

案上文狄設黼扆綴衣以下紀布几筵事越玉五重以下紀陳宗器二人雀弁以下紀設兵衛此以下則專紀冊命事也王謂康王上言子釗此變言王者上紀成王崩日事繫於成王故曰予此距成王崩已八日稱王無嫌也鄭云黼裳冕服有文者也蟻謂色玄也案考工記白與黑謂之黼王黼裳卿士邦君蟻裳者居喪釋服不純吉也大保大史大宗彤裳純

吉者大保攝成王為册命之主大宗相之大史命之皆以神道自處故純吉也王由賓階隮者未受册不敢當主位也大保由阼階者攝主故由主階何以知大保攝主也曰大保受顧命於成王而傳之於康王有王道焉成王不親命康王而命大保者何也曰康王之為元子久矣顧命也者命之為王也成王未崩則天下不得有二王既崩則不得親命故大保攝王以命之册命之有攝主猶祭之有尸矣大宗從大保者何也曰儐也周禮大宗伯職王命諸侯則儐古彝器記王册命諸臣事必有右之者器所謂右即大宗伯所謂儐也周册命之制王與受册者外率右者一人命者一人故册嗣王亦用是禮也介圭與瑁皆天子之瑞信奉先王之命授天下之重故以天子之瑞信將之同者鄭云酒杯江氏聲以為圭瓚奉圭瓚者將祼王也書册書古者命必有辭辭書於册謂之

命書。覲禮諸公奉篋服加命書于其上。頌鼎寰盤皆云尹氏受王命書。宄敦王受（假為授）作冊尹書。俾冊命宄。是命書本王或攝王者所持。此大史秉書者。大保承介圭。介圭重器。不能復持命書以授大史。故大史秉之。由賓階隮者。大史居大保右也。覲禮天子賜侯氏以車服。大史是（鄭注古文是為氏）右。少儀贊幣自左。詔辭自右。祭統史由君右。執冊命之。是大史位在大保之右。時大保在阼階上西面。大史後升。不可越大保而趨其右。故由賓階也。御王冊命者。鄭云。御。猶嚮也。王此時正立賓階上少東。大史東面于殯西南而讀冊書。今案鄭說非也。此冊命之地。決非殯所。蓋成王之殯。若尚用殷禮。當在兩楹之間。若用周禮。當在西序。今據上文。則牖間南嚮。西序東嚮。皆布几筵。而赤刀大訓宏璧琬琰亦在西序。若成王之殯在。則几筵宗器何所容之。故知冊命之地非殯所也。鄭不知大保攝主。

嫌非殯所則無所受命故為此說其言王與大史之位亦不
確以禮言之則大保當在阼階上西面大宗居左大史居右
王在賓階上東面大史迎而命之御之言迓也迎也古彝器
紀王命諸臣事皆王即位受命者立中廷北鄉祭統亦云所
命北面此冊命王用賓主禮者大保雖攝先王身本是臣故
於堂上以賓主之禮行之攝主者禮不全於君受冊者禮不
全於臣全於子此賓禮之至精極微而無可擬議者矣

曰皇后馮玉几道揚末命命女嗣訓臨君周邦率循大卞燮和
天下用答揚文武之光訓

此大史所讀冊書之辭

王再拜興答曰眇眇余末小子其能而亂四方以敬忌天威

此王答命書之辭

乃受同瑁

案此瑁字疑涉上文而衍。受同者王。授之者大宗也。大保之介圭與大史之册書。當於此時同授。王不書者畧也。獨書受同瑁者。起下文也。授同者何。獻王也。大宗奉同大保拜送王拜受。不書者亦畧也。何以知大保獻王也。曰下云。大保受同降。盥以異同。秉璋以酢。又云。大保受同祭嚌宅。古禮有獻始有酢。不獻王則何酢之有矣。何以知大宗授同也。曰。周禮大宗伯職大賓客則攝而載果。鄭注載。為也。果讀為祼。代王祼賓客以鬯。君無酌臣之禮。言為者。攝酌獻耳。拜送則王也。時大保攝主以命康王。故知授同者大宗也。册命嗣王何以獻也。曰。古者爵祿之爵。用爵觶字。知古之授爵祿者。必以爵將之。有命亦以爵將之。祭統古者明君爵有德而祿有功。必賜爵祿於大廟。示不敢專也。故祭之日一獻。君降立於阼階之南。南鄉。所命北面。史由君右執策命之。一獻。鄭以為一酳尸。

竊謂當獻所命之人。以諸侯册命諸臣之用一獻。知册嗣王之亦有獻矣。彼先獻後命。此先命後獻者。彼因祭而命。此特行册命禮故也。冠禮賓之醮冠者也。（諸侯以上則用祼享之禮）昏禮父之醮子也。女父之醴女也。舅姑之饗婦以一獻之禮。以著代也。皆古禮之尚存於周世者也。此述先王之命。付天下之重。故行以祼享之禮。鄭不知此為大保獻王。乃云王既對神。一手受同。一手受瑁。偽孔傳亦云受同以祭。於是自此以下至篇終。全失其解。若釋為大保獻王。王受獻。則怡然理順。無字不可解矣。

王三宿。三祭。三咤。上宗曰饗。

案宿進也。咤奠酒爵也。王受同者。重先王之命。祭之奠之。而不啐酒。不卒爵者。居喪故也。士虞禮尸酢主人。主人坐祭卒爵者。此初殯。彼既葬也。宿祭咤皆以三者。周禮大行人職上公王禮再祼而酢諸侯諸伯王禮壹祼而酢諸子諸男王禮壹祼不酢此所獻爲嗣王尊於上公當三祼而酢此云三宿三祭三咤不云三祼或三獻者互文也饗者上宗侑王之辭既酌獻之又從而侑之所謂攝而載果也

大保受同降盥以異同秉璋以酢授宗人同拜王答拜大保受同祭嚌宅授宗人同拜王答拜

案此大保既獻王乃自酢也古敵者之禮皆主人獻賓賓酢主人惟獻尊者乃酌以自酢燕禮主人獻公畢更爵洗升酌膳酒以降酢于阼階下北面坐奠爵再拜稽首公答再拜主人坐祭遂卒爵再拜稽首公答再拜主人奠爵于篚大射儀同此大保自酢節目畧同所異者惟酢於堂上又不奠爵不卒爵耳大保自酢用臣禮者蓋册命時攝主以行先王之命故以鬼神之尊自處既命之後嗣王已即王位故退而以臣自處也以

異同秉璋以酢。此異同謂璋瓚。江氏聲說以異同自酢者。不敢襲尊者之爵也。王祭而奠之。大保祭而嚌之者。王兼居君父之喪。大保但居君喪。哀有間也。

大保降。收。諸侯出廟門俟。

案此云大保降。知大保自酢在堂上也。不言王與大宗大史降者。畧也。士昏禮。舅姑共饗婦以一獻之禮。奠酬。舅姑先降自西階。婦降自阼階。今册命禮成。大保攝主事已畢。當先自西階降。而王降自阼階也。

周書顧命後考

丙辰春二月。余草周書顧命考一篇。據禮經通例及彝器所載册命制度。以大保承介圭由阼階隮為攝成王。以乃受同瑁一節為康王受獻事。以大保受同降盥一節為大保自酢事。以正鄭注尚書正義引及孔傳之誤。自謂得此解。則顧命一篇文字與其儀制怡然理順矣若如鄭注則受册之禮行於殯所祭咤之事所以對神君臣吉服拜起尸柩之側獻酢同事分於二人之手凡此數者無一與禮意相合鄭君禮學大師豈宜不見及此嗣讀通典卷十七魏尚書所奏王侯在喪襲爵議後附奪情議實則一議而杜氏分載之引鄭君又一說則與正義所引鄭注大異而與余說正合通典此議當出魏臺訪議或六朝人所集禮論禮論鈔諸書其後又載王肅駁議足與鄭說相發明而自宋王深寧及近世江艮庭王鳳喈孫伯淵諸家輯尚書鄭注者全不及此故取而銓釋之不獨為古人表微亦深喜余前說之非無根據也重陽前一日

魏尚書奏以故漢獻帝嫡孫杜氏鄉侯劉康襲爵假授使者拜授康素服奪情議按成王崩康王即位上宗奉同瑁王再拜三祭按鄭玄曰即位必醴之者以神之以神之者以醴嚌成之也

以醴嚌成之者醴濁飲至齒不入口曰嚌既居重喪但行其禮而不取其味（按自鄭玄曰至此通典皆小注今知為原議中語者以王肅駁議引之且通典引他書往往以正文作注故也）又禮始冠加爵亦皆醴之所以加重以成其尊也又漢舊儀諸王嫡子嗣位受拜畢使者既出拜送還升嚌醴訖又再拜正與康王即位事合古今相參禮無違者（以上尚書議）王肅又議凡奉神祭祀則有受祚（祚當為酢）之爵嘉慶事則有醮醴之儀若君薨而太子即位孤之位無醮醴之儀成王病困乃召羣臣訓以敬保元子明日成王崩既大歛羣臣以策書宣成王命以命康王是為受顧命之戒非即位之事王從三宿三祭上宗曰饗而不嚌醴也（案鄭云嚌醴據今文尚書王云不嚌醴據古文尚書故與正義所引鄭注古文尚書同而不與其又一說同說見後）此王者隨時之禮非常行之典不可以為拜諸侯嫡子之儀襲爵之日乃孝子孝孫所以增哀戚之懷非禮（醴當作）之所施且謂之王命所加而使者又既出謂之受神之醴復非饋奠之時（案此卑駁漢舊儀拜諸王時使者既出拜送還升嚌醴之事也）案拜陳思王子志為濟北王又與今異猶須王

嚌醴畢然後使者乃出今據鄭玄說即位醴之以成其禮猶愈於使者既出不設饋奠而獨嚌醴臣猶以爲非禮之衷案魏拜濟北王志嚌醴在使者出之前是用鄭說以天子之命禮之故肅以爲愈於漢舊儀然猶以爲非禮之衷者以肅據古文尚書無即位醴之之說故也今京師廷拜諸侯嗣子無事有嚌醴天子賜諸侯大夫冕弁服於太廟歸設奠服賜服於斯乎有冠醮而無冠醴自天子以下至此禮記曾子問文此謂諸侯大夫以平吉受賜衣於天子太廟歸設祭於其廟服賜服而受冠醴之事也可依此使者既出公猶服命服設奠而告又禮小祥之祭然後嚌之此禮記雜記文此自告其廟非王命之所加如禮不嚌既告反服即位而哭既合於禮又合人情詔從之

考曰魏尚書及王肅二議皆引鄭君說而尚書議於王再拜三祭下引鄭說四十八字必鄭君說此經之語然鄭君說中有嚌字似經文三咤作三嚌而今經文無之說文解字宀部託奠祭爵也从宀託聲周書曰王三宿三祭三託又口部嚌嘗也从口

齊聲周書大保受同祭嚌兩引周書知許君所見壁中古文除咤作詫外與今本無異也釋文咤馬本作詫正義引鄭注却行曰咤詫即詫之譌咤又由詫而譌是馬鄭注皆與壁中本同無嚌字王肅云王從三宿三祭上宗曰饗而不嚌醴是王肅本此節亦無嚌字此皆古文尚書也然今文尚書正作王三宿三祭三嚌今本白虎通爵篇引尚書再拜興對乃受同瑁而通典九十三引白虎通則云尚書曰王再拜興祭嚌乃授宗人同白虎通用今文尚書知今文尚書咤本作嚌而今本白虎通作王再拜興對者乃後人以古文尚書改之也鄭注古文尚書不破咤字故曰却行曰咤此條自述今文尚書亦不從古文破嚌字故曰以醴嚌成之也鄭傳古文尚書而亦述今文說者猶其箋毛詩亦用三家詩也魏時鄭君弟子存者尚多此條或鄭君尚書初注如此或其一時口說均不可知然漢舊儀已有諸王嗣位嚌醴

之事。恐為今文家舊說。非出於鄭君矣。苟如此。則三宿三祭三咤為王受醴之事。受醴必有禮之者。則大保其人也。士之冠也賓醴之。賓者。攝父者也。昏禮婦之見舅姑也。贊醴之。贊者。攝舅姑者也。此篇康王之受冊也。大保醴之。大保者。攝先王者也。賓之攝父。贊之攝舅姑。以冠與見舅姑事輕。父與舅姑尊。不宜與子婦為禮也。大保攝成王者。以成王既崩。不能與嗣王為禮也。若成王倦勤而生傳位於康王。則王當親獻。何則。女之嫁。父親醴之。士之親迎。父親醮之。舅姑之饗婦。以著代也。亦親獻之。此嗣位之事。其重相同故也。於禮。凡醴皆有獻無酢。而此有酢者。曰。此余前說所謂祼享之禮。鄭以此為醴。意雖是而名則非也。古獻有三種。以鬯曰祼。以醴曰醴。以酒則曰醮。曰獻。醴與醮有獻無酢。祼與獻則有獻有酢。天子諸侯之祼。即大夫士之醴也。故士冠禮用醴或醮。而諸侯之冠則用祼享之禮。聘禮諸侯於聘卿用醴而天子之於諸侯灌用鬱鬯有再祼一祼酢與不酢之差是諸侯以下用醴者天子以祼代之故曰鄭君云即位而醴之者意是而名非也雖然由鄭君此說以釋經則經無滯義矣故君臣吉服者為接神也大保大宗由阼階隮者大保攝先王大宗相之也乃受同瑁者以祼成册命禮也秉璋以酢者大保既獻王而自酢也凡余前所訂正者皆得由此一語推之而鄭君注尚書乃不用此說惟魏時曾一引之而王肅復駁其不然非余由古代册命之制及禮經通例以發明此篇之真解則鄭君此說雖存於通典中亦若存若亡不能知其真意矣段氏玉裁古文尚書撰異此書最為深博然不引通典所引白虎通王再拜祭嚌乃授宗人同之異文以為今文知是蓋緣孤證無他據疑通典所引或誤是亦未嘗注意鄭君之說也

鄭注御王册命曰王此時正立賓階上少東大史東面於殯西南面而讀册書是鄭以行禮之地為殯所也余前以為不然以牖間西序皆布几筵若成王之殯在則几筵宗器無所容之故也

難者將曰曾子問奠幣於殯東几上是殯前有几筵矣曰否廟命之几筵乃嘉禮賓禮中泛設之几筵士昏禮納采主人筵於户西西上右几注主人女父也筵為神布席也將以先祖之遺體許人故受其禮於禰廟也納吉納徵請期皆如初禮又壻至于門外主人筵于户西西上右几聘禮賓及廟門几筵既設注有几筵者以其廟受宜依神也賓至廟門司宮乃於依前設之神尊不與事也是古於嘉禮賓禮皆設几筵以明有所受命此大保攝成王以行册命之禮傳天下之重故亦設几筵以依神其所依之神乃兼周之先王非為成王也昏禮與聘禮之几筵一而此獨四者曰牖間東序西序三席蓋為大王王季文王而西夾南嚮之席則為武王然則何以不為成王設也曰成王方在殯去升祔尚遠未可以入廟且大保方攝成王以命康王更無緣設成王席也然則册命之地自禮經通例言之自當為廟

而非寢。畢門應門蓋廟與寢皆有之。藉云寢也。則必成王之殯不在於此也。古者賜爵祿於大廟。豈有傳天子之位。付天下之重。而不於廟行之者。下經云諸侯出廟門俟。是册命之地之非殯所明矣。然則鄭說無徵乎。曰否。曾子問諸侯薨而世子生。三日。衆主人卿大夫士如初位。西階南北面。大宰大宗大祝皆裨冕。少師奉子以衰。祝先。子從。宰宗人從。入門。哭者止。子升自西階。殯前北面。祝立于殯東南隅。祝聲三。曰。某之子某從執事敢見。鄭注顧命。依曾子問爲說。以此篇之大保上宗當彼之大宰大宗。以此篇之大史當彼之大祝。不知此二禮絕不相同。彼以子見於父。此以死者之命傳於生者。彼非殯所無所見父。此則有攝先王者。固不必於殯所行之也。鄭既以册命之地爲殯所。故以三宿三祭三咤爲對神。不悟康王獻神而大保自酢。於禮之通例固不可通也。通典魏尚書奏所引鄭注。蓋其初說。從今文改古文後。蓋因與曾子問不同。故尚書注仍用古文說。然二說孰為短長。深於禮意者必有以知之矣。

陳寶說

書顧命。越玉五重。陳寶。赤刀大訓弘璧琬琰在西序。大玉夷玉天球河圖。在東序。書疏引鄭注云。方有事陳之以華國。僞孔傳畧同。余謂如鄭孔說。則陳寶二字乃目下文。當在越玉五重之上。不當在其下。以文義言。則西序東序所陳。即五重之玉也。重者。非一玉之謂。蓋陳寶赤刀為一重。大訓弘璧為一重。琬琰為一重。在西序者三重。大玉夷玉為一重。天球河圖為一重。在東序者二重。合為五重。何以言之。史記秦本紀文公十九年獲陳寶。而封禪書言文公獲若石云。於陳倉北坂城祠之。其神或歲不至。或歲數來。來也常以夜。光輝若流星。從東南來集於祠城則若雄雞。其聲殷云。野雞夜雊。以一牢祠。名曰陳寶。是秦所得陳寶。其質在玉石間。蓋漢益州金馬碧雞之比。秦人殆以為周書顧命之陳寶。故以名之。是陳寶亦玉名也。赤刀亦然。內府藏古玉赤刀。屢見於高宗純皇帝御製詩集。又溧陽端氏舊藏一玉刀長三尺許。上塗以朱。赤色爛然。書之赤刀。殆亦此類。大訓蓋鐫刻古之謨訓於玉。河圖則玉之自然成文者。數者雖無確證。然涵泳經文。蓋無以易此解也。（廣雅釋器陳寶刀也是張揖據已不從鄭注）

書顧命同瑁說

書顧命。上宗奉同瑁。又乃受同瑁。今文尚書同作銅。無瑁字。白虎通爵篇引書。王再拜興對。乃受銅。此雖與通典所引白虎通古本不合。（見周書顧命續考）然下文申釋之曰。吉冕服受銅。稱王以接諸侯。明已繼體為君也。釋冕藏銅。反喪服。明未稱王以統事也。兩言銅不及瑁。是今文經無瑁字。而銅之釋則與瑁畧同。吳志虞翻傳注引翻別傳云。今經（謂今文經）益金作銅。詁訓謂天子副璽。此非謂今文家以璽釋銅乃謂其釋周之銅其用如秦漢之璽也周時天子諸侯皆以玉為瑞考工記玉人之事鎮圭尺有二寸天子守之又云天子執冒四寸以朝諸侯天子之瑞有此二等上經言大保承介圭今文家蓋以為天子正璽此釋銅云天子副璽則與考工記之冒正相當矣尚書大傳古者圭必有冒言不敢專達之義也天子執冒以朝諸侯白虎通瑞贄篇瑁之為言冒也上有所覆下有所冒也蓋以天子之瑁盡冒公侯伯之命圭如秦漢之右符今文家說意蓋如此馬融從古文作同而釋之曰同者大同天下意蓋從今文家說以同為瑁也虞翻別傳又云古曰似同從誤作同則古文家中更有以同字為曰之誤者康成本乃兼存同瑁二字而訓同為酒杯原鄭之所以易舊注者以經言乃受同王三宿三祭三咤大保受同降盥大保受同祭嚌宅明同是酒器不得釋為瑁而瑁字又今古文家舊說不

敢遽易故並存之余謂同瑁一物即古圭瓚蓋圭瓚之制可合可分天子之瓚與諸侯之命圭相為牝牡諸侯朝天子天子受其命圭（聘禮有受玉之事朝覲禮亦宜然免與所謂輯瑞也）冒之以瓚因以行祼將之禮以其冒圭之首故謂之瑁以其盡冒公侯伯三等之圭故謂之同此說雖無根據然味經文以異同秉璋以酢一語古秉柄一字大保自酢以璋為同柄其獻王時自必以介圭為同柄矣余曩作顧命考早懷此解以其單文孤證故不欲著其說繼思古今二家經文異同與其師說必得此而後可通故姑著之以俟後人論定至玉人所記冒與祼圭為二物則出於周末制度亡失之後固不足以難此說也

肅霜滌場說

詩豳風九月肅霜十月滌場傳肅縮也霜降而收縮萬物滌埽也場工畢入也案此二句乃與一之日觱發二之日栗烈同例

而不與七月流火九月授衣同例肅霜滌場皆互為雙聲乃古之聯緜字不容分別釋之肅霜猶言肅爽滌場猶言滌蕩也春秋左氏傳定三年有兩肅爽馬正義爽或作霜賈逵云色如霜紈馬融說肅爽鴈也其羽如練高首而修頸馬似之是肅爽白馬也楚辭大招曼鷫鷞只釋文鷞一作鸘說文鷫鷞西方神鳥也東方發明南方焦朋西方鷫鷞北方幽昌中央鳳皇西方之色白則鷫鷞亦白鳥也西京雜記司馬相如取鷫鸘裘為卓文君貰酒鷫鸘裘亦當謂白裘也中山經沅澧之風交瀟湘之淵水經湘水注瀟水清深也湘中記曰湘川清照五六丈下見底石如樗蒲矢五色鮮明白沙如霜雪赤崖若朝霞是納瀟湘之名矣案瀟字說文本作潚潚湘亦以水之清白得名矣故馬有肅爽鳥有鷫鷞裘有鷫鸘水有潚湘皆以清白得稱則詩之肅霜亦即大招天白顥顥九辯天高氣清之意不當如毛傳之說

也滌場即滌蕩與肅霜俱為雙聲字禮記郊特牲臭味未成滌蕩其聲蕩亦作盪說文盪滌器也既滌盪則必清肅必廣大故又有廣大之義漢郊祀歌天門開詄蕩蕩如淳曰詄讀如迭詄蕩即滌蕩之轉語廣大則必條達故又轉而為條暢為條鬯樂記感條暢之氣白虎通說秬鬯曰芬香條鬯以通神靈鄭君箋詩注禮皆本之條暢條鬯亦滌蕩之轉語也廣大者必卓絕故又有卓異之義廣雅俶儻卓異也司馬相如封禪文俶儻窮變史記太史公自序扶義俶儻漢書司馬遷報任少卿書惟俶儻非常之人稱焉其字文選作倜儻俶儻倜儻亦滌蕩之轉語也廣大則有動作之餘地故又有放蕩之義穀梁文十一年兄弟三人佚宕中國釋文佚大結反說文跌跌踼也江淹恨賦跌宕文史佚宕跌踼跌宕亦皆滌蕩之轉語也詩之滌場則肅清之義九月肅霜謂九月之氣清高顥白而已至十月則萬物搖落

無餘矣。與觱發栗烈由風寒而進於氣寒者。遣詞正同癸亥之歲。余再来京師。離南方之卑濕。樂北土之爽塏。九十月之交。天高日晶。木葉盡脫。因會得肅霜滌場二語之妙。因為之説云。

觀堂集林卷第二

藝林二

海甯 王國維

與友人論詩書中成語書

詩書為人人誦習之書。然於六藝中最難讀。以弟之愚闇。於書所不能解者殆十之五。於詩亦十之一二。此非獨弟所不能解也。漢魏以來諸大師未嘗不強為之說。然其說終不可通。以是知先儒亦不能解也。其難解之故有三。譌闕一也。（此以尚書為甚）古語與今語不同。二也。古人頗用成語。其成語之意義與其中單語分別之意義又不同。三也。唐宋之成語。吾得由漢魏六朝人書解之。漢魏之成語。吾得由周秦人書解之。至於詩書。則書更無古於是者。其成語之數數見者。得比校之而求其相沿之意義。否則不能贊一辭。若但合其中之單語解之。未有不齟齬者。試舉

史記晉世家與引蔡邕注皆引書昭登于上蓋今文如是 詩大雅言昭假于下登與假相對為文是登假即陟降之證也左傳之陟恪曲禮之登假墨子之登遐皆謂登而不謂降此又大雅之陟降不當分釋為上下二義之證也詩書中語此類者頗多姑舉其一二可知者知字義之有轉移又知古代已有成語則讀古書者可無以文害辭以辭害志之失矣

與友人論詩書中成語書二

古之成語有可由詩書本文比校知之者如高郵王氏之釋書猷裕詩靡監瑞安孫氏之釋書棐忱棐彝詩不殄不瑕皆是也今尚有可說者如書康誥云汝陳時臬司孔傳讀司字下屬案下文云汝陳時臬事古司事通用詩小雅擇三有事毛公鼎卿事三有嗣則臬司即臬事孔讀失之又云我時其惟殷先哲王德用康乂民作求傳說未了案詩大雅王配于京世德作求求者仇之假借字仇匹也作求

猶書言作匹作配詩言作對也康誥言與殷先王之德能安治民者為仇匹大雅言與先世之有德者為仇匹故同用此語鄭箋訓求為終者亦失之酒誥云惟天降命肇我民天降命正與下文天降威相對為文多方云天大降顯休命于成湯是也傳以為天下教令者失之天降命於君謂付以天下君降命於民則謂全其生命多士云昔朕來自奄予大降爾四國民命多方云予惟大降爾命爾罔不知又云我惟大降爾四國民命又云乃有不用我降爾命我乃其大罰殛之蓋四國之民與武庚為亂成王不殺而遷之是重予以性命也傳以民命為四國君以降為殺大失經旨矣酒誥云汝劼毖殷獻臣劼毖義不可通案上文厥誥毖庶邦庶士劼毖殆誥毖之譌又云汝典聽朕毖亦與上其爾典聽朕教文例正同則毖與誥教同義傳釋劼為固釋毖為慎亦大失經旨矣梓材云庶邦享作兄弟方來兄弟方

與易之不寧方詩之不庭方皆三字為句方猶國也傳於兄弟句絕又以方為萬方亦失經旨魯頌魯邦是常箋云常守也商頌曰商是常箋云成湯之時乃氐羌遠夷之國來獻來見曰是我常君也實則常當讀為尚大雅肆皇天弗尚墨子非命下引去發曰謂人有命謂敬不可行謂祭無益謂暴無傷上帝不常九有以亡上帝不常即上帝弗尚陳侯因資敦永為典尚典尚即典常古常尚二字通用尚之言右也此皆可由詩書比校知之者也其餘詩書中語不經見於本書而旁見彝器者亦得比校而定其意義如書金縢云敷佑四方傳云布其德教以佑助四方案盂鼎云匍有四方知佑為有之假借非佑助之謂矣多方云越惟有胥伯小大多正爾罔不克臬胥伯尚書大傳作胥賦案毛公鼎云埶小大楚賦楚胥皆以疋為聲是大傳作胥賦為長而小大多正當亦指布縷粟米力役諸征非孔傳伯長正

官之謂矣。詩烝衆云：舍命不渝。箋云：是子處命不變，謂守死善道見危授命之等。案克鼎云：王使善夫克舍命於成周。毛公鼎云：厥非先告父厝，父厝舍命，毋有敢蠢尃命于外。是舍命與尃命同意。舍命不渝，謂如晉解揚之致其君命，非處命之謂也。楚茨云：先祖是皇，神保是饗。又云：神保是格。又云：鼓鐘送尸，神保聿歸。傳箋皆訓保為安，不以神保為一語。朱子始引楚辭靈保以正之。今案克鼎云：巠念厥聖保祖師華父。是神保、聖保皆祖考之異名。詩之先祖是皇，神保是饗，皇尸載起，神保聿歸，皆相互為文，非安饗安歸之謂也。文王：永言配命，自求多福。傳云：永，長；言，我也。我長配天命而行。案毛公鼎：皇天弘厭厥德，配我有周，膺受大命。又云：丕巩先王配命。配命謂天所畀之命，亦一成語。永言配命，猶云永我畀命，非我長配天命之謂也。思齊：不顯亦臨，無射亦保。傳云：以顯臨之，保安無厭也。箋云：臨，視也。保猶居也。文王之在辟雍也。有賢才之質而不明者。亦得觀於禮。
於六藝無射才者。亦得居於位。說尤迂曲。案毛公鼎云。肆皇天
無射。臨保我有周。師訇敦云。肆皇帝無斁。臨保我有周。則臨猶
保也。大明云。上師臨女。雲漢云。上帝不臨。上帝不臨。猶書多士
云上帝不保也。然則詩思齊蓋臨保互文。又知上云雝雝在宮
肅肅在廟。亦宮廟互文。非辟雍宮之謂也。卷阿云。俾爾彌爾性。
傳云。彌終也。案。尨姞敦云。用蘄眉壽綰綽永命。彌厥生。齊子仲
姜鎛云。用求考命彌生。是彌性即彌生。猶言永命矣。韓奕榦不
庭方。傳云。庭直也。箋云。當與不直違失法度之方作貞榦。案毛
公鼎云。率懷不廷方。左隱十年傳。以王命討不庭。則不庭方謂
不朝之國。非不直之謂也。江漢云。肇敏戎公。傳云。戎大也。公事
也。箋云。戎猶女也。案。不嬰敦云。女肇誨於戎工。虢季子白盤云。
庸武于戎工。皆謂兵事。訓大訓汝。皆失之。商頌殷武云。天命降

監下民有嚴。傳云嚴敬也。箋云天乃下視下民有嚴明之君。案有嚴一語。古人多以之斥神祇祖考。齊侯鎛鐘云虩虩成唐有嚴在帝所。宗周鐘云先王其嚴在上。熊熊數數。降余多福。號叔旅鐘云。皇考嚴在上。翼在下。番生敦云。不顯皇祖考嚴在上。廣啟厥孫子于下。是天命降監下民有嚴者。意謂天命有嚴降監下民。句或倒者以就韻耳。箋以為下視下民有嚴明之君者失之。又康誥要囚服念五六日。至於旬時。丕蔽要囚。多方要囚殄戮多罪。又我惟時其戰要囚之。傳云要囚。謂察其要辭以斷獄。案要囚即幽囚。古要幽同音。詩豳風四月秀葽。夏小正作四月秀幽。楚辭湘君遠游之要眇。韓非子七之要妙。亦即幽眇幽妙也。傳以為察要辭者失之。如書君奭云。在讓後人于丕時。詩大雅云。帝命不時。周頌云。裒時之對。丕時不時裒時。當是一語。洛誥云。敘弗其絕厥若。立政云。我其克灼知厥若。康王之誥云。用

奉恤厥若厥若亦當是成語此等成語無不有相沿之意義在今日固無以知之學者姑從蓋闕可矣

釋樂次

凡樂以金奏始以金奏終金奏者所以迎送賓亦以優天子諸侯及賓客以為行禮及步趨之節也

燕禮記若以樂納賓則賓及庭奏肆夏注肆夏樂章也今亡以金鎛播之鼓磬應之所謂金奏也

郊特牲賓入大門而奏肆夏

仲尼燕居兩君相見揖讓而入門入門而縣興

又入門而金作示情也

左氏成十二年傳晉郤至如楚聘且涖盟楚子享之子反相為地室而縣焉郤至將登金奏作於下驚而走出

左氏襄四年傳穆叔如晉晉侯享之金奏肆夏之三不拜

案以上五事。金奏皆作於賓入門或及庭之時。所以迎賓也。

鄉飲酒禮。賓出奏陔。注。陔。陔夏也。陔之言戒也。終日燕飲酒以陔為節。明無失禮也。

鄉射禮。賓興樂正命奏陔。賓降及階。陔作。賓出。衆賓皆出。注。陔。陔夏。其詩亡。周禮賓醉而出。奏陔夏。

燕禮。賓醉。北面坐。取其薦脯以降。奏陔。

大射儀。賓醉。北面坐。取其薦脯以降。奏陔。

郊特牲。大饗。其出也。肆夏而送之。蓋重禮也。注。出。謂諸侯之賓也。禮畢而出。作樂以節之。肆夏當為陔夏。

案以上五事。皆於賓出時奏之。所以送賓也。

周禮大司樂。大祭祀。王出入則令奏王夏。尸出入則令奏肆夏。牲出入則令奏昭夏。大饗。不入牲。其他皆如祭祀。大射。王

出入令奏王夏

案此兼言送迎

周禮樂師教樂儀行以肆夏趨以采薺車亦如之凡環拜以鍾鼓為節

燕禮記若以樂納賓則賓及庭奏肆夏賓拜酒主人答拜而樂闋公拜受爵而奏肆夏公卒爵主人升受爵以下而樂闋

大射儀擯者納賓賓及庭公降一等揖賓賓辟公升即席奏肆夏賓升自西階主人從之賓右北面至再拜賓答再拜主人降洗洗南西北面賓降階西東面主人辭降賓對主人北面盥坐取觚洗賓少進辭洗主人坐奠觚于篚興對賓反位主人卒洗賓揖升主人升賓拜洗主人賓右奠觚答拜降盥賓降主人辭降賓對卒盥賓揖升主人升坐取觚執冪者舉冪主人酌膳執冪者蓋冪酌者加勺又反之筵前獻賓賓西

階上拜受爵于筵前反位主人賓右拜送爵宰胥薦脯醢賓升筵庶子設折俎賓坐左執觶右祭脯醢奠爵于薦右興取肺坐絕祭嚌之興加于俎坐捝手執爵遂祭酒興席末坐啐酒降席坐奠爵拜告旨執爵興主人荅拜樂闋

又主人盥洗象觚升酌膳東北面獻于公公拜受爵乃奏肆夏主人降自西階阼階下北面拜送爵宰胥薦脯醢由左房庶子設折俎升自西階公祭如賓禮庶子贊授肺不拜酒立執爵坐奠拜卒爵主人荅拜樂闋升受爵降奠于篚

郊特牲賓入大門而奏肆夏示易以敬也卒爵而樂闋孔子屢歎之

案此三事肆夏之奏非徒以納賓兼以為行禮及步趨之節惟為賓與公奏之所以優尊者也

凡金奏之詩以九夏

周禮。鍾師掌金奏。凡樂事。以鍾鼓奏九夏。王夏肆夏昭夏納夏章夏齊夏族夏祴夏驁夏。

大夫士有送賓之樂。而無迎賓之樂。其送賓也以陔夏。

鄉飲酒禮。賓出奏陔。

鄉射禮賓興。樂正命奏陔。賓降及階。陔作。

諸侯。迎以肆夏。送以陔夏。

燕禮記若以樂納賓。則賓及庭。奏肆夏。

大射儀。擯者納賓。賓及庭。公降一等揖賓。賓辟。公升。即席。奏肆夏。

又賓醉。北面坐。取其薦脯以降。奏陔。

天子。迎以肆夏。送以肆夏。

周禮大司樂。大祭祀。尸出入則令奏肆夏。大饗如祭祀。

郊特牲。大饗。其出也肆夏而送之。

左傳三夏天子所以享元侯也
而天子諸侯出入又自有樂其樂天子以王夏諸侯以驁夏諸
侯大射惟入用樂
周禮大司樂大祭祀王出入則令奏王夏大饗如祭祀大射
王出入令奏王夏
大射儀公入驁
案鍾師注引杜子春曰王出入奏王夏尸出入奏肆夏牲
出入奏昭夏四方賓來奏納夏臣有功奏章夏夫人祭奏
齊夏族人侍奏族夏客醉而出奏祴夏公出入奏驁夏案
此前三事本大司樂職文末二事亦有禮經可據中間說
納夏章夏齊夏族夏用處不過望文為說別無他據然皆
謂出入同樂也而據燕禮記及大射儀納賓用肆夏賓出
奏陔則諸侯於賓迎送異樂又尚書大傳天子將出則撞

黃鍾。右五鍾皆應。入則撞蕤賓。左五鍾皆應。則似天子出入。樂亦不同。均與大司樂職文異。或大司樂言王出入宗廟射宮之樂。大傳言王出入路寢之樂。故不同歟。抑大傳所言出撞黃鍾。入撞蕤賓。雖異律而仍同樂歟。不可考矣。

金奏既闋。獻酬之禮畢。則工升歌。歌升者。所以樂賓也。（祭祀則樂尸。尸亦賓類也。）

升歌之詩以雅頌。大夫士用小雅。

鄉飲酒禮。工歌鹿鳴四牡皇皇者華。

諸侯燕其臣及他國之臣。亦用小雅。

燕禮。工歌鹿鳴四牡皇皇者華。

大射儀。乃歌鹿鳴三終。

左氏襄四年傳。又歌鹿鳴之三。三拜。

又。鹿鳴。君所以嘉寡君也。敢不拜嘉。四牡。君所以勞使臣也。敢不重拜。皇皇者華。君教使臣曰云云。

兩君相見則用大雅

左氏襄四年傳工歌文王之三又不拜

又文王兩君相見之樂也

或用頌

仲尼燕居兩君相見升歌清廟

案左氏傳叔孫豹謂文王兩君相見之樂而仲尼燕居則云兩君相見升歌清廟一雅一頌用樂不同疑叔孫所說乃諸侯相見之通禮惟魯太廟用天子禮樂升歌清廟遂推而用之於賓客仲尼燕居云云殆就魯現制言觀禮經諸侯燕其臣及四方之賓皆升歌鹿鳴之三則兩君相見自當升歌文王之三不得越大雅而用頌也仲尼燕居自是七十子後學所記未必為孔子之言

天子則用頌焉

祭統。夫大嘗禘。升歌清廟。下管象。朱干玉戚。以舞大武。八佾以舞大夏。此天子之樂也。

明堂位。成王命魯公世世祀周公以天子之禮樂。季夏六月。以禘禮祀周公於大廟。升歌清廟。

文王世子。天子視學。登歌清廟。

尚書大傳。古者帝王升歌清廟之樂。升歌既畢。則笙入。笙之詩。南陔白華華黍也。

鄉飲酒禮。笙入堂下。磬南北面立。樂南陔白華華黍。

燕禮。笙入立于縣中。奏南陔白華華黍。歌者在上。匏竹在下。於是有間有合。間之詩。歌則魚麗南有嘉魚南山有臺。笙則由庚崇邱由儀也。

鄉飲酒禮。乃間歌魚麗。笙由庚。歌南有嘉魚。笙崇邱。歌南山有臺。笙由儀。

燕禮文同上

合之詩。周南關雎葛覃卷耳。召南鵲巢采蘩采蘋也。

鄉飲酒禮。乃合樂周南關雎葛覃卷耳。召南鵲巢采蘩采蘋。

鄉射禮。工四人二瑟。升自西階北面東上。笙入立于縣中。乃合樂。周南關雎葛覃卷耳。召南鵲巢采蘩采蘋。

燕禮。遂歌鄉樂。周南關雎葛覃卷耳。召南鵲巢采蘩采蘋。

燕禮記。升歌鹿鳴。下管新宮。笙入三成。遂合鄉樂。

自笙以下諸詩。大夫士至諸侯共之。

鄉飲酒禮。鄉射禮。燕禮。均見上。

案笙與間歌合樂所用諸詩。據現存禮經言之。大夫士與諸侯無異。鄭氏詩譜云。其用於樂。國君以小雅。天子以大雅。然而饗賓或上取。燕或下就。何者。天子饗元侯。歌肆夏。合文王。諸侯歌文王。合鹿鳴。諸侯於鄰國之君。與天子於諸侯同天子諸侯燕羣臣及聘問之賓皆歌鹿鳴合鄉樂其於鄉飲酒禮燕禮注亦云小雅為諸侯之樂大雅頌為天子之樂鄉飲酒升歌小雅禮盛者可以進取也燕合鄉樂禮輕者可以逮下也春秋傳曰肆夏樊遏渠天子所以享元侯也文王大明緜兩君相見之樂也然則諸侯相與燕升歌大雅合小雅天子與次國小國之君燕亦如之與大國之君燕升歌頌合大雅其笙閒之篇未聞此二說畧同原鄭所以為此說者彼據鄉飲酒禮燕禮凡合樂所用之詩皆下升歌一等遂推之天子享元侯與諸侯相見以為皆如是因以左氏内外傳之金奏肆夏為升歌工歌文王為合樂不知金奏自金奏升歌自升歌合樂自合樂内外傳明云金奏肆夏之三工歌文王之三則所云天子合大雅者無據矣至謂諸侯相與燕升歌大雅合小雅則據

內傳工歌文王之三。又歌鹿鳴之三。魯語作歌文王大明緜。伶簫詠歌及鹿鳴之三。伶簫並言。或為合樂之證。然古天子諸侯禮之重者。皆但有升歌下管舞而無閒歌合樂。然則鄭由鄉飲酒禮燕禮以推天子諸侯之合樂。其根據未免薄弱矣。

諸侯以上。禮之盛者。以管易笙。笙與歌異工。故有閒歌有合樂。管與歌同工。故升而歌。下而管。而無閒歌合樂。下管之詩。諸侯新宮。天子象也。

燕禮記。升歌鹿鳴。下管新宮。笙入三成。遂合鄉樂。若舞則勺。

大射儀。乃席工于西階上少東。小臣納工。工六人。四瑟。僕人正徒相大師。僕人師相少師。僕人士相上工。相者在左。何瑟後首內弦。挎越右手相。後者徒相入。小樂正從之。升自西階。北面東上。坐授瑟。乃降。小樂正立于西階東。乃歌鹿鳴三終。

主人洗升實爵獻工工不興左瑟一人拜受爵主人西階上北面拜送爵薦脯醢使人相祭卒爵不拜主人受虛爵衆工不拜受爵坐祭遂卒爵辯有脯醢不祭主人受爵降奠于篚大師及少師上工皆降立于鼓北羣工陪于後乃管新宮三終卒管大師少師上工皆東坫之東南西面北上坐

文王世子天子視學登歌清廟下管象舞大武

明堂位季夏六月以禘禮祀周公于大廟升歌清廟下管象朱干玉戚冕而舞大武皮弁素積裼而舞大夏

祭統夫大嘗禘升歌清廟下而管象朱干玉戚以舞大武八佾以舞大夏

仲尼燕居兩君相見升歌清廟下管象武夏籥序興又下而管象示事也

案此上六事凡有管者皆無笙亦無間歌合樂而皆有舞

惟燕禮記則有管有笙有合樂有舞記舉禮之變故備言之實則有管則當無笙而以舞代合樂有笙則當無管而以合樂代舞以他經例之當然記言之未皙耳禮經中記之作遠在經後據大射儀經文則下管乃升歌之工自降而吹管管與歌同工既管又笙於事為贅故鄭於燕禮記笙入三成下云管之入三終以管與笙為一此在燕禮記或可如此解然以此解大射儀則全與經文牴捂鄭於大射儀乃管新宮三終下曰笙從工而入既管不獻畧下樂也是亦以管為笙且謂歌管異工然經於獻工後云大師少師上工皆降立于鼓北羣工陪于後乃管新宮三終卒管大師及少師上工皆東坫之東南西面北上坐繫管於大師六人皆降之後又繫大師等東於卒管之後是經謂管者即大師少師上工羣工至為明顯否則未管之前何

以不書管入卒管之後何以不書獻管且管者既別有人則大師等六人升歌受獻之後既已無事何以須降立於鼓北又何以須卒管而後東可知注之無一當矣故祭統與仲尼燕居皆云升歌清廟下而管象於下字下沾而字明下管之工即升歌之工升歌下管非異人也鄉飲鄉射燕禮有間歌合樂故歌笙異工大射無間歌合樂既歌之後堂上無事故歌管同工鄭即以鄉飲酒燕禮之笙入擬之殊乖經旨鄭於大師少師上工皆降立于鼓北羣工陪于後注曰鼓北西縣之北言鼓北者與鼓齊面餘長在後也羣工陪于後三人為列也又於乃管新宮三終下注曰笙立於東縣之中按鄭既以歌者管者異工故以為大師六人降立於西縣之北管者立於東縣之中此大誤也大師等降立於鼓北者鼓謂兩建鼓經云建鼓在阼階西南鼓一建鼓在西階之東南面蕩在建鼓之間則鼓北謂兩建鼓之北立於鼓北者以就蕩也其地在兩階之間非西縣之北亦非東縣之中故卒管後云大師等皆東鄭之失全在誤認歌管異工故無一合若如今說則四達不悖矣以大射儀推之燕禮記所云升歌鹿鳴下管新宮者謂歌管同工此用樂之一種所云笙入三成遂合鄉樂者則笙歌異工此用樂之又一種二種任用其一不能兼用所云若舞則勺者則與

弟一種爲類不與弟二種爲類以文王世子明堂位祭統

仲尼燕居四事證之有餘矣記文備記禮變往往如此特

語欠明辨當以大射儀經文爲正矣歌管同工元敖繼公儀禮集說已有此說閎明諸儒或申鄭難矣不可易

凡升歌用雅者管與笙皆用雅升歌用頌者管亦用頌

鄉飲酒禮工歌鹿鳴四牡皇皇者華笙入樂南陔白華華黍

燕禮工歌鹿鳴四牡皇皇者華笙入奏南陔白華華黍

燕禮記升歌鹿鳴下管新宮注新宮小雅逸篇也

大射儀乃歌鹿鳴三終乃管新宮三終

文王世子登歌清廟下管象

明堂位升歌清廟下管象

祭統升歌清廟下而管象

仲尼燕居升歌清廟下管象武夏籥序興

案毛詩周頌序維清奏象舞也下管象當謂管維清之詩

升歌清廟下管維清皆頌也仲尼燕居云下管象武夏籥序興鄭讀下管象武為句然下云升歌清廟示德也下而管象示事也則當讀下管象為句武夏籥序興為句武大武夏籥大夏也呂氏春秋古樂篇禹命皐陶作為夏籥九成以昭其功是夏籥即大夏夏者夏翟羽鄭氏周禮天官序官夏采注詩邶風左手執籥右手秉翟謂此舞也明堂位升歌清廟下管象朱干玉戚冕而舞大武皮弁素積裼而舞大夏祭統升歌清廟下而管象朱干玉戚以舞大武八佾以舞大夏文王世子登歌清廟下管象舞大武皆歌清廟者管象舞大武大夏之證則仲尼燕居之武不當屬上讀明矣

凡有管則有舞舞之詩諸侯勺天子大武大夏也

燕禮記文王世子明堂位祭統仲尼燕居均上見

案禮經傳上言下管者下必言舞而不言間歌合樂其言

間歌合樂者。皆不言舞。是二者可以相代。又案天子諸侯祭祀賓客之禮皆有舞。則以用舞者為重。用間歌合樂者為輕矣。

凡金奏之樂用鍾鼓。

周禮鍾師。掌金奏。以金鼓奏九夏。

天子諸侯全用之。大夫士鼓而已。

鄉飲酒禮注。周禮鍾師。以金鼓奏九夏。是奏陔夏則有鍾鼓矣。鍾鼓者。天子諸侯備用之。大夫士鼓而已。蓋建于阼階之西南鼓。

鄉射禮注。陔夏者。天子諸侯以鍾鼓。大夫士鼓而已。

歌用瑟及搏拊

書益稷。搏拊琴瑟以詠。

鄉飲酒禮。鄉射禮。燕禮。工四人二瑟。

大射儀工六人四瑟

樂記清廟之瑟朱弦而疏越一倡而三歎有遺音者矣

荀子禮論清廟之歌一倡而三歎也懸一磬而尚拊搏朱弦而通越一也

尚書大傳古者帝王升歌清廟之樂大琴練弦達越大瑟朱弦達越以韋為鼓謂之搏拊

案禮經記升歌有瑟無琴亦無搏拊大傳所言殆異代禮

笙與管皆如其名舞則大武用干戚大夏用羽籥

明堂位祭統仲尼燕居均見上

案公羊昭二十四年傳朱干玉戚以舞大夏八佾以舞大武以明堂位祭統證之夏武二字互誤

此其大畧也

附天子諸侯大夫士用樂表

	大夫士鄉飲酒禮	大夫士鄉射禮	諸侯燕禮之甲「據燕禮經」	諸侯燕禮之乙「據燕禮記」	諸侯大射儀
金奏	無	無	無	肆夏肆夏	肆夏肆夏
升歌	鹿鳴四牡皇皇者華	無	鹿鳴四牡皇皇者華	鹿鳴	鹿鳴三終
管	無	無	無	「新宮」	新宮三終
笙	南陔白華華黍	無	南陔白華華黍	「笙入三成」	
間歌 歌	魚麗南有嘉魚南山有臺	無	魚麗南有嘉魚南山有臺		
間歌 笙	由庚崇邱由儀	無	由庚崇邱由儀		
合樂	周南關雎葛覃卷耳召南鵲巢采蘩采蘋	周南關雎葛覃卷耳召南鵲巢采蘩采蘋	周南關雎葛覃卷耳召南鵲巢采蘩采蘋	鄉樂	
舞	無	無	無	勺	
金奏	陔夏	陔夏	陔夏	陔夏	陔夏驁夏

十五

	兩君相見	魯禘	天子大射	天子大饗	天子視學養老	天子大祭祀
			王夏（肆夏）	王夏肆夏	（王夏）（肆夏）	王夏肆夏昭夏
文王之三	清廟	清廟	（清廟）	（清廟）	清廟	清廟
	象	象	（象）	（象）	象	象
鹿鳴之三						
	武夏籥	大武大夏	弓矢舞		大武	大武大夏
			（肆夏）王夏	肆夏王夏	（肆夏）王夏	肆夏王夏

表内加「」者不必備有加（）者經傳無明文以意推之

周大武樂章考

樂記夫武始而北出再成而滅商三成而南四成而南國是疆五成而分周公左召公右六成復綴以崇是武之舞凡六成其詩當有六篇也據毛詩序於武曰奏大武也於酌曰告成大武也則六篇得其二春秋左氏宣十二年傳楚莊王曰武王克商作武其卒章曰耆定爾功其三曰鋪時繹思我徂惟求定其六

曰綏萬邦屢豐年是以賚爲武之三成以桓爲武之六成則六篇得其四其詩皆在周頌其餘二篇自古無說案祭統云舞莫重於武宿夜是尚有宿夜一篇鄭注宿夜武曲名也疏引皇氏云師說書傳云武王伐紂至於商郊停止宿夜士卒皆歡樂歌舞以待旦因名焉武宿夜其樂亡也熊氏云此即大武之樂也案宿古夙字說文解字夕部夙早敬也㐁古文夙从人㐁亦古文夙从人西宿从此又宀部宿止也从宀㐁聲㐁古文夙豐姞敦云豐姞憝用夙夜享孝于𢽿公于室叔朋友夙正作𠤕是武宿夜卽武夙夜其詩中當有夙夜二字因以名篇如時邁有肆于時夏語因稱肆夏矣皇侃所稱師說非也大武六篇其四篇皆在周頌則此篇亦當於頌中求之今考周頌三十一篇其有夙夜字者凡四昊天有成命曰夙夜基命宥密我將曰我其夙夜畏天之威振鷺曰庶幾夙夜以永終譽閔予小子曰維予

小子夙夜敬止而我將為祀文王於明堂之詩振鷺為二王之後助祭之詩閔予小子為嗣王朝廟之詩賚以經文序說不誤惟昊天有成命序云郊祀天地也然郊祀天地之詩不應詠歌文武之德又郊以后稷配天尤與文武無涉蓋作序者見此詩有昊天字而望文言之若武夙夜而在今周頌中則舍此篇莫屬矣詩有成王不敢康語周語及賈子新書載叔向說此詩以成王為武王之子文王之孫然書酒誥云成王畏相又云惟助成王德顯是成王乃殷周間成語蓋云文王武王成此王功殆是也如此則大武之詩已得五篇其餘一篇疑當為般何則酌桓賚般四篇次在頌末又皆取詩之義以名篇前三篇既為武詩則後一篇亦宜然此武詩六篇之可考者也至其次弟則毛詩與楚樂歌不同楚以賚為弟三桓為弟六毛則六篇分居三處其次則夙夜弟一武弟二酌弟三桓弟四賚弟五般弟六此殆古之次弟案祭統云獻之屬莫重於祼聲莫重於升歌舞莫重於武宿夜考祼者獻之始升歌者樂之始則武宿夜自當為舞之始是夙夜

當居弟一之證也其餘五篇次弟亦與樂記所紀舞次相合武云勝殷遏劉而記云再成而滅商是武為弟二成之證也武為弟二成則告成大武之酌自當為弟三成至桓云綏萬邦又云于以四方則與四成疆南國之事相合賚之義為封功臣則與五成分周公左召公右之事相合般云於皇時周陟其高山則與六成復綴以崇之事相合是毛詩次弟與樂記同（蔡邕獨斷所載周頌諸篇次弟一如毛詩或疑是齊詩說恐亦據毛也）恐是周初舊弟勝於楚樂歌之次弟遠矣又此六篇語意一貫皆以文武受命為言其首篇云昊天有成命二后受之又云夙夜基命宥密其二篇云嗣武受之三篇云我龍受之皆謂受此成命也其四篇云天命匪解其五篇云文王既勤止我膺受之勤謂勤大命（單伯鐘與毛公鼎皆云勞勤大命）膺受謂膺受大命也（逸周書克殷解毛公鼎益公敦皆云膺受大命）六篇云裒時之對裒時即不時亦即丕時大雅云帝命不時書君奭云在讓後人于丕時裒不丕聲相近裒時之對猶言帝

象爲虐於東夷周公遂以師逐之至於江南乃爲三象以嘉其德（淮南齊俗訓亦云周樂大武三象棘下）此雖别武與象爲二又以象爲周公之樂與白虎通説正相反然以三象爲繼大武而作又以象爲周公南征之事正與樂記大武四成而南國是疆五成而分周公左召公右及武亂皆坐周召之治相合疑武之六成本是大舞周人不必全用之取其弟二成用之謂之武取其弟三成用之謂之勺取其四成五成六成用之謂之三象故白虎通謂酌象合曰大武而鄭君注禮亦以武象爲一也然謂武亦有象名則可謂詩序之象舞與禮下管所奏之象即大武之一節則不可詩序維清奏象舞也以武奏大武也例之象舞當用維清之詩而維清之詩自詠文王之文德與清廟維天之命爲類則禮之升歌清廟下管象者自當下管維清不當管武宿夜以下六篇也且禮言升歌清廟下管象者皆繼以舞大武管與舞不同時自不得同

用一詩。左傳見舞象箾南籥者。見舞大武者。是大武之外又自有象舞。且與南籥連言。自係文舞。與武之為武舞有別。維清之所奏。與升歌清廟後之所管。內則之所舞。自當為文舞之象。而非武舞之象也。二者同名異實。後世往往相淆。故畧論之。

說周頌

阮文達釋頌一篇。其釋頌之本義至確。然謂三頌各章皆是舞容。則恐不然。周頌三十一篇。惟維清為象舞之詩。昊天有成命。武。酌。桓。賚。般。為武舞之詩。其餘二十四篇為舞詩與否。均無確證。至清廟為升歌之詩。時邁為金奏之詩。（據周禮鍾師注引呂叔玉說。則執競思文亦金奏之詩。）尤可證其非舞曲。毛詩序云。頌者美盛德之形容。以其成功告於神明者也。盛德之形容。以貌表之可也。以聲表之亦可也。竊謂風雅頌之別。當於聲求之。頌之所以異於雅頌者。雖不可得而知。今就其著者言之。則頌之聲較風雅為緩也。何以證之。曰。風雅有韻而頌多無韻也凡樂詩之所以用韻者以同部之音間時而作足以娛人耳也故其聲促者韻之感人也深其聲緩者韻之感人也淺韻之娛耳其相去不能越十言或十五言若越十五言以上則有韻與無韻同即令二韻相距在十言以內若以歌二十言之時歌此十言則有韻亦與無韻同然則風雅所以有韻者其聲促也頌之所以多無韻者其聲緩而失韻之用故不用韻此一證也其所以不分章者亦然風雅皆分章且後章句法多疊前章其所以相疊者亦以相同之音間時而作足以娛人耳也若聲過緩則雖前後相疊聽之亦與不疊同頌之所以不分章不疊句者當以此此二證也頌如清廟之篇不過八句不獨視鹿鳴文王長短迥殊即比關雎鵲巢亦復簡短此亦當由聲緩之故此三證也燕禮記若以樂納賓則賓及庭奏肆夏賓拜酒主人答拜而樂闋公拜受爵而奏肆夏公卒爵主人

升受爵以下而樂闋又大射儀自奏肆夏以至樂闋中間容賓升主人拜至降洗賓降主人辭賓對主人盥洗觚賓辭洗主人對主人升賓拜洗主人答拜降盥賓降主人辭降賓對卒盥升主人酌膳獻賓賓拜受爵主人拜送爵宰胥薦脯醢庶子設折俎賓祭脯醢祭肺嚌肺祭酒啐酒拜告旨主人答拜凡三十四節為公奏肆夏時亦然肆夏一詩不過八句而自始奏以至樂闋所容禮文之繁如此則聲緩可知此四證也然則頌之所以異於風雅者在聲而不在容則其所以美盛德之形容者亦在聲而不在容可知以名頌而皆視為舞詩未免執一之見矣

說商頌上

商頌諸詩作於何時毛韓說異毛詩序謂微子至於戴公其間禮樂廢壞有正考父者得商頌十二篇於周之大師以那為首是毛以商頌為商詩也史記宋世家襄公之時修行仁義欲為

盟主其大夫正考父美之故追道契湯高宗殷所以興作商頌
集解駰案韓詩章句亦美襄公案集解雖但引薛漢章句疑是
韓嬰舊說史遷從之楊子法言學行篇正考父嘗晞尹吉甫矣
公子奚斯嘗晞正考父矣亦以商頌為考父作皆在薛漢前後
漢曹褒及刻石之文亦皆從韓說是韓以商頌為宋詩也襄公
考父時代不同韓說固誤然以為考父所作則固與毛詩同本
魯語未可以臆定其是非也魯語閔馬父謂正考父校商之名
頌十二篇於周大師以那為首考漢以前初無校書之說即令
校字作校理解亦必考父自有一本然後取周大師之本以校
之不得言得是毛詩序改校為得已失魯語之意矣余疑魯語
校字當讀為效效者獻也謂正考父獻此十二篇於周大師韓
說本之若如毛詩序說則所得之本自有次弟不得復云以那
為首也且以正考父時代考之亦以獻詩之說為長左氏昭七

年傳。及正考父佐戴武宣。世本。正考父生孔父嘉。詩商頌正義引潛夫論氏姓志亦云。考孔父之卒在宋殤公十年。自是上推之。則殤公十年。穆公九年。宣公十九年。武公十八年。戴公三十四年。自孔父之卒上距戴公之立。凡九十年。孔父佐穆殤二公。則其父恐不必逮事戴公。即令早與政事。亦當在戴公暮年。而戴公之三十年。平王東遷。其時宗周既滅。文物隨之。宋在東土。未有亡國之禍。先代禮樂。自當無恙。故獻之周太師。以備四代之樂。較之毛詩序說。於事實為近也。然則商頌為考父所獻。即為考父所作歟。曰。否。魯語引那之詩。而曰先聖王之傳。恭猶不敢專。稱曰自古古曰在昔。昔曰先民。可知閔馬父以那為先聖王之詩。而非考父自作也。韓詩以為考父所作。蓋無所據矣。

說商頌下

然則商頌果為商人之詩與。曰。否。殷武之卒章曰。陟彼景山。松柏丸丸。毛鄭於景山均無説。魯頌擬此章。則云徂徠之松。新甫之柏。則古自以景山為山名。不當如鄘風定之方中傳大山之説也。案左氏傳。商湯有景亳之命。水經注濟水篇黄溝枝流北逕已氏縣故城西。又北逕景山東。此山離湯所都之北亳不遠。商邱蒙亳以北。惟有此山。商頌所詠。當即是矣。而商自般庚至於帝乙居殷虚。紂居朝歌。皆在河北。則造高宗寢廟不得遠伐河南景山之木。惟宋居商邱。距景山僅百數十里。又周圍數百里内別無名山。則伐景山之木以造宗廟。於事為宜。此商頌當為宋詩不為商詩之一證也。又自其文辭觀之。則殷虚卜辭所紀祭禮與制度文物。於商頌中無一可尋。其所見之人地名。與殷時之稱不類。而反與周時之稱相類。所用之成語。并不與周初類。而與宗周中葉以後相類。此尤不可不察也。卜辭稱國都曰商不曰殷。而頌則殷商錯出。卜辭稱湯曰大乙不曰湯而頌則曰湯曰烈祖曰武王此稱名之異也其語句中亦多與周詩相襲如那之猗那即檜風萇楚之阿儺小雅濕桑之阿難石鼓文之亞箬也長發之昭假遲遲即雲漢之昭假無贏烝民之昭假于下也殷武之有截其所即常武之截彼淮浦王師之所也又如烈祖之時靡有爭與江漢句同約軝錯衡八鸞鶬鶬與采芑句同凡所同者皆宗周中葉以後之詩而烝民江漢常武序皆以為尹吉甫所作揚雄謂正考父睎尹吉甫或非無據矣顧此數者其為商頌襲風雅抑風雅襲商頌或二者均不相襲而同用當時之成語皆不可知然魯頌之襲商頌則灼然事實夫魯之於周親則同姓尊則王朝乃其作頌不摹周頌而摹商頌蓋以與宋同為列國同用天子之禮樂且商頌之作時代較近易於摹擬故也由是言之則商頌蓋宗周中葉宋人所作以祀其先王正考父獻之於周太師而太師次之於周頌之後逮魯

頌既作又次之於魯後若果為商人作則當如尚書例在周頌前不當次魯頌後矣然則韓詩以商頌為宋人所作雖與魯語閔馬父之說不盡合然由商頌之詩證之固長於毛說遠矣

漢以後所傳周樂考

大戴禮記投壺篇凡雅二十六篇其八篇可歌歌鹿鳴貍首鵲巢采蘩采蘋伐檀白駒騶虞八篇廢不可歌七篇商齊可歌也三篇閒歌史辟史義史見史童史謗史賓拾聲叡挾（史辟以下八篇孔氏廣森補注以為即廢不可歌之八篇）案此二十六篇今鵲巢采蘩采蘋騶虞在召南伐檀在魏風商齊七篇或在齊風或在商頌貍首史辟諸篇均佚惟鹿鳴白駒與閒歌三篇（魚麗南有嘉魚南山有臺）在小雅投壺所紀詩之部居次第均與四家詩不同蓋出先秦以後樂家之所傳案樂記師乙言聲歌有頌有大雅有小雅有風有商齊今此二十六篇亦有雅有風有商齊與魯太師所傳者同不過春秋末魯太師所傳者雅

自雅風自風商齊自商齊不相雜也厥後廢闕所存僅二十六篇其中兼有各類以其首篇爲鹿鳴遂悉以雅名之至作投壺時又亡其八篇（史辟史義諸篇聲與詩俱亡樂人口耳相傳篇名不無譌舛其實未必不在三百篇中也）乃備記其存亡之目蓋在戰國以後矣投壺所存十八篇至漢猶有存者琴操云古琴曲有歌詩五曲一曰鹿鳴二曰伐檀三曰騶虞四曰鵲巢五曰白駒皆在上十八篇中宋書樂志云漢章帝元和二年宗廟樂食舉故事有鹿鳴承元氣二曲又云漢大樂食舉十三曲一曰鹿鳴又云魏雅樂四曲一曰鹿鳴後改曰於赫詠武帝二曰騶虞後改曰巍巍詠文帝三曰伐檀後省除四曰文王後改曰洋洋詠明帝騶虞伐檀文王並左延年改其聲晉書樂志云杜夔傳舊雅樂四曲一曰鹿鳴二曰騶虞三曰伐檀四曰文王皆古聲辭及太和中左延年改夔騶虞伐檀文王三曲更自作聲節其名雖存而聲實異惟因夔鹿鳴全不改易是漢魏所存周樂

四篇鹿鳴騶虞伐檀亦在投壺可歌八篇中惟文王一篇不知得自何所（漢雅樂有三源漢書禮樂志漢興樂家有制氏以雅樂聲律世世在大樂官服虔曰制氏魯人也此魯樂也又高祖時叔孫通因秦樂人制宗廟樂此秦樂也景十三王傳武帝時河間獻王來朝獻雅樂此趙樂也投壺所存十八篇蓋魯樂家之所傳杜夔爲漢雅樂郎蓋又習秦趙所傳雅樂故文王一篇乃出於十八篇之外也）由前後觀之則投壺所存古樂十八篇風雅商齊上同師乙之分類鹿鳴伐檀騶虞下同杜夔之所傳其為周秦之間樂家舊第無疑案古樂家所傳詩之次第本與詩家不同左氏傳季札觀周樂豳在秦前魏唐在秦後今詩則魏風唐風在齊風之次豳在曹風之次此相異者一也鄉飲酒禮鄉射禮燕禮合樂周南關雎葛覃卷耳召南鵲巢采蘩采蘋周南三篇相次則召南三篇亦當相次今詩采蘩采蘋之間尚有草蟲一篇此相異者二也鄉飲酒禮燕禮笙南陔白華華黍間歌魚麗笙由庚歌南有嘉魚笙崇丘歌南山有臺笙由儀是樂次當如此而毛詩舊第據六月序則南陔在杕杜之後魚麗之前與禮經樂次不合今毛詩由庚崇丘由儀又皆在

南山有臺後。鄭箋所謂毛公為詁訓傳推改什首者是也。此相異者三也。左氏傳楚莊王以賚為武之三篇。桓為武之六篇。杜預以為楚樂歌之次第。而前大武考所定夙夜武酌桓賚般蓋周大武之舊第。而毛詩則夙夜在清廟之什。武在臣工之什之末。酌桓賚般在閔予小子之什之末。此相異者四也。此詩樂二家。春秋之季。已自分途。詩家習其義。出於古師儒。孔子所云言詩誦詩學詩者。皆就其義言之。其流為齊魯韓毛四家。樂家傳其聲。出於古太師氏。子貢所問於師乙者。專以其聲言之。其流為制氏諸家。詩家之詩。士大夫習之。故詩三百篇至秦漢具存。樂家之詩。惟伶人世守之。故子貢時尚有風雅頌商齊諸聲。而先秦以後。僅存二十六篇。又亡其八篇。且均被以雅名。漢魏之際。僅存四五篇。王深寧漢書藝文志考證樂家雅歌詩四篇即杜夔所傳四篇。是西漢末已只存四篇 後又易其三。訖永嘉之亂。而三代之樂。遂全亡矣。二家本自殊途。不能相通。世或有以此繩彼者，均未可謂為篤論也。

觀堂集林卷第三

藝林三

海甯 王國維

明堂廟寢通考

宮室惡乎始乎。易傳曰。上古穴居而野處。後世聖人易之以宮室。穴居者。穿土而居其中。野處則復土於地而居之。詩所謂陶復陶穴是者也。（說文寝地室也）當是之時。唯有室而已。而堂與房無有也。初為宮室時亦然。故室者宮室之始也。後世彌文而擴其外而為堂。擴其旁而為房。或更擴堂之左右而為箱為夾為个。（三者異名同實）然堂後及左右房間之正室。必名之曰室。此名之不可易者也。故通言之。則宮謂之室。室謂之宮。析言之。則所謂室者。必指堂後之正室。而堂也房也箱也。均不得蒙此名也。說文。室實也。以堂非人所常處。而室則無不實也。晝居於是。（玉藻君子之居恒當户。户謂室户也）夜息於是賓客於是（曲禮將入户視必下又户外有二屨言聞則入皆謂室户）其在庶人之祭於寢者則詔祝於是筵尸於是其用如斯其重也後庭前堂左右有房有户牖以達於堂有側户以達於房有向以啟於庭東北隅謂之宧東南隅謂之窔西南隅謂之奧西北隅謂之屋漏其名如斯其備也故室者又宮室之主也明乎室為宮室之始及宮室之主而古宮室之制始可得而言焉

我國家族之制古矣一家之中有父子有兄弟而父子兄弟又各有其匹偶焉即就一男子言而其貴者有一妻焉有若干妾焉一家之人斷非一室所能容而堂與房又非可居之地也故穴居野處時其情狀余不敢知其既為宮室也必使一家之人所居之室相距至近而後情足以相親焉功足以相助焉然欲諸室相接非四阿之屋不可四阿者四棟也為四棟之屋使其堂各向東西南北於外則四堂後之四室亦自向東西南北而

湊於中庭矣。此置室最近之法，最利於用，而亦足以為觀美。明堂、辟雍、宗廟、大小寢之制，皆不外由此而擴大之緣飾之者也。

古制中之聚訟不決者，未有如明堂之甚者也。考工記言五室，言堂而不言堂之數。呂氏春秋十二紀、小戴記月令均言一太室、四堂、八个。（尚書大傳略同，唯改四大廟為正室。）大戴記盛德篇則言九室。此三者之說已不相合。今試由上章所言考之，則呂氏春秋之四堂一太室實為古制。考工記中世室五室、四旁兩夾、四阿重屋等語，均與古宮室之制度合；唯五室凡室二筵之文，則顯與自說相牴牾。至大戴九室之說，實為秦制。（隋書宇文愷傳引禮圖，并見聶崇義三禮圖。）恐秦時據考工記五室、呂覽四堂之文，昧古代堂與室之分，而以室之名概之。（尚書大傳以四堂為四正室，是秦漢間人不知堂與室之分之證也。）并四與五，則為九矣。說明堂月令者又云明堂九室十二堂，（見玉藻、明堂位疏引鄭玄駮五經異義，後人誤羼入大戴記盛德篇中。）則又恐據古之四堂八个、秦之九室而兼數之，所謂歧路之中又有歧者也。自漢以後，或主五室說。或主九室說。主五室者多主一堂之說。而其位置此五室也各不同。或置諸堂之中央及四正。（藝文類聚禮部引古三禮圖說）或置諸中央及四隅。（鄭玄考工記注幷玉藻明堂位疏引鄭駁五經異義）或置諸堂个之後。（汪中明堂通釋與孔廣森明堂億說略同）其主四隅說者。或謂四室接太室之四角為之。（聶崇義三禮圖如此戴震考工記圖張惠言儀禮圖從之而又參以月令之四堂八个）或謂四室不與太室相屬。而遠在堂之四隅。（汪中明堂通釋所圖鄭說如此）即同主一說者。其殊固已如此矣。其主九室說者。則或接太室之四角為四室。又接四室之四角為四室。（聶氏三禮圖謂為秦制任啓運朝廟宮室考從之）或三三相重。房間通街。（後魏李謐所造如此見隋書牛弘及宇文愷傳）又主調停說者。則有若賈思伯於太室四角為四室。以一室充二个之用。以當考工記之五室月令之四堂八个者矣。（魏書賈思伯傳）有若焦循於太室之角接以四室。而又兩分四室為句股形者八。以充五室及四堂八个者矣。（羣經宮室圖）有若唐仲友於一堂中畫東西南北以為四堂。八个而置五室於四堂之間者矣。（帝王經世圖譜）有若阮元以考工記雖言一堂而實有四堂。故為廣九筵修七筵之堂四於外而於其中央方九筵之地置方二筵之室五則又合唐氏之說以考工記之度矣（揅經室續集卷一）然太室二筵褊陋已甚四隅四室取義云何魏李謐隋牛弘之所諍者不可奪也又據阮氏之說則中央之地修廣九筵今五室所占縱橫僅得六筵則所餘三筵之地如何於是有若陳澧以三筵之地當五室之壁之厚而謂壁厚半筵者矣此外如白虎通蔡邕明堂論牛弘明堂議李覯明堂定制圖等但務勦說而不能以圖明之者其數尚多蓋斯塗之荊棘久矣自余說言之則明堂之制本有四屋四堂相背於外其左右各有个故亦可謂之十二堂堂後四室相對於內中央有太室是為五室太室之上為圓屋以覆之而出於四屋之上是為重屋其中除太室為明堂宗廟特制外餘皆與尋常宮室無異其五室四堂四旁兩夾四阿重屋皆出於其制度之自然不然則雖使巧匠為之或煩碎而失宜或

宏侈而無當。而其堂與室終不免窮於位置矣。

明堂之制。外有四堂。東西南北。兩兩相背。每堂又各有左右二个。其名則月令諸書謂之青陽太廟。青陽左个。青陽右个。明堂太廟。明堂左个。明堂右个。總章太廟。總章左个。總章右个。玄堂太廟。玄堂左个。玄堂右个。此四堂之名。除明堂外。青陽之名僅見於爾雅。總章之名一見於尸子。而玄堂則無聞焉。其名或出後人之緣飾。然其制則古矣。蓋此四堂八个。實與聽朔布政之事相關。聽朔之為古制。亦可由文字上旁證之。於文。王居門中為閏。周禮春官大史閏月詔王居門終月。玉藻閏月則闔門左扉立於其中。先鄭注周禮云。月令十二月分在青陽明堂總章玄堂左右之位。惟閏月無所居。居於門。故於文王在門中為閏。說文亦云。告朔之禮。天子居宗廟。閏月居門中。閏从王在門中。周禮玉藻之說。雖有可存疑之處。然文字之證據不可誣也。要之明堂為古宮室之通制，未必為聽朔布政而設，而其四堂八个適符十二月之數，先王因之而月異其居，以聽朔布政焉，此自然之勢也。然則古者聽朔之事可以閏字證之，而四堂八个之制，又可由聽朔證之，月令之說固非全無依據矣。且考工記之記明堂，世所視為與月令絕異者也。記但言堂之修廣，而不言堂數，故自漢以來多以一堂解之。然其所言世室五室四旁兩夾四阿重屋，無不可見四堂之制。古者室在堂後，有室斯有堂，又一堂止一室，故房有東西也，夾有東西也，个有左右也，而從不聞有二室。今既有五室，則除中央太室外，他室之前必有一堂，有四室斯有四堂矣。四旁兩夾亦然。（古夾个兩字音義皆同，書顧命及考工記之夾，即月令之个也。考工記此句，自漢以來皆讀四旁兩夾窗為句，孔廣森禮學卮言始讀四旁兩夾為句，而以窗字屬下讀，窗白盛為句，證以大戴禮之赤綴户也，白綴牖也，其讀確不可易。）每堂各有兩夾，而四堂分居四旁，此所謂四旁兩夾也。若四阿之釋，則或以為四注屋（鄭氏考工記四阿重屋注），或以阿為屋翼（唐仲友帝王經世圖譜），或以阿為楣（程瑤田釋宮小記）。然鄭氏於考工記匠人王宮門阿之制五雉注及士昏禮當阿注。皆云阿。棟也。蓋屋當棟處最高。計屋之高。必自其最高處計之。門阿之制五雉。謂自屋之最高處至地凡五雉。自不能以屋翼及楣當之矣。鄭以明堂止有一堂。一堂不能有四棟。故於四阿下解為四注屋。然此四阿與王宮門阿同在匠人一職。不容前後異義。自當從鄭君後說。既有四棟。則為四堂無疑。故考工記所言明堂之制。為四堂而非一堂。自其本文證之而有餘。明堂合四堂而為一。故又有合宮之稱。尸子曰。黃帝合宮。殷人總章。殷人陽館。周人明堂。益知四堂之說不可易也。

四堂之後。各有一室。古者宮室之制。堂後有室。室與堂同在一屋中。未有舍此不數而別求之於他處者也。則明堂五室中。除太室外。他四室必為四堂後之正室。乃主一堂說者。以為在堂上之四正。或以為在其四隅。其主四堂說者。則以在中庭之四隅其說詭僻不合於古宮室之制且古之宮室未有有堂而無室者有之則惟習射之榭為然明堂非習射之所故具五室中之四必為堂後之正室與太室而五焉四堂四室制度宜然不是之求而以堂上庭中之四正四隅當之可謂舍康莊而行蹊徑者矣

四堂四室兩兩對峙則其中有廣庭焉庭之形正方其廣袤實與一堂之廣相等左氏傳所謂埋璧於太室之庭史記封禪書載中公之言曰黃帝接萬靈明庭蓋均謂此庭也此庭之上有圜屋以覆之故謂之太室太室者以居四室之中又比四室絕大故得此名太者大也其在月令則謂之太廟太室此太廟者非中央別有一廟即青陽明堂總章玄堂之四太廟也太廟之太對左右个而言太室之太對四室而言又謂之世室世亦大也古者太大同字世太為通用字故春秋經之世子傳作太子

論語之世叔。左氏傳作太叔。又如伯父之稱世父。皆以大為義。故書洛誥禮月令春秋左氏穀梁傳之太室。考工記明堂位公羊傳並稱世室。又太室居四堂四室之中。故他物之在中央者或用以為名。嵩高在五嶽之中。故古謂之太室。即以明堂太室之名名之也。然則太室者。以居中央及絕大為名。即此一語之中。而明堂之制已畧具矣。

明堂之制。既為古代宮室之通制。故宗廟之宮室亦如之。古宗廟之有太室。即足證其制與明堂無異。殷商卜文中兩見太室。（殷虛書契卷一第三十六葉又卷二第三十六葉）此殷宗廟中之太室也。周則各廟皆有之。書洛誥。王入太室祼。王肅曰。太室清廟中央之室。此東都文王廟之太室也。明堂位又言文世室武世室。吳彝蓋云。王在周成太室。君夫敦蓋云。王在周康宮太室。鬲攸从鼎云。王在周康宮辟太室。曶鼎云。王在周穆王太□（此字磨滅疑是室字）伊敦云。王格穆太室。則成王康王穆王諸廟皆有太室。不獨文武廟矣。至太室四面各有一廟。亦得於古金文字中證之。克鐘云。王在周康剌宮。（剌宮即烈宮古金文皆假剌為烈）頌鼎（頌敦頌壺頌盤文同）云。王在周康卲宮。（卲字从召从卩卩即古人字說文作佋經傳通用昭字）寰盤云。王在周康穆宮。望敦云。王在周康宮新宮。同在宗周之中。又同為康王之廟。而有昭穆烈新四宮。則雖欲不視為一廟中之四堂不可得也。康宮如此。他亦宜然。此由太室之制度言之。固當如是。若從先儒所說古宗廟之制。則更無太室之可言矣。

明堂之制。太室之外。四堂各有一室。故為五室。宗廟之制亦然。古者寢廟之分蓋不甚嚴。廟之四宮後王亦寢處焉。則其有室也必矣。請舉其證。望敦云。唯王十有三年六月初吉戊戌。王在周康宮新宮。旦王格太室。寰盤云。唯廿有八年五月既望庚寅。王在周康穆宮。旦王格太室。頌鼎云。唯三年五月既死霸甲戌。王在周康卲宮。旦王格太室。此三器之文皆云旦王格太室。則上所云王在某宮者必謂未旦以前王所寢處之地也且此事不獨見於古金文雖經傳亦多言之左傳昭二十二年單子逆悼王於莊宮以歸王子還夜取王以如莊宮二十三年王子朝入於王城鄩羅納諸莊宮案莊宮莊王之廟而傳文曰逆曰如曰納皆示居處之意禮運天子適諸侯必舍其祖廟周語襄王使太宰文公及內史興賜晉文公命上卿逆於境晉侯郊勞館諸宗廟聘禮記卿館於大夫大夫館於士士館於工商鄭注館者必於廟不於敵者之廟為太尊也以此觀之祖廟可以舍國賓亦可以自處矣既為居息之地自不能無室又所居不恒在一宮故每宮皆當有之四宮四室并太室為五與明堂同而明堂五室其四當分屬於四堂又可於此得其確證矣

廟中太室之為四宮中之廣廷又可由古代册命之禮證之古天子諸侯之命羣臣也必於廟中周禮春官司几筵凡封國命

諸侯。王位設黼依。依前南鄉。設莞筵。左右玉几。又大宗伯。王命諸侯則擯。鄭注。王將出命。假祖廟立依前南鄉。擯者進當命者延之。命使登。内史由王右以策命之。降再拜稽首。登受策以出。祭統。祭之日。一獻。君降立於阼階之南。南鄉。所命北面。史由君右執策命之。前者為天子命諸侯之禮。後者為諸侯命諸臣之禮。然古金文所紀冊命之禮。頗與此殊。頌鼎云。唯二年五月既死霸甲戌。王在周康卲宮。旦。王格太室。即位。宰弘右頌入門立中廷。尹氏受王命書。王呼史虢生冊命頌。(中略)頌拜稽首。受命冊佩以出。反入覲章。寰盤。唯廿有八年五月既望庚寅。王在周康穆宮。旦。王格太室。即位。宰頵右寰入門。立中廷北鄉。史黹受王命書。王呼史減冊錫寰。他器文類此者頗多。凡上言王格太室者。下均言所命者立中庭北鄉。就所謂中廷之地。頗有尋繹者焉。案禮經中言庭。皆謂自堂下至門之庭。其言中庭者。則謂此庭南北之中。然則上諸器文係中廷於入門後。自當為門內之廷。又云立中廷北鄉。則又當為南鄉屋之廷也。然有大不可解者。如上諸器所言。臣立中廷北鄉。而王即位於太室。則王必於太室之北設黼依几筵而立焉。假使依考工所記堂脩七筵廣九筵。而正方形之太室。其脩當如堂九筵之廣。則王位與中廷間有太室之脩九筵。堂脩七筵。又加以庭脩之半。（前人謂庭脩當堂脩之三倍）則王與所命者之間。相距在二十六筵以上。（即二百二十二尺）即令堂室之脩大減於考工所記。亦必在十筵以上。況以室之南北墉與庭北之碑三重隔之。面不得相覿。語不得相聞。決非天子命臣之意也。余謂此中廷當謂太室之廷。但器文於所命者入門後畧去升堂入室諸節耳。蓋太室之地。在尋常宮室中本為廣廷。太室雖上有重屋。然太室屋與四宮屋之間。四旁通明。漢時猶謂之通天屋。（隋書牛宏傳引蔡邕明堂論）故可謂之廷。而此廷南北之中。亦謂之中廷。此中廷與禮經所謂中庭指前廷南北之中者絕異。太室之脩九筵。則所命者立於中廷。距王位不過四筵。故史得受命書於王。所命者得佩命冊以出。而冊命之禮乃得行焉。且古人於太室本有廷。稱左傳。楚共王與巴姬密埋璧於太室之廷。亦指此地。否則太室居四屋之中。何緣有廷。若指四屋之前廷。則不得系之太室。所謂太室之廷。猶班固言承明金馬著作之廷云爾。故余斷言諸器中之中廷。即太室南北之中也。凡此冊命之禮。皆與古宮室之制相關。故不得不詳辨之也。然則宗廟之制。有太室。有四宮。而每宮又各有一室。四宮五室與明堂之制無異。且明堂五室之四分屬四堂。亦於宗廟中始得其最確之證明。而明堂為古宮室之通制。亦至是而益明矣。

明堂之制。既為古宮室之通制。故宗廟同之。然則路寢如何。鄭玄於毛詩箋考工記及玉藻注。均謂明堂宗廟路寢同制。而於

顧命所紀路寢之制不得其解遂謂成王崩時在西都文王遷
豐鎬作靈臺辟雍而已其餘猶諸侯制度焉蓋視顧命所紀路
寢之制與明堂異也以余觀之路寢無太室自與明堂宗廟異
至於四屋相對則為一切宮室之通制顧命所紀乃康王即位
受册之禮於路寢正屋行之自無從紀東西北三屋即就正屋
言之但紀西夾而不紀東夾然則謂無東夾乎因所不紀而
遂疑其無此可謂目論者矣余意竊從明堂宗廟燕寢之制以
推定路寢之制亦有東西南北四屋似較妥也
至燕寢之四屋相對則有可言者焉古之燕寢有東宮有西宮
有南宮有北宮其南宮之室謂之適室（士以下無正寢即以燕寢之南宮為正寢）北宮之室謂
之下室東西宮之室則謂之側室四宮相背於外四室相對於
內與明堂宗廟同制其所異者唯無太室耳何以言之公羊僖
二十年傳西宮災西宮者小寢也小寢則曷謂之西宮有西宮

則有東宮矣。曾子曰。以有西宮。亦知諸侯之有三宮也。何休注。禮。夫人居中宮。少在前。右媵居西宮。左媵居東宮。少在後。然喪服傳言大夫士庶人之通制。乃有四宮。傳曰。昆弟之義無分。故有東宮。有西宮。有南宮。有北宮。異居而同財。諸侯三宮。每宮當有相對之四屋。至士庶人四宮。當即此相對之四屋之名。內則所謂自命士以上。父子皆異宮。殆謂是也。士喪禮云。死於適室。又云。朔月若薦新。則不饋于下室。喪大記。大夫世婦卒於適寢。內子未命則死於下室。遷尸於寢。此適室下室兩兩對舉。則適室下室為南北相對之室矣。適室下室苟為南北相對之室。則側室當為東西相對之室。內則。妻將生子。及月辰居側室是也。又云。庶人無側室者。及月辰夫出居羣室。羣室當謂門塾之室則或以東西宮之室為昆弟所居。或以僅有南鄉一屋而已。

然則燕寢南北東西四宮。何以知其非各為一宮而必為相對之四屋乎。曰以古宮室之中霤知之也。中霤一語。自來注家皆失其解釋。名室中央曰中霤。古者復穴。後室之霤。當今之棟下直室之中。鄭注月令亦曰中霤猶中室也。古者複穴。是以名室為霤云。正義引庾蔚之云。復穴皆開其上取明。故雨霤之。是以後因名室為中霤。鄭又云。祀中霤之禮。主設于牖下。正義以此為鄭引逸中霤禮文正義申之曰。開牖象霤。故設主於牖下也。余謂復穴兩霤。其理難通。開牖象霤。義尤迂曲。其實中霤者。對東西南北四霤言之。而非四屋相對之宮室。不能兼有東西南北四霤及中霤也。案燕禮。設洗當東霤。鄭注當東霤者人君為殿屋也正義云漢時殿屋四向注水故引漢以況周鄉飲酒禮。磬階間縮霤北面鼓之。此南霤也。凡四注屋有東西南北四霤。兩下屋有南北二霤。而皆不能有中霤。今若四屋相對。如明堂之制。則無論其為四注屋或兩下屋。凡在東者皆可謂之東霤。在西者均可謂之西霤。南北放此。若夫南屋之北霤。北屋之南霤。東屋之西霤。

西屋之東霤將何以名之哉。雖欲不謂之中霤不可得也。其地在宮室之中，爲一家之要地，故曰家主中霤而國主社。然則此說於古有徵乎。曰有。檀弓曰：掘中霤而浴，毀竈以綴足，殷道也。學者行之。案士喪禮浴時甸人掘坎于階間少西，巾柶鬠蚤埋于坎。周人所掘既在階間，則殷人所掘之中霤必在室外而不在室內矣。說文广部：廇，中庭也。按古文但有廷字，後世加广作庭，義則無異。由說文之例，庭字當爲廷下重文。然說文收廷字於廴部，庭字於广部，而釋之曰：廷，中朝也；庭，宮中也。則許君之疏也。然廷庭二字之釋辭雖微異，而義則無殊。段氏說文注乃謂無屋曰廷，有屋曰庭，並援鄭君中霤猶中室之言，亂許君廇中庭之古義，不知許君釋庭爲宮中，正指無屋之處。證之本書，闈，宮中之門也；壼，宮中道也，皆指無屋之處言。若在屋下，則有户無門，又惡得有道乎。故廷，中朝也；庭，宮中也，其義一也。然則

大寢圖

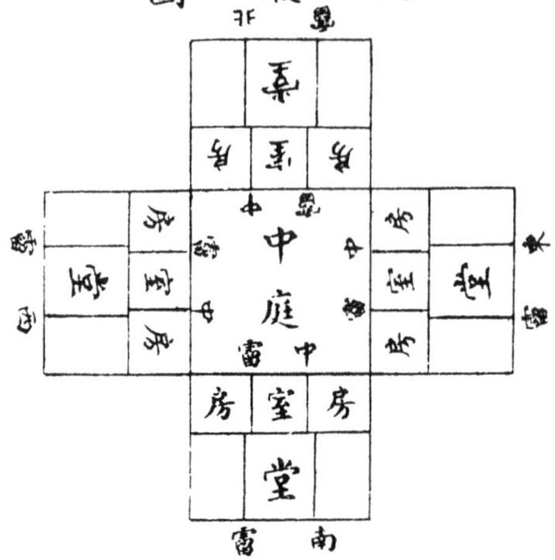

燕寢圖

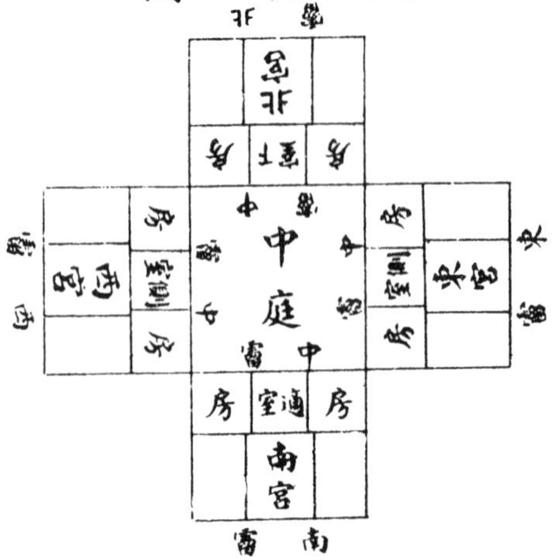

說斝

說文解字斝从吅从斗冂象形與爵同意羅參事振玉殷虛書契考釋云案斝从吅不見與爵同意之狀从冂亦不能象斝形卜辭斝字作𠕁上象柱下象足形似爵而腹加碩甚得斝狀知許書从吅作者乃由𠕁而譌卜辭从又象手持之許書所从之斗殆又由此轉譌者也又古彝文有𠕁字與此正同但省又耳其形亦象二柱三足一耳而無流與尾與傳世古斝形狀吻合可為卜辭𠕁字之證又古散字作𢾭與𠕁字形頗相近故後人誤認斝為散韓詩說諸飲器有散無斝今傳世古酒器有斝無散大於角者惟斝而已諸經中散字疑皆斝字之譌云云余案參事說是也浭陽端忠敏方所藏古斯禁上備列諸酒器其飲器中有爵一觚一觶二角一斝一與特牲饋食禮之實二爵二觚四觶一角一散數雖不同而器則相若其證一也禮言飲器之

大者皆散角或斝角連文禮器禮有以小為貴者宗廟之祭尊者獻以爵卑者獻以散尊者舉觶卑者舉角明堂位加以璧散璧角而郊特牲則云舉斝角詔妥尸皆與角連文言散則不言斝言斝則不言散明二者同物其證二也斝為爵之大者故名曰斝斝者假也大也古人不獨以為飲器又以為灌尊周禮司尊彝秋嘗冬烝祼用斝彝黃彝余見日本住友男爵家所藏一斝其器至大殆與壺尊之大者所受同蓋即古之灌尊也斝彝者其器即以斝為之鄭君彝禾稼之說決不然矣明堂位灌尊夏后氏以雞夷殷以斝周以黃目左氏昭十七年傳若我用瓘斝玉瓚案瓘當作灌灌斝即灌尊斝所以盛鬯瓚所用以灌也是古之灌尊亦以斝為之而周禮鬯人職則云凡䣊事用散散既為飲器又為灌尊明係斝字之譌其證三也詩邶風赫如渥赭公言錫爵毛傳云祭有畀煇胞翟闇者惠下之道見惠不過一散經言爵而傳言散雖以禮詁詩為毛傳通例然疑經文爵字本作斝轉訛為散後人因散字不得其韻

故改為爵。實則散乃斝之譌字。觴斝為韻。不與上文籥翟為韻。其證四也。禮有散爵。乃雜爵之意。燕禮與大射儀。公與諸臣異尊。公尊謂之膳尊。諸臣之尊謂之散。酌於公尊謂之酌膳。酌於諸臣之尊謂之酌散。公爵謂之膳爵。諸臣之爵謂之散爵。是散者對膳言之。祭統以散爵獻士。亦對獻卿之玉爵。獻大夫之瑤爵言之。散爵猶言雜爵也。是散本非器名。其證五也。比而書之。知小學上之所得。有證之古制而悉合者。蓋如斯也。

說觥

凡傳世古禮器之名。皆宋人所定也。曰鐘。曰鼎。曰鬲。曰甗。曰敦。曰簠。曰簋。曰尊。曰壺。曰盉。曰盤。曰匜。曰盦。皆古器自載其名。而宋人因以名之者也。曰爵。曰觚。曰觶。曰角。曰斝。古器銘辭中均無明文。宋人但以大小之差定之。然至今日仍無以易其說。知宋代古器之學。其說雖疏。其識則不可及也。若國朝人所命名則頗有可議者如阮文達元所藏器有子燮兕觥其器今在吳縣潘氏不可得見據文達所記則云器制似爵而高大蓋作犧首形有兩角文達名之曰兕觥又為之說曰毛詩卷耳我姑酌彼兕觥傳云角爵也毛說蓋以兕觥為似角之爵其制無雙柱無流同於角有三足同於爵詁訓甚明非謂以兕角為之也云云案阮釋毛傳非是然由其所說足知此器無雙柱而有三足又比爵為高大與宋以來所名為角者無一不合惟蓋作牛首形與他角蓋異余謂此亦角也其蓋作牛首者亦由洹陽端氏所藏飛燕角其蓋作燕張兩翅形皆古人隨意象物未足為兕觥之明證也（揅經室四集（七）賦得周兕觥詩注云觥高七寸下器皆如爵上有蓋蓋作犧首其詩云兕觥高似爵有蓋制特強蓋流作犧首斛然類角長蓋葉亦如葉相合誠相當左右各有缺雙柱居其旁則又有流有柱與積古齋款識跋中所記互異去歲見貝子溥倫延鴻閣所藏父丙角蓋亦作犧首形有流無柱端氏飛燕角則並無流不知阮氏器究何如也又濰縣陳氏有婦闆兕觥未見原器及全形拓本其制或與阮氏器同）然則傳世古器中無兕觥乎曰有兕觥之為物自宋以來冒他器之名而國朝以後又以他器冒兕觥之名故知真兕觥者寡矣

案自宋以來所謂匜者有二種。其一器淺而鉅，有足而無蓋，其流狹而長。其一器稍小而深，或有足（惟博古圖之文姬匜有之，他器則否），或無足，而皆有蓋（其無蓋者，乃出土時失之），其流侈而短，蓋皆作牛首形（估人謂之虎頭匜，實則牛首也）。博古圖十四匜中之啟匜、鳳匜、三夔匜、父癸匜、文姬匜、偏地雷紋匜、鳳夔匜七器，西清古鑑三十匜中之司寇匜、祖匜、伯和匜、女匜、山匜、般匜、利匜、舉匜、二犧匜、饕餮匜十一器，及端氏所藏諸女匜、責弘匜、甫人匜三器，皆屬此種。（餘如積古齋著錄之父辛匜、父癸匜蓋，筠清館著錄之夆冊匜、父辛匜、冊父乙匜，攈古錄著錄之亞匜蓋、𢦏匜、文父丁匜、諸女匜，並予所見拓本中之析子孫父乙匜、父戊匜、作父乙匜，雖未見原器，然觀其銘文，屬乙類無疑，中有二匜蓋，尤其證也。）余以為此非匜也。何以明之？甲類之匜，其銘皆云某作寶匜，或云作旅匜，或云作媵匜，皆有匜字；而乙類三十餘器中絕無匜字（惟端氏之甫人匜銘云「甫人父作旅匜，其萬人用」，然其銘後刻，乃摹吳縣曹氏之甫人匜為之者。曹匜有圖，乃甲類，非乙類也）。此一證也。匜乃燕器，非以施之鬼神；而乙類之器，其銘多云作父某寶尊彝（如父辛匜乃與吳縣曹氏、諸城劉氏之父辛尊同文，諸女匜亦與汶陽端氏之諸女方爵同文，皆祭器之證），其為孝享之器而非沃盥之器可知。此二證也。古者盥水盛於盤，洗匜惟於沃盥時一用之無須有蓋而乙類皆有之此三證也然則既非匜矣果何物乎曰所謂兕觥者是已何以明之曰此乙類二十餘器中其有蓋者居五分之四其蓋端皆作牛首絕無他形非如阮氏兕觥僅有一器也其證一詩小雅周頌皆云兕觥其觩毛於觩字無訓鄭惟云觩然陳設而已案觩說文作斛當與朻木（今詩作樛木）之朻音義同斛者曲也（从丩得聲之字如句笱糾等皆有曲意）今詩作觩又假借作捄以詩證之則大東云有捄棘匕又云有捄天畢良耜云有捄其角泮水云角弓其觩凡匕與角與弓其形無不曲者畢之首有歧亦作曲形則兕觥形制亦可知矣今乙類匜器蓋皆前昂後低當流處必高於當柄處若干此由使飲酒時酒不外溢而設故器蓋二者均觩然有曲意與小雅周頌合其證二詩疏引五經異義述毛說并禮圖皆云觥大七升是於飲器中為最大今乙類匜比受五升（韓詩說）若六升（說文引或說）之斝尤大其為觥無疑斝者假也觥者

光也充也廓也皆大之意其證三觥有至大者所容與尊壺同詩卷耳我姑酌彼兕觥與上章我姑酌彼金罍文例正同金罍為尊則兕觥亦尊也七月稱彼兕觥則為飲器蓋觥兼盛酒與飲酒二用與斝同也立此六證乙類匜之為兕觥甚明然此說雖定於余亦自宋人發之宋無名氏續考古圖有兕觥二具器皆屬匜之乙類此書偽器錯出定名亦多誤獨名乙類匜為兕觥乃至當不可易今特為疏通證明之然則古禮器之名雖謂之全定自宋人無不可也

說盉

盉見於宋人書中為最早歐陽公集古錄已著錄一器其銘曰伯玉毅子作寶盉然古未嘗知有是器亦未嘗有是名也說文盉調味也不云器名自宋以後知其為器名然皆依傍許氏之說以為調味之器也余觀浭陽端氏所藏殷時斯禁上列諸酒器有尊二卣二皆盛酒之器古之所謂尊也有爵一觚一觶二角一斝一皆飲酒之器古之所謂爵也有勺二則自尊挹酒於

爵者也。諸酒器外惟有一盉。不雜他器。使盉謂調味之器。則宜與鼎鬲同列。今厠於酒器中。是何說也。余謂盉者。蓋和水於酒之器。所以節酒之厚薄者也。古之設尊也。必有玄酒。故用兩壺。其無玄酒而但用酒。若醴者。謂之側尊。乃禮之簡且古者。惟冠禮父之醴子。昏禮贊之醴婦。酳媵及聘禮禮賓等用之。其餘嘉禮賓禮吉禮。其尊也。無不有玄酒。此玄酒者。豈真虛設而但貴其質乎哉。蓋古者賓主獻酢。無不卒爵。又爵之大者恆至數升。其必飲者禮也。其能飲或不能飲者量也。先王不欲禮之不成。又不欲人以成禮為苦。故為之玄酒以節之。其用玄酒奈何。曰。和之於酒而已矣。昏禮記。婦人入寢門。贊者徹尊冪。酌玄酒三屬於尊。此和之於尊者也。周禮春官司尊彝。凡六尊六彝之酌。鬱齊獻酌。醴齊縮酌。盎齊涚酌。凡酒脩酌。鄭注。凡酒。謂三酒也。脩讀如滌濯之滌。滌酌。以水和而泲之。今齊人命浩酒曰滌。是脩酌用水也。郊特牲云：明水涚齊貴新也。是涚酌亦用水也。此和之於酌時者也。和水於尊者，挹彼注茲而已。至於酌酒時以水和而沛之，於尊則已鉅，於爵則已細。此盉者，蓋用以和水之器。自其形制言之，具有梁或鋬者，所以持而蕩滌之也。具有蓋及細長之喙者，所以使蕩滌時酒不泛溢也。具有喙者，所以注酒於爵也。然則盉之為用，在受尊中之酒與玄酒而和之，而注之於爵。故端氏銅禁所列諸酒器中有是物。若以為調味之器，則失之遠矣。

說彝

尊彝皆禮器之總名也。古人作器皆云作寶尊彝，或云作寶尊，或云作寶彝。然尊有大共名之尊（禮器全部），有小共名之尊（壺卣罍等總稱），又有專名之尊（盛酒器之侈口者）。彝則為共名而非專名。呂與叔考古圖雖列彝目，其中諸器有無足方鼎，有甗，有尊，有卣，有博古圖以降所謂彝則呂氏亦未嘗以彝為一專名也博古圖始以似敦而小者為彝謂為古代盛明水及鬱鬯之器即以周禮司尊彝之六彝當之嗣後金文家及圖錄家均從其說曩竊疑諸家所謂彝之形制與尊壺卣等絕不類當為盛黍稷之器而非盛酒之器苦不得其證後見濰縣陳氏所藏陳侯彝銘曰用作孝武桓公祭器錞（即敦字異文）浭陽端氏所藏巩彝（陶齋吉金錄作□彝）其銘曰巩作厥敦兩其萬年用鄉賓上虞羅氏所藏一彝其銘曰白作寶敦其器皆世之所謂彝而其銘皆作敦可知凡彝皆敦也第世所謂彝以商器為多而敦則大半周器蓋商敦恒小周敦恒大世以其大小不同加以異名耳此說亦非余始發之陳氏簠齋藏器目有敦無彝其所藏陳侯彝著錄家名之為彝而陳目作敦吳縣潘文勤攀古樓彝器款識中有伯矩彝等四器然其家拓本流傳者亦有敦無彝伯矩彝四器拓本上皆有敦字朱記蓋簠齋晚年已

確知彝之為敦，故毀然去彝目。文勤聞其說而從之。然陳潘皆無說，故特記之，以正博古圖以來千載之誤耳。

說俎上

傳世古器，樂器如鐘磬，煮器如鼎鬲甗鬴，醢器如豆，黍稷器如敦與簠簋，酒器如尊壺卣罍勺爵觚觶角斝盉，洗器如盤匜，兵器如戈戟矛劍，世皆有之。惟俎用木為之，歲久腐朽，是以形制無傳焉。案說文：俎，禮俎也。从半肉在且上。詩魯頌「籩豆大房」，毛傳云：大房，半體之俎也。鄭箋則云：大房，玉飾俎也。其制足間有橫，下有跗，似乎堂後有房。少牢饋食禮：腸三胃三，長皆及俎拒。鄭注：拒讀為介距之距。俎距，脛中當橫節也。明堂位：俎有虞氏以梡，夏后氏以嶡，殷以椇，周以房俎。鄭注：梡，斷木為四足而已。嶡之言蹷也，謂中足為橫距之象，周禮謂之距。椇之言枳椇也，謂曲橈之也。房謂足下跗也，上下兩間，有似於堂房。總鄭君詩

禮三注則俎之為物下有四足足間有木以相距所謂橫（說文橫闌木也）
也橫或中足或在足脛其足當橫以下謂之距（同柎說文柎闌足也）亦謂之房
與毛語大異然有不可通者周語禘郊之事則有全烝王公立
飫則有房烝親戚饗宴則有餚烝韋注全烝全其牲體而升之
房大俎也謂半解其體升之房也餚烝升體解節折之俎也則
房烝者對全烝言之蓋升半體之俎當有兩房半體各置其一
合兩房而牲體全故謂之房俎毛公云大房半體之俎許君云
俎从半肉在且上意正如此既有兩房則中必有以隔之者案
公食大夫禮腸胃膚皆橫諸俎垂之既垂於俎外則鄭注俎足
之說是也由文字上證之則俎字篆文作俎象半肉在且旁而
殷虛卜文及貉子卣則作□作□具見兩房兩肉之形而其中
之橫畫即所以隔之之物也由是言之則有虞氏之梡梡者完
也殷以椇椇者具也皆全烝之俎周用半體之俎以其似宮室

之有左右房，故謂之房俎。若足跗則不具房形。鄭君堂房之説，殊為迂遠矣。

説俎下

方言、廣雅皆云：「俎，几也。」此蓋古訓。説文：「俎从半肉在且上。」又「且，薦也，从几，足有二横，一其下地也。且，古文以為且，又以為几字。」（此十一字出小徐本，大徐無）則篆字俎从且，且从几，古文又且、几同字，蓋古時俎、几形制畧同，故以一字象之。此説有徵乎？曰：有。許書篆文几字與古文且字，皆作從正面視形。然金文作[glyph]或[glyph]二形，皆作從側面視形。案殷禮器銘屢有[glyph]語，具異文或作[glyph]（父癸爵）或作[glyph]（齊婦鬲。殷虚書契卷七第二葉亦有此字），自宋以來均釋為薪子孫三字。余謂此乃一字，象大人抱子置諸几間之形。子者，尸也。曲禮曰：「君子抱孫不抱子。」此言孫可以為王父尸，子不可為父尸。曾子問：孔子曰：「祭成喪者必有尸，尸必以孫，孫幼則使人抱之。」是古之為尸者，具年恒动，故作大人抱子之形，其上或兩旁之非，則周禮所謂左右玉几也。周禮司几筵：凡大朝覲、大饗射、凡封國命諸侯，王位設黼依，依左右玉几；祀先王昨席亦如之。不言祭祀席，然下言諸侯祭祀席右彫几，昨席左彤几，則天子祭祀席左右玉几可知。冢宰職享先王贊玉几玉爵，注：玉几所以依神，天子左右玉几。書顧命牖間西序東序西夾神席皆有几，則左右几者，天子尸之几也。其但作□者，諸侯以下尸右几也。几在尸左右，故以□□二形象之，依几之尸，象正面左右之几，不得不象側面矣。此□□二形象几之證也。其又象俎者何？曰古□字象匕肉於鼎之形，古者鼎中之肉皆載於俎，又匕載之時，匕在鼎左，俎在鼎右，今鼎字之左从匕，則其右之□象俎明矣。俎作□形者，象其西縮（有司徹）也。據禮經，俎或西肆，或西縮，而獨象其西縮者，从文字結構之便也。此又古以□并象俎之證也。□字變縱為橫，則為丌字。說文。丌下基也。薦物之丌。象形。讀若箕同。其所以與HH異形者。薦物之時加諸其上而已。作丌形而義已見。又文三之結構亦當如是。其與H H固非有二字有二義也。說文所載古文且字。亦丌字（丌亦古文。金文中具與等均从之）之變。自丌行而H H廢。遂以H為片字。H為爿字。義別而音亦大變。遂忘其朔矣。由是言之。則俎几二物。始象以H。繼象以且。其同形可知。但俎或加闌而界為二。几乃無之餘。則無不同也。秦漢之俎與几全同。故直名几為俎。史記項羽本紀。為高俎。置太公其上。如淳曰。高俎。几之上。又名切肉之器為俎。項羽本紀。如今人方為刀俎。我為魚肉。今傳世漢畫象所圖切肉之器。正作丌形。漢之俎几形制如此。則三代俎几之形。蓋可知矣。要之古文圓字與篆文且字。象自上觀下之形。H H乃自其側觀之。丌與几自其正面觀之。合此三形。俎制畧具矣。

說環玦

爾雅釋器肉倍好謂之璧好倍肉謂之瑗肉好若一謂之環環與璧瑗之異但以肉之大小別之意其制度殆與璧同顧余讀春秋左氏傳宣子有環其一在鄭商知環非一玉所成歲在乙未見上虞羅氏所藏古玉一共三片每片上侈下斂合三而成規片之兩邊各有一孔古蓋以物系之余謂此即古之環也環者完也對玦而言闕其一則為玦玦者缺也古者城缺其南方謂之缺環缺其一故謂之玦矣以此讀左氏乃得其解後世日趨簡易環與玦皆以一玉為之遂失其制而又知古環之非一玉於是有連環莊子天下篇連環可解也齊策秦始皇遺君王后玉連環曰齊多知而解此環者不君王后引椎椎破之謝秦使曰謹以解矣不知古之環制如羅氏所藏者固無不可解也

說玨朋

殷時，玉與貝皆貨幣也。商書盤庚曰：茲予有亂政同位，具乃貝玉。於文，寶字从玉从貝，缶聲。殷虛卜辭有𡧱字殷虛書契前編卷六第三十一葉及𡨦字同上後編卷下第十八葉，皆从宀从玉从貝，而闕其聲。蓋商時玉之用與貝同也。貝玉之大者，車渠之大以為宗器，圭璧之屬以為瑞信，皆不以為貨幣。其用為貨幣及服御者，皆小玉小貝，而有物焉以系之。所系之貝玉，於玉則謂之玨，於貝則謂之朋。然二者於古實為一字。玨字殷虛卜辭作丰後編卷上第二十六葉，作𦍌前編卷六第六十五葉，或作𦍒後編卷下第二十第四十三葉。金文亦作丰乙亥敦云玉十丰，皆古玨字也。說文玉象三畫之連，丨其貫也。丰意正同。其作𦍌作𦍒者，丫𠆢皆象其系，如束字上下从丫木也。古系貝之法與系玉同，故謂之朋。其字卜辭作𦍒前編卷一第三十葉，作𦍒卷五第十葉。金文作𦍒遣伯敦，作𦍒庚罍向，作𦍒且子鼎。又公中彝之貝五朋作𦍒。撫叔敦蓋之貝十朋作𦍒。戊午爵乃作𦍒，甚似玨字。而朋友之朋，卜辭作𠈗前編卷天第三十葉，金文作𠈗杜伯盨，或作𠈗豐姞敦，或从拜。𢦏从玨。知玨朋本一字。可由字形證之也。更以字音證之。玨自來讀古岳反。說文亦以㱿字為玨之重文。是當从㱿聲。然竊意玨與㱿義同意異。古玨字當與班同讀。說文班讀與服同。詩與士喪禮作服。古文作𤰈。古服葡同音。玨亦同之。故班字以之為聲。古者玉亦以備計。即玨之假借。齊侯壺云璧二備。即二玨也。古音服備二字皆在之部。朋字在蒸部。之蒸二部陰陽對轉。故音變為朋。音既屢變形亦小殊。後世遂以玨專屬之玉。以朋專屬之貝。不知其本一字也。又舊說。二玉為玨。五貝為朋。詩小雅菁菁者莪箋然以玨拜諸字形觀之。則一玨之玉。一朋之貝。至少當有六枚。余意古制貝玉皆五枚為一系。合二系為一玨。若一朋。釋器玉十謂之區。區㱿雙聲。且同在侯部。知區即㱿矣。知區之即㱿。則知區之即為玨矣。貝制雖不可考。然古文朋字確象二系。康成云。五貝為朋。五貝不能分為二系。蓋緣古者五貝一系。二系一朋。後失其傳。遂誤謂五貝一朋耳。觀玨拜二字。若止一系三枚。不具五者。古者三以上之數。亦以三象之。如手指之列五。而字作彐。許君所謂指之列不過三也。余目驗古貝。其長不過寸許。必如余說。五貝一系。二系一朋。乃成制度。古文字之學。足以考證古制者如此。

女字說

曲禮曰。女子許嫁。笄而字。是古女子有字。然古書所以稱女子者。名與字與今不可得而知也。說文解字女部。於嬿至奻十三字。皆注曰女字。其中除嬃婣始三字外。皆於經典無徵。其所說者。古制與。抑漢制與。亦不可得而知也。余讀彝器文字。而得周之女字十有七焉。蘇冶妊鼎曰。蘇冶妊作虢改魚母媵鼎。是字亦年以心黑闕之當有此字改者。蘇國之姓。改器作妃从己不从巳古文己姓之己作妃妃匹字作妃蓋別其底鄭語曰己姓昆吾蘇顧溫董舊釋為妃非是魚母。其字也。陳侯鼎曰。陳侯作□嬀囧母媵鼎。陳侯匜曰。敶子作𢽻孟嬀穀

母媵匜。嬀者。陳姓。囧母穀母。其字也。又王作鬲曰。王作姬□母
尊鬲。戲伯鬲曰。戲白作姬大母尊鬲。應侯敦曰。應侯作姬遵母
尊敦。鑄公簠曰。鑄公作孟妊東母媵簠。伯侯父盤曰。白侯父媵
叔□（此字从女亦女姓）棐母盤。干氏叔子盤曰。干氏叔子作中姬客母媵盤。
凡此九器。皆母氏為其女作器。而稱之曰某母者也。齊侯匜曰。
齊侯作虢孟姬良母寶匜。此夫氏為其婦作器。而稱之曰某母
者也。辛仲姬鼎曰。辛中姬皇母作尊鼎。京姜鬲曰。京姜庚母作
尊鬲。姬趛母鬲曰。姬趛母作尊鬲。姬奔母鬲曰。姬奔母作尊鬲。
鄦始鬲曰。鄦始□（此字从女亦女姓）母鑄其羞鬲。南旁敦曰。㚤（即詩美孟弋矣之弋亦女姓）貍母
作南旁寶敦。仲姞匜曰。中姞義母作旅匜。此皆女子自作器。或
為他人作器。而自稱曰某母者也。余謂此皆女字。女子之字曰
某母。猶男子之字曰某父。案士冠禮記男子之字曰伯某甫。仲
叔季惟其所當。注云。甫者。男子之美稱。說文甫字注亦云。男子

美稱也。然經典男子之字多作某父。彝器則皆作父。無作甫者。知父為本字也。男子字曰某父。女子曰某母。蓋男子之美稱莫過於父。女子之美稱莫過於母。男女既冠笄。有為父母之道。故以某父某母字之也。漢人以某甫之甫為且字。顔氏家訓并譏北人讀某父之父與父母之父無别。胥失之矣。

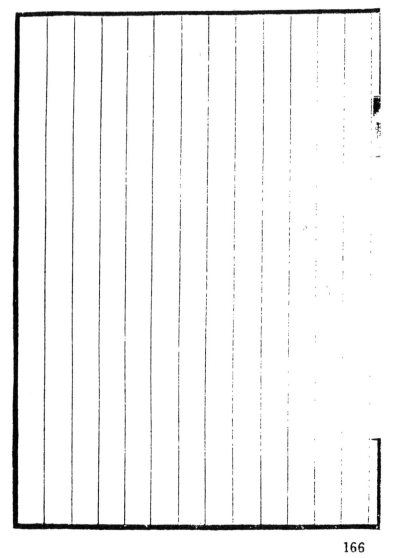

觀堂集林卷第四　藝林四

海甯　王國維

書春秋公羊傳解詁後

今之春秋公羊傳。爲何氏一家之學。至何氏之學出於誰氏。書闕無考。後漢書儒林傳。惟言休與其師博士羊弼追述李育意以難二傳。李育亦爲博士。在儒林傳。傳亦但言其少習公羊春秋。未著其爲嚴氏或顏氏也。故何氏學出何人。其書用何本。自來無以說之。余以漢石經校記考之。知何氏實兼用嚴顏二家本也。漢石經公羊校記每稱顏氏。蓋用嚴氏本而以顏氏異同附之。猶其詩經校記中有齊韓字。乃用魯詩而以齊韓異同附之也。今其校記見於隸釋者四條。其一曰。傳桓公二年。顏氏有所見異辭。所聞異。下闕　其三曰。卅年。顏氏言君出則己入。今何氏本於桓二年僖卅年皆有此文是從顏氏也又其二云何以書記災也此上當闕顏氏言三字又此條下空一格有卅年字則此條當爲僖二十年傳西宮災何以書記異也之校語校語旣出何以書記災也之異文則其本文災當作異唐石經公羊傳作災與顏氏合宋十行本作異則與嚴氏合其四云顏氏無伐而不言圍者非取邑之辭也何本有此十二字亦從嚴而不從顏然則邵公之本實兼採嚴顏二家與康成注禮經論語體例畧同知後漢之季雖今文學家亦尚兼綜而先漢專己守殘之風一變家法亦不可問矣

書論語鄭氏注殘卷後

法國伯希和教授於敦煌千佛洞得論語鄭注卷二殘卷存述而泰伯子罕鄉黨四篇述而篇首闕餘篇首則題泰伯篇第八子罕篇第九鄉黨篇第十篇下皆題孔氏本鄭氏注鄉黨篇後

有後題云論語卷第二又日本橘瑞超氏於吐魯番吐峪溝得論語斷片存子路篇末及憲問篇首十行憲問篇題下亦有孔氏本三字其注亦鄭注也案何晏論語集解序云古論惟博士孔安國爲之訓說而世不傳漢末鄭大司農就魯論篇章考之齊古以爲之注經典釋文敍錄云鄭元就魯論張包周之篇章考之齊古爲之注又云鄭校周之本以齊古正讀凡五十事隋書經籍志說亦畧同是鄭注用張包周之本包周皆出張氏張氏初受魯論後受齊論均與孔氏無與也且皇侃謂古論篇次鄉黨第二此本則泰伯第八子罕第九鄉黨第十悉用魯論篇次尤與孔本不合而此題孔氏本殊不可解余謂何陸所說與此本所題皆是也鄭氏所據本固爲自魯論出之張侯論及以古論校之則篇章雖仍魯舊而字句全從古文釋文雖云鄭以齊古正讀凡五十事然其所引廿四事及此本所存三事皆以

古正魯。無以齊正魯者。知鄭但以古校魯。未以齊校魯也。又鄭於禮經。或從古文改今文。或以今文改古文。而正論語讀五十事中所存二十七事。皆以古改魯。無以魯改古者。故鄭注論語。以其篇章言則爲魯論。以其字句言實同孔本。雖鄭氏容別有以齊校魯之本。然此本及陸氏釋文所見者。固明明以古校魯之本。非以齊古校魯之本也。後漢以後張侯論盛行。而齊魯皆微。石經所刊魯論。雖不知爲誰氏之本。而其校記但列盍毛包周異同。不復云齊。盍毛雖無考。然包周則固張氏之學也。疑當時齊論已罕傳習。何氏考之齊古之說。或因古論而牽連及之也。今將釋文及此本所著以古改魯之條。羅列如左。可以知其題孔氏本之故矣。

學而篇。傳不習乎。　鄭注云。魯讀傳爲專。今從古。

公治長篇。崔子。　鄭注云。魯讀崔爲高。今從古。

述而篇。吾未嘗無誨焉。魯讀爲悔字。今從古。

又。五十以學易。魯讀易爲亦。今從古。

又。正唯弟子不能學也。魯讀正爲誠。今從古。

又。君子坦蕩蕩。魯讀坦蕩爲坦湯。今從古。

子罕篇。冕衣裳者。鄭本作弁。云魯讀弁爲絻。今從古。鄉黨篇亦然。

鄉黨篇。下如授。魯讀下爲趨。今從古。

又。瓜祭。魯讀瓜爲必。今從古。

又。鄉人儺。魯讀儺爲獻。今從古。

又。君賜生。魯讀生爲牲。今從古。

又。車中不內顧。魯讀車中內顧。今從古也。

先進篇。仍舊貫。魯讀仍爲仁。今從古。

又。詠而歸。鄭本作饋。饋酒食也。魯讀饋爲歸。今從古。

諸生。是秦博士亦置弟子。又始皇二十六年議帝號。丞相綰等奏。臣等謹與博士議云云。是秦博士亦議典禮政事。與漢制同矣。

漢興因秦制。員至數十人。

漢書百官公卿表序。博士。秦官。掌通古今。員多至數十人。

漢官儀。大唐六典卷二十二國子博士注引 文帝博士七十餘人。

案此漢初之制。未置五經博士前事也。員數與秦畧同。亦不盡用通經之士。如高帝二年即以叔孫通為博士。通非專經之士也。又文帝時。齊人公孫臣上書。陳終始五德傳。文帝召以為博士。臣亦非專經之士也。蓋猶襲秦時諸子百家各立博士之制。

文帝始置一經博士。

後漢書翟酺傳。孝文皇帝始置一經博士。案北宋景祐南宋紹定本作一經何焯校宋本作五經案漢書武帝紀及百官公卿表皆云武帝始置五經博士翟酺乃言孝文皇帝始置一經博士者蓋為經置博士始於文帝而限以五經則自武帝建元五年始也考文景時博士如張生如鼂錯乃書博士如申公如轅固如韓嬰皆詩博士如胡母生如董仲舒乃春秋博士是專經博士文景時已有之但未備五經而復有傳記博士故班固言置

　五經博士自武帝始也

並立傳記

漢書劉歆傳至孝文皇帝始使掌故鼂錯從伏生受尚書詩始萌牙天下衆書往往頗出皆諸子傳記猶廣立於學宮為置博士

趙岐孟子題辭孝文皇帝欲廣游學之路論語孝經孟子爾雅皆置博士

武帝始罷黜百家。專立五經。而博士之員大減。

漢書武帝紀。建元五年春。置五經博士。（百官公卿表序同）

趙岐孟子題辭。後罷傳記博士。獨立五經而已。

案文景時已有詩書春秋博士。則武帝所新置者。易與禮而已。易之有博士。始於田王孫。在武帝時。禮之有博士。可考者始於后蒼。在昭宣二帝之世。而蒼又兼傳齊詩。不知為齊詩博士與。禮博士與。疑武帝時禮博士或闕而未補。或以他經博士兼之。未能詳也。

又案傳記博士之罷。錢氏大昕以為即在置五經博士時。具說蓋信。然論語孝經孟子爾雅雖同時並罷。其罷之之意則不同。孟子。以其為諸子而罷之也。至論語孝經。則以受經與不受經者皆誦習之。不宜限於博士而罷之者也。劉向父子作七略。六藝一百三家。於易書詩禮樂春秋之後附以論語孝經附爾雅小學三目六藝與此三者皆漢時學校誦習之書以後世之制明之小學諸書者漢小學之科目論語孝經者漢中學之科目而六藝則大學之科目也武帝罷傳記博士專立五經乃除中學科目於大學之中非遂廢中小學也漢時教初學之所名曰書館其師名曰書師其書用倉頡凡將急就元尚諸篇其旨在使學童識字習字論衡自紀篇充八歲出於書館書館小僮百人以上皆以過失袒謫或以書醜得鞭充書日進又無過失後漢書皇后紀鄧皇后六歲能史書十二通詩論語梁皇后少善女工好史書九歲能誦論語是漢人就學首學書法其業成者得試為吏此一級也其進則授爾雅孝經論語有以一師專授者亦有由經師兼授者漢書平帝紀元始三年立學官郡國曰學縣道邑侯國曰校校學置經師一

人鄉曰庠聚曰序序庠置孝經師一人魏志邴原傳注引原別傳鄰有書舍原遂就書一冬之間誦孝經論語此由一師專授者也平帝紀元始四年徵天下以一經論語孝經爾雅教授者此由經師兼授者也且漢時但有受論語孝經小學而不受一經者無受一經而不先受論語孝經者漢書昭帝紀詔曰朕通保傅傳孝經論語尚書未云有明宣帝紀霍光議奏曰孝武皇帝曾孫病已有詔掖庭養視師受詩論語孝經景十三王傳廣川王去師受易論語孝經皆通疏廣傳皇太子年十二歲通論語孝經後漢書范升傳九歲通論語孝經及長受梁邱易皆通是通經之前皆先通論語孝經亦有但云論語者漢書王尊傳受尚書論語後漢書鄧皇后紀十二通詩論語梁皇后紀九歲能誦論語治韓詩馮嚴傳子續七歲能通論語十三明尚

書荀爽傳年十二通春秋論語論衡自紀篇充手書既成辭師受論語尚書此數事或舉論語以該孝經或但受論語而不及孝經均不可考要之無不受論語者漢人受書次第首小學次孝經論語次一經此事甚明諸書或倒言之乃以書之尊卑為次不以受書之先後為次受書時由卑及尊乃其所也漢官儀所載博士舉狀於五經外必兼孝經論語故漢人傳論語孝經者皆他經大師無以此二書專門名家者如傳齊論者有王吉父子宋畸貢禹五鹿充宗膠東庸生中惟宋畸無考王吉則傳韓詩王駿及五鹿充宗傳梁邱易貢禹傳公羊春秋庸生傳古文尚書傳魯論者有龔奮夏侯勝韋賢魯扶卿蕭望之張禹朱雲奮與扶卿無考夏侯勝則傳尚書韋賢傳魯詩蕭望之傳齊詩張禹傳施氏易朱雲傳孟氏易傳孝經者有長孫氏江翁后蒼翼奉張禹長孫氏無考江翁則傳魯詩與穀梁春秋后蒼翼奉傳齊詩蒼又傳禮蓋經師授經亦兼

按孝經論語，猶今日大學之或有豫備科矣。然則漢時論語孝經之傳，實廣於五經，不以博士之廢置為盛衰也。

宣帝之末，增員至十二人。

漢書宣帝紀，甘露三年，立梁邱易大小夏侯尚書穀梁春秋博士。

又百官公卿表序，博士，宣帝黃龍元年，增員至十二人。

又藝文志，易訖於宣元，有施孟梁邱京氏立於學官，書訖孝宣，有歐陽大小夏侯氏，立於學官，詩魯齊韓三家皆立於學官，禮訖孝宣世，后倉最明，戴德戴聖慶普皆其弟子，三家皆立於學官，春秋四家之中，公羊穀梁立於學官。

又劉歆傳，往者博士，書有歐陽，春秋公羊，易則施孟，然孝宣皇帝猶復廣立穀梁春秋，梁邱易，大小夏侯尚書。

又儒林傳贊，初書惟有歐陽，禮后，易楊，春秋公羊而已，至孝

宣世復立大小夏侯尚書大小戴禮施孟梁邱易穀梁春秋

後漢書章帝紀建初四年十一月壬戌詔曰漢承秦後褒顯儒術建立五經為置博士孝宣皇帝以去聖久遠學不厭博故遂立大小夏侯尚書

案宣帝增置博士事紀表志傳所紀互異紀繫於甘露三年表繫於黃龍元年一不同也紀與劉歆傳均言立梁邱易大小夏侯尚書穀梁春秋而儒林傳贊復數大小戴禮藝文志復數慶氏禮二不同也又博士員數表與傳亦不同據劉歆傳則合新舊僅得八人如儒林傳贊則合新舊得十二人似與表合矣然二傳皆不數詩博士案申公轅嬰均於孝文時為博士轅固於孝景時為博士則文景之世魯齊韓三家詩已立博士特孝宣時於詩無所增置故劉歆畧之儒林傳贊綜計宣帝以前立博士之經而獨遺

詩魯齊韓三家則疏漏甚矣又宣帝於禮博士亦無所增置儒林傳贊乃謂宣帝立大小戴禮不知戴聖雖於宣帝時為博士實為后氏禮博士尚未自名其家與大戴分立也藝文志謂慶氏亦立學官者誤與此同今參伍考之則宣帝末所有博士易則施孟梁邱書則歐陽大小夏侯詩則齊魯韓禮則后氏春秋公羊穀梁適得十二人儒林傳贊遺詩三家因劉歆之言而誤贊又數大小戴禮藝文志並數慶氏禮則又因後漢所立而誤也又宣帝增置博士之年紀表雖不同然皆以為在論石渠之後然儒林傳言歐陽高孫地餘為博士論石渠又林尊事歐陽高為博士論石渠張山拊事小夏侯建為博士論石渠則論石渠時似歐陽有二博士小夏侯亦已有博士與紀傳均不合蓋所紀歷官時代有錯誤也又易施孟二博士亦宣帝所立

但在甘露黃龍前則儒林傳贊所言是也

元帝復立京氏易博士未幾而廢

漢書儒林傳贊至元帝世復立京氏易

後漢書范升傳先帝前世有疑於此故京氏雖立輒復見廢

平帝復立古文尚書毛詩逸禮樂經左氏春秋增員至三十人

漢書儒林傳贊平帝時又立左氏春秋毛詩逸禮古文尚書

又王莽傳元始四年立樂經益博士員經各五人

又藝文志周官經六篇王莽劉歆置博士

三輔黃圖六經三十博士

案平帝時增五經為六經博士經各五人則六經三十人然綜計當時所立之學不及三十家蓋一家博士不止一員也

後漢初博士共十四人

續漢書百官志博士十四人。本注曰。易四。施孟梁邱京氏。尚書三。歐陽大小夏侯氏。詩三。魯齊韓氏。禮二。大小戴氏。春秋二。公羊嚴顏氏。

後漢書儒林傳序。光武中興。愛好儒術。立五經博士。各以家法敎授。易有施孟梁邱京氏。尚書歐陽大小夏侯。詩齊魯韓毛。（此字衍）禮大小戴。春秋嚴顏。凡十四博士。

案後漢初曾置慶氏禮。當時為禮博士者。如曹充。如曹褒。如董鈞。皆傳慶氏禮者也。傳二戴禮而為博士者史反無聞。疑當時禮有慶大小戴三氏。故班氏藝文志謂禮三家皆立於學官。蓋誤以後漢之制本於前漢也。後慶氏學微。博士亦中廢。至後漢末。禮博士只有大小戴二家。故司馬彪范曄均遺之耳。

後立春秋左氏穀梁博士。未幾而罷。

後漢書陳元傳。時議欲立左氏傳博士。范升與元相辨難。凡十餘上。帝卒立左氏學。太常選博士四人。元爲第一。帝以元新忿爭。乃用其次司隸從事李封。於是諸儒以左氏之立。議論讙譁。自公卿以下數廷爭之。會封病卒。左氏復廢。

又賈逵傳。至光武皇帝奮獨見之明。興立左氏穀梁。會二家先師不曉圖讖。故令中道而廢。

自是訖後漢之末。無所增損。至魏立穀梁春秋禮記。而古文家經如費易古文尚書毛詩周禮左氏春秋。遂並立於學官。博士亦增於漢矣。

魏志文帝紀。黃初五年立太學。制五經課試之法。置春秋穀梁博士。

又高貴鄉公紀。甘露元年夏四月丙辰。帝幸太學云云。

又王肅傳。肅爲尚書詩論語三禮左氏解。及撰定父朗所作

易傳皆列於學官

魏畧儒宗傳（後漢書馬林傳注　魏志杜畿傳注引）樂詳黄初中徵拜博士於時太學初立有博士十餘人

宋書百官志博士魏及晉西朝置十九人江左初減爲九人皆不知掌何經

案漢世所立十四博士皆今文學也古文諸經終漢之世未得立於學官惟後漢中葉後博士之選不如先漢之嚴故周防以治古文尚書爲博士盧植本事馬融兼通今古學亦爲博士又中平五年所徵博士十四人若荀爽若鄭元若陳紀亦古文學家爽等三人雖徵而不至若周防盧植固嘗任職矣而當時實未立古文學此三人者蓋以古文學家爲今文學博士猶孔安國雖傳古文尚書而實爲今文尚書博士（孔安國之學傳爲兒寬　寬之學爲歐陽高可知）胡常翟方進雖兼傳左氏而

賈為穀梁博士也古文學之立於學官蓋在黃初之際自董卓之亂京洛為墟獻帝託命曹氏未遑庠序之事博士失其官守垂三十年今文學日微而民間古文之學乃日興月盛逮魏初復立太學博士已無復昔人其所以傳授課試者亦絕非曩時之學蓋不必有廢置明文而漢家四百年學官今文之統已為古文家取而代之矣試取魏時諸博士考之邯鄲淳傳古文尚書者也樂詳周生烈傳左氏春秋者也宋均田瓊皆親受業於鄭元張融馬照亦私淑鄭氏者也蘇林張揖通古今字指則亦古文學家也餘如高堂隆上書述古文尚書周官左氏春秋趙怡淳于峻庾峻等亦稱述鄭學其可考者如此則無考者可知又以高貴鄉公幸太學問答考之所問之易則鄭注也所講之書則賈逵馬融鄭元王肅之注也所問之禮則小戴記蓋

亦鄭元王肅注也。王肅傳明言其所注諸經皆列於學官。則鄭注五經亦列於學官可知。然則魏時所立諸經已非漢代之今文學，而為賈馬鄭王之古文學矣。晉書荀崧傳崧上疏言，晉初太學有石經古文，先儒典訓，賈馬鄭杜服孔王何顏尹之徒章句傳注，衆家之學，置博士十九人。宋書禮志文同宋書百官志以為魏博士員數亦與之同。其說雖未可盡信，然大畧不甚相遠。今以荀崧所舉家數與沈約所紀魏博士員數差次之，魏時除左傳杜注未成，尚書孔傳未出外。荀崧言晉初章句傳注有孔氏，蓋謂孔安國書傳。晉初已立孔傳與否雖不可考，然魏時確未立孔傳。何以證之？孔傳釋堯典曰若稽古為順考古道，與賈馬王肅同，而庾峻對高貴鄉公問，僅言賈馬及肅皆以為順考古道，不及孔安國，是魏時未立尚書孔傳之證也易有鄭氏王氏，書有賈馬鄭王氏，詩及三禮鄭氏王氏，春秋左傳服氏王氏，公羊顏氏何氏，穀梁尹氏，適得十九家，與博士十九人之數相當。沈約之說雖他無所徵，蓋畧近之矣。此十九博士中，惟禮記公穀三家為今學。餘皆古學。於是西京施孟梁邱京氏之易。歐陽大小夏侯之書。齊魯韓之詩。慶氏大戴之禮。嚴氏之春秋。皆廢於此數十年之間。不待永嘉之亂而其亡可決矣。學術變遷之在上者。莫劇於三國之際。而自來無能質言之者。此可異也。

蜀漢與吳亦置博士。雖員數無考。而風尚畧同。

蜀志許慈傳。慈事劉熙。善鄭氏學。治易尚書三禮毛詩論語。中畧先主定蜀。承喪亂歷紀。學業衰廢。乃鳩合典籍。沙汰衆學。慈為博士。

又尹默傳。益部多貴今文而不崇章句。默知其不博。乃遠游荊州。就司馬德操宋仲子等受古學。皆通諸經史。又專精於左氏春秋。自劉歆條例鄭衆賈逵父子陳元方服虔注說。咸畧誦述。不復案本。子宗傳其業。為博士。

晉書儒林傳。文立蜀時游太學。專毛詩三禮。華陽國志同

虞翻別傳。吳志虞翻傳注引翻奏鄭元解尚書違失事曰。宜命學官定此三事。又曰。又元所注五經違義尤甚者百六十七事。不可不正。行乎學校。傳乎將來。臣竊恥之。

案蜀吳學校均行古學。蜀之博士皆古學家。既有徵矣。吳虞翻所上奏在孫權世。時尚未立五經博士。孫休永安元年始立五經博士而翻言鄭注行乎學校。蓋指民間敎授言之。後立博士韋昭曜。爲祭酒。韋亦古學家也。然則蜀吳所立博士。當與魏畧同。蓋可識矣。

博士自六國秦時已有弟子。漢興仍之。

漢書賈山傳。祖袪故魏王時博士弟子也。

史記叔孫通傳。陳勝起。二世召博士諸儒生問曰。於公何如。博士諸生三十餘人對曰。云云。

漢書循吏傳文翁景帝末為蜀郡守選郡縣小吏開敏有材者張叔等十餘人遣詣京師受業博士

武帝特為博士置弟子五十人

漢書武帝紀元朔四年夏六月詔曰蓋聞導民以禮風之以樂今禮壞樂崩朕甚閔焉故詳延天下方聞之士咸薦諸朝其令禮官勸學講議洽聞舉遺興禮以為天下先太常其議予博士弟子崇鄉黨之化以厲賢材焉丞相弘請為博士置弟子員學者益廣

又儒林傳丞相御史言請為博士官置弟子五十人復其身太常擇民年十八以上儀狀端正者補博士弟子郡國縣官有好文學敬長上肅政教順鄉里出入不悖所聞令相長丞上所屬二千石二千石謹察可者常與計偕詣太常得受業如弟子

其後大增員數。

漢書儒林傳。昭帝時增弟子員滿百人。宣帝時增倍之。元帝好儒。能通一經者。皆復。數年。以用度不足。更為設員千人。成帝末。或言孔子布衣養徒三千人。今天子太學弟子少。於是增弟子員三千人。歲餘復如故。平帝時。王莽秉政。增元士之子。得受業如弟子。勿以為員。

後漢書黨錮傳。太學諸生三萬餘人。

又儒林傳。本初元年。梁太后詔曰。大將軍下及六百石。悉遣子就學。自是游學增盛。至三萬餘生。

魏略儒宗傳序。（魏志王肅傳注引）黃初元年之後。新主乃復始掃除太學之灰炭。補舊石經之缺壞。備博士之員錄。依漢甲乙以考課申告州郡。有欲學者。皆遣詣太學。太學始開。有弟子數百人。至太和青龍中。中外多事。人懷避就。雖性非解學。多求請太學。太學諸生有千數。
博士之於弟子。職在教授及課試。
漢書儒林傳。博士弟子。一歲皆輒課。能通一藝以上。補文學
掌故缺。高可以為郎中。太常籍奏。即有秀才異等。輒以名聞。
若下材不能通一藝。輒罷之。而請諸能稱者。
又。歲課甲科四十人為郎中。乙科二十人為太子舍人。丙科
四十人補文學掌故云。
後漢書徐防傳。永元十四年。防上疏曰。伏見太學試博士弟
子皆以意說。不修家法。私相容隱。開生姦路。每有策試。輒興
諍訟。議論紛錯。互相是非。臣以為博士及甲乙策試。宜從其
家章句。開五十難以試之。解釋多者為上第。引文明者為高
說。若不依先師。義有所伐。皆正以為非。五經各取上第六人。
論語不宜射策。雖所失或久。差可矯革。詔書下公卿。皆從防

言。
又順帝紀。陽嘉元年秋七月丙辰。以太學新成。試明經下第者補弟子。增甲乙科員各十人。
又質帝紀。本初元年夏四月。令郡國舉明經年五十以上七十以下。詣太學。自大將軍至六百石。皆遣子受業。歲滿課試。以高第五人補郎中。次五人太子舍人。
通典。十三桓帝建和初。詔諸學生年十六比郡國明經試。次第上名。高第五十人上第十六人為郎中。中第十七人為太子舍人。下第十七人為王家郎。
同上。永壽二年。詔復課試諸生。補郎舍人。
後漢書宦者傳。諸博士試甲乙科。爭第高下。更相告訟。亦有私行金貨。定蘭臺漆書經字。以合其私文。
魏志文帝紀。黄初五年夏四月。立太學。制五經課試之法。

通典（五十三）魏文帝黃初五年立太學於洛陽時慕者始請太學為門人滿二歲試通一經者稱弟子不通一經者罷遣弟子滿二歲試通二經者補文學掌故不通二經者聽須後輩試試通二經亦得補掌故掌故滿二歲試通三經者擢高第為太子舍人不第者隨後輩試試通亦為太子舍人舍人滿二歲試通四經者擢其高第為郎中不通者隨後輩復試試通亦為郎中郎中滿二歲能通五經者擢高第隨才敘用不通者隨後輩復試試通亦敘用

案此即魏志文帝紀所謂五經課試之法也通典卷十三選舉門系此事於桓帝永壽二年之後而吉禮門則以為魏黃初五年事又北堂書鈔六十七並太平御覽五百三十四雜引此中文句謂出摯虞決疑要注亦以為魏時事且與漢制不類疑吉禮門所紀是也

魏畧儒宗傳序（魏志王肅傳注引）黄初中，備博士之員錄，依漢甲乙以考課。告州郡有欲學者，皆遣詣太學。太學始開，有弟子數百人。至太和青龍中，中外多事，人懷避就。雖性不解學，皆求請太學。太學諸生有千數，本亦避役，竟無能竟學，冬來春去，歲歲如是。又雖有精者，而臺閣舉格太高，加不念統其大義，而問字指墨法點注之間，百人同試，度者未十。

魏志明帝紀：太和四年春二月壬午，詔曰：其郎吏明經才任牧民，博士課試，擢其高第者，亟用；其浮華不務道本者，皆罷去之。

後漢中葉以後，課試之法密，而敎授之事輕。

後漢書儒林傳：自安帝覽政，薄於藝文，博士倚席不講，朋徒相視怠散。

通典（五十三）建安中，侍中鮑衡奏：今學博士並設，表章而無所教授。

魏畧儒宗傳（魏志杜畿傳注引）樂詳，黄初中徵拜博士。於時太學初立，有博士十餘人，學多偏狹，又不熟悉，畧不親教，備員而已。

又儒宗傳序（魏志王肅傳注引）太和青龍中，諸博士率皆麤疏，無以教弟子，弟子本亦避役，竟無能習學。

又漢博士皆專經教授，魏則兼授五經。

魏畧儒宗傳，樂詳五業並授。

魏志高堂隆傳景初中，帝以蘇林秦靜等並老，恐無能傳業者，乃詔科郎吏高才解經義者三十人，從光祿大夫隆散騎常侍林博士靜，分受四經三禮，主者具為設課試之法。

案三人分授四經三禮，是一人所授非一經也。此雖非博士教弟子之法，然博士授業亦當準之。又秦靜身為博士，弟子甚多，而慮其年老無能傳業，是當時博士但備員數，未嘗親授弟子也。

漢博士弟子專受一經。後漢以後則兼受五經。

後漢建初殘墓碑。十五入大學受禮十六受詩十七受□。十八受易十九受春秋。

漢博士課試弟子。惟以一藝。後漢以後則兼試五經。

通典五十三。二則見上。

此其異也。漢博士秩卑而職尊。除教授弟子外。或奉使。

漢書武帝紀。元狩六年夏。遣博士大等六人分循行天下。

同上。元鼎二年夏大水。秋。遣博士中等分循行。

同上終軍傳。元鼎中。博士徐偃使行風俗。

同上元帝紀。建昭四年。臨遣諫大夫博士賞等二十一人循行天下。

同上王尊傳。博士鄭寬中使行風俗。

同上成帝紀河平四年遣光祿大夫博士嘉等行舉瀕河之
郡水所毀傷貧乏不能自存者
同上陽朔二年秋關東大水流民欲入函谷天井壺口五阮
關者勿苛留遣諫大夫博士分行視
同上孔光傳光為博士成帝初即位數使錄冤獄行風俗賑
贍流民奉使稱旨
同上平當傳當為博士使行流民幽州
或議政
漢書賈誼傳文帝召誼為博士每詔令議下諸老先生未能
言誼盡為之對
同上文帝紀後元年詔曰間者數年歲比不登又有水旱疾
疫之災朕甚憂之其與丞相列侯吏二千石博士議之有可
以佐百姓者率意遠思無有所隱

同上武帝紀。元朔元年冬十一月詔曰。朕深詔執事。興廉舉孝。今或闔郡而不舉一人。其與中二千石禮官博士議。不舉者罪。

同上儒林傳。元朔五年。詔太常。其議與博士弟子丞相御史言。謹與太常臧博士平等議。云云。

史記三王世家。大司馬去病請定皇子位。丞相臣青翟御史大夫臣湯昧死言。臣謹與列侯臣嬰齊中二千石二千石臣賀諫大夫博士臣安等議。云云。又臣青翟等與列侯吏二千石諫大夫博士臣慶等議。云云。

漢書張湯傳。武帝時。匈奴求和親。羣臣議上前。博士狄山曰和親便。

同上律歷志。元封七年。太中大夫壺遂太史令司馬遷等言。歷紀廢壞。宜改正朔。是時御史大夫兒寬明經術。上乃詔寬曰。與博士共議。

同上杜延年傳。始元四年。丞相車千秋即召中二千石博士會公車門。議問侯史吳法。

同上霍光傳。昌邑王即位。行淫亂。光遂召丞相御史將軍列侯中二千石大夫博士會議未央宮。

同上夏侯勝傳。宣帝初即位。詔曰。孝武皇帝功德茂盛。而廟樂未稱。朕甚悼焉。其與列侯二千石博士議。

同上韓延壽傳。蕭望之劾延壽上僭不道。願下丞相中二千石博士議其罪。

同上韋玄成傳。永光四年。乃下詔先議罷郡國廟。曰。其與將軍列侯中二千石諸大夫博士議。

同上。後月餘。復下詔曰。蓋聞明王制禮。立親廟四。祖宗之廟萬世不毀。所以明尊祖敬宗著親親也。朕獲承祖宗之重。惟

增秩

魏時為第五品

通典三十六魏官九品第五品太學博士

其長自秦以後謂之僕射中興後為祭酒

漢書百官公卿表序僕射秦官自侍中尚書博士郎皆有取

其領事之號

續漢書百官志博士祭酒一人秩六百石本僕射中興轉為

祭酒

博士任用或徵召

漢書賈誼傳文帝召以為博士

同上張蒼傳文帝召公孫臣以為博士

同上公孫弘疏廣貢禹龔舍夏侯勝傳後漢書盧植樊英傳

皆云徵為博士

後漢書曹褒郭憲傳皆云徵拜博士

或薦舉

漢書成帝紀陽朔二年詔曰丞相御史其與中二千石二千石雜舉可充博士位者使卓然可觀

同上彭宣孔光傳舉為博士

同上儒林施讎傳梁丘賀薦讎束髮事師數十年賀不能及詔拜為博士

同上孟喜傳博士缺衆人薦喜上聞喜改師法遂不用喜

同上王式傳諸博士皆素聞其賢共薦式詔除下為博士

漢官儀（後漢書朱浮傳注又通典引）博士舉狀曰生事愛敬喪沒如禮通易尚書詩禮春秋孝經論語兼綜載籍窮微闡奥師事某官見授門徒五十人以上隱居樂道不求聞達身無金痍痼疾三十六屬不與妖惡交通王侯賞賜行應四科經任博士下言某官

某甲保舉。

後漢書楊震傳。先是博士選舉多不以實。震舉明經名士陳留楊倫等。

同上儒林周防傳。太尉張禹薦補博士。

魏志張郃傳。郃雖武將。而愛樂儒士。嘗薦同鄉卑湛經明行修。詔擢爲博士。

晉書鄭袤傳。袤爲太常。高貴鄉公議立明堂辟雍。精選博士。袤舉劉毅劉寔程咸庾峻。後並至公輔大位。

同上張華傳。郡守鮮于嗣薦華爲太常博士。

或選試。

漢書張禹傳。試爲博士。

續漢書百官志。太常本注。每選試博士。奏其能否。

後漢書朱浮傳。舊事。策試博士。必廣求詳選。爰自䥫夏延及四方。是以博舉明經。惟賢是登。學者精勵。遠近同慕。伏聞詔書更試五人。惟取現在洛陽城者。臣恐自今以往。將有所失。求之密。過容或未盡。而四方之學無所勸樂。

同上伏恭傳。太常試經第一。拜博士。

同上陳元傳。太常選博士四人。元為第一。帝以元新忿爭。乃用其次司隸從事李封為博士。

又儒林張元傳。會顏氏博士缺。元策試第一。拜為博士。

或以賢良文學明經諸科進。

漢書公孫弘傳。武帝初即位。以賢良徵為博士。元光五年。復舉賢良文學。拜為博士。

同上平當傳。以明經為博士。

同上師丹傳。建昭中。州舉茂才。復補博士。

後漢書趙咨傳。延熹元年。大司農陳祎舉咨至孝有道。仍遷博士。
同上李法傳。永元九年。應賢良方正對策。除為博士
同上方術郭憲傳。光武即位。求天下有道之人。乃徵憲。拜博士。
或由他官遷。
漢書鼂錯傳。錯為太子舍人門大夫。遷博士。
同上翼奉傳。奉以中郎為博士。
同上匡衡傳。上以為郎中。遷博士。
同上翟方進傳。舉明經。遷議郎。河平中。轉為博士。
同上儒林歐陽生傳。歐陽地餘以太子中庶子授太子。後為博士。
後漢書范升傳。建武二年。光武徵詣懷宮。拜議郎。遷博士。
博士或兼給事中。

漢書百官公卿表序。給事中亦加官。所加或大夫博士議郎。

掌顧問應對。位次中常侍。

同上平當傳。為博士給事中。

同上韋賢傳。徵為博士給事中。

同上匡衡傳。遷博士給事中。

同上薛宣傳。哀帝初即位。博士申咸給事中。

同上師丹傳。給事中博士申咸炔欽上書云云。

獻帝傳。（魏志文帝紀注引）給事中博士蘇林董巴上表云云。

魏略（魏志王粲傳注引）黄初。初以邯鄲淳為博士給事中。

同上（魏志劉劭傳注引）蘇林黄初中為博士給事中。

魏志高堂隆傳。明帝以隆為給事中博士。

其遷擢也。於內則遷中二千石二千石。

漢書叔孫通傳。漢二年。漢王拜通為博士。號稷嗣君。七年拜

為奉常。中二千石

同上公孫弘傳。拜為博士。待詔金馬門。一歲中至左內史。二千石

同上百官公卿表。博士后蒼為少府。中二千石

同上平當傳。為博士給事中。奉使十一人為最。遷丞相司直。

比二千石

同上韋賢傳。徵為博士給事中。進授昭帝詩。稍遷光祿大夫。

比二千石

同上夏侯勝傳。徵為博士光祿大夫。

同上匡衡傳。遷博士給事中。遷為光祿大夫。

同上張禹傳。試為博士。授皇太子論語。由是遷為光祿大夫。

同上儒林傳。鄭寬中以博士授太子。遷光祿大夫。領尚書事。

後漢書桓榮傳。榮為博士。拜博士張佚為太子太傅。中二千石而以榮為少傅。比二千石

同上儒林甄宇傳。徵拜博士。稍遷太子少傅。

同上魯恭傳。拜為魯詩博士。遷侍中。比二千石

同上曹褒傳。徵拜博士。又拜侍中。

同上李法傳。除博士。遷侍中。

同上儒林張興傳。為博士。遷侍中。

同上承宮傳。拜博士。遷左中郎將。比二千石

同上方術李郃傳。父頡官至博士。遷左中郎將。

或遷千石及八百石。

漢書賈誼傳。誼為博士。超遷。歲中至太中大夫。比千石

同上疏廣傳。徵為博士太中大夫。

同上鼂錯傳。遷博士。拜為太子家令。八百石

同上翼奉傳。以中郎為博士諫大夫。比八百石

同上孔光傳。是時博士選三科。高為尚書。次為刺史。其不通

政事以久次為諸侯王太傅。光以高第為尚書。六百石

於外則為郡國守相。

漢書董仲舒傳。為博士。以賢良對策為江都相。

同上蕭望之傳。是歲選博士諫大夫通政事者補郡國守相。

後漢書盧植傳。徵為博士。出為九江太守。

同上儒林牟長傳。拜博士。稍遷河內太守。

同上儒林周防傳。補博士。稍遷陳留太守。

同上儒林伏恭傳。拜博士。遷常山太守。

或為諸侯王太傅。

漢書儒林傳。轅固以博士為清河王太傅。

同上彭宣傳。舉為博士。遷東平太傅。

同上師丹傳。復為博士。出為東平王太傅。

後漢書楊倫傳。特徵博士。為清河王傅。

或爲部刺史州牧。

漢書禹貢傳。徵爲博士。涼州刺史。

同上翟方進傳。轉爲博士。數年遷朔方刺史。

同上儒林傳。胡常以明穀梁春秋爲博士部刺史。

同上儒林傳。琅邪徐良斿卿爲博士州牧郡守。

或爲縣令。

漢書朱雲傳。由是爲博士。遷杜陵令。

蓋清要之官。非同秩之文吏比矣。

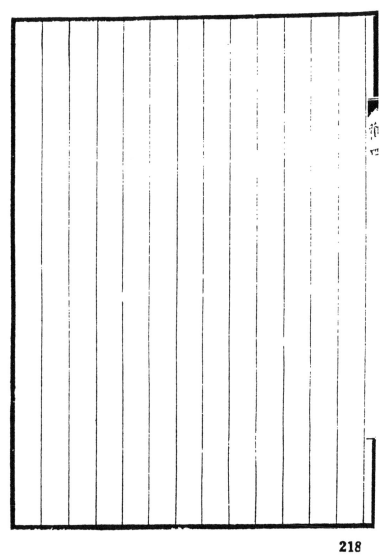

觀堂集林卷第五

藝林五

海甯　王國維

爾雅草木蟲魚鳥獸名釋例上

物名有雅俗，有古今。爾雅一書，為通雅俗古今之名而作也。其通之也謂之釋，釋雅以俗，釋古以今。聞雅名而不知者，知其俗名，斯知雅矣；聞古名而不知者，知其今名，斯知古矣。若雅俗古今同名，或此有而彼無者，名不足以相釋，則以其形釋之。草木蟲魚鳥多異名，故釋以名；獸與畜罕異名，故釋以形。凡雅俗古今之名，或同實而異名，或異實而同名。雅與雅同名而異實，則別以俗（如葝山䪤葝鼠尾之類）；俗與俗異名而同實，則同以雅（如櫬木堇椴木堇之類）；雅與雅異名而同實，則同以俗（如薜山蘄薜白蘄之類）。或雅與俗同名異實，則各以雅與俗之異者異之；雅與俗異名同實，則各以其同者同之（如荼苦菜檟苦荼之類

（黃鸝雀倉庚鶬黃也之類）凡雅俗多同名而稍變其音（如隹稚泥猳之類）凡俗名多取雅之共名而以其別別之有別以地者則曰山曰海曰河曰澤曰野有別以形者形之最著者曰大小大謂之莊亦謂之戎亦謂之王小者謂之叔謂之女謂之婦婦謂之負大者又謂之牛謂之馬謂之虎謂之鹿小者謂之羊謂之狗謂之菟謂之鼠謂之雀有別以色者則曰驪曰白曰赤曰黑曰黃以他物譬其色則曰蕢曰烏有別以味者則曰苦曰甘曰酸有別以實者則草木之有實者曰母無實者曰牡實而不成者曰童此諸俗名之共名皆雅名也是故雅名多別俗名多共雅名多奇俗名多偶其他偶名皆以物德名之有取諸其物之形者（如垂比葉的九葉之類）有取諸其物之色者（如互足虎貓玄之類）有取諸其物之聲者（如螢蛸蜻之類）有取諸性習者（如守田蝦螺蛸之類）有取諸功用者（如前王蕢兩層之類）有取諸相似之他物者或取諸生物（如馬蚿蚿之類）或取諸成器（如蝸綫經杯之類）其餘或以形狀之詞其詞或為雙聲（如蚼蚸……之類）或

爲疊韻如茈蔙茈茢芓熒之類此物名之大畧也

爾雅草木蟲魚鳥獸名釋例下

凡雅俗古今之名同類之異名與夫異類之同名其音與義恒相關同類之異名其關係尤顯於奇名如釋草苹并其大者蘋苕陵苕黄華蔈白華茇蒹薕葭蘆菼薍蔈荂荼猋藨芀釋蟲食苗心螟食根蟊釋魚鯉大鮦小者鮵釋鳥鳥鼠同穴其鳥爲鵌其鼠爲鼵草與蘋蔈與茇蒹與蘆薍螟與蟊鮦與鮵鵌與鼵皆一聲之轉此不獨生物之名然也釋宮樴大者謂之栱長者謂之閣栱閣一聲之轉也廟中路謂之唐堂途謂之陳唐途陳皆一聲之轉也二達謂之歧旁三達謂之劇旁四達謂之衢八達謂之崇期九達謂之逵歧劇衢期逵皆一聲之轉也釋器輿革前謂之鞎後謂之茀竹前謂之禦後謂之蔽鞎與禦茀與蔽皆一聲之轉也釋天天氣下地不應曰雺地氣發天不應曰霧霧

謂之晦。雺霧晦。亦一聲之轉也。釋丘之重厓岸。釋山之重甗隒

厓岸甗隒四者。皆一聲之轉也。又如釋山之多大石磝。多小石

礐。釋水之川注溪曰谷。注谷曰溝。注溝曰澮。大波為瀾。小波為

淪。磝礐谷溝澮瀾淪。亦皆一聲之轉。其餘仿此。蓋其流期於有

別。而其源不妨相通。為文字變化之通例矣。異類之同名。其關

係尤顯於偶名。如釋草。果蠃之實栝樓。釋蟲。果蠃蒲盧。案果蠃

果蠃者。圜而下垂之意。即易雜卦傳之果蓏。凡在樹之果。與在

地之蓏。其實無不圜而垂者。故物之圜而下垂者。皆以果蓏名

之。栝樓亦果蠃之轉語。蜂之細腰者。其腹亦下垂如果蓏。故謂

之果蠃矣。又釋草。蘱薡蕫。案薡蕫長意。郭璞說薡蕫云。其葉似

蒲而細。是長葉之草。又釋天之螮蝀。其字從虫。本是蟲名。沈方

伯說以莊子蝍蛆甘帶之帶。虹形如帶。故以螮蝀名之。是螮蝀

薡蕫。亦語之轉矣。又釋草。茭蘆葩。釋蟲。蜚蠦蝘。案蘆葩蠦蝘。乃

苻婁蒲盧之倒語，亦圓意也。蘆䕼根大而圓，其形亦橢圓如盧

䕼，故謂之蠦蜰，後世謂之負盤，亦以此矣。又釋草薢茩英茪蔆

撅攗。案薢茩英茪撅攗皆有圭角之意。薢茩郭注以決明釋之。

決明秋生，子作角，而蔆亦有角，故得英茪撅攗之名。蔆之一名

薢茩，亦以此矣。又草之蓧蓨苗蓨，木之柚條，蓧蓨苗柚條，皆有

抽達攸長之意，故得此名。又釋草蘄茝，蘪蕪，緜馬羊齒，釋木木

髦柔英，釋蟲蠓蠛蠓。案蘪蕪緜馬以下，皆有小意。郭注云蘪蕪

葉小如蔞狀。又云緜馬草細葉羅生而毛，有似羊齒。是二者皆

小草。草之小者曰蘪蕪，曰緜馬，木之柔者曰木髦，蟲之小者曰

蠛蠓，鳥之小者亦曰緜蠻（毛傳緜蠻小鳥貌），殆皆微字之音轉。釋天小雨謂

之霡霂，亦同語之轉也。又釋草莞苻離，釋木痝木苻婁，釋蟲果

蠃蒲盧，釋木蚹蠃螔蝓。案苻離苻婁蒲盧蚹蠃皆有魁痝擁腫

之意。又物之突出者，其形常圓，故又有圓意。莞之名苻離，以其

首有臺也瘣木之名苻婁以其無枝而擁腫也又蒲盧之腹與蚹蠃之甲皆有魁壘之意故四者同名釋詁呲劉暴樂也呲劉暴樂皆苻婁之轉語其義亦由是引申矣又釋草遂薚馬尾釋蟲王蛈蜴寀遂薚蛈蜴皆有值當之意說文蕩艸枝枝相值葉葉相當昆蟲之足亦無不相當者故均得此名矣又釋草其萌虇蕍釋蟲蠸輿父守瓜釋詁權輿始也寀權及權輿皆本黃色之名釋草權黃華釋木權黃英其證也蟲之蠸輿父注以爲瓜中黃甲小蟲是凡色黃者謂之權長言之則爲權輿矣余疑權即䵎之初字說文䵎黃黑色也廣雅䵎黃也今驗草木之萌芽無不黃黑者故蒹葭之萌謂之虇蕍引申之則爲凡草木之始逸周書文酌解一幹勝權輿大戴禮誥志篇百草權輿是也又引申爲凡物之始詩秦風不承權輿逸周書日月解日月權輿是也始之義行而黃之義廢矣又釋草蔈葵蘩露中馗菌寀蔈

葵中植皆椎之音變考工記玉人注齊人謂椎曰終葵蔠葵大莖小葉菌端有蓋皆與玉人之大圭杼上終葵首相似故皆得此名又釋草菟奚顆凍釋魚科斗活東案顆凍科斗活東活語如之諸轉皆有活動圓轉之意如唐宋人言筋斗今言跟兜矣又釋木諸慮山櫐釋蟲諸慮奚相諸慮猶言支離莊子養生主云支離疏者頤隱於齊肩高於頂支離疏三字即諸慮之長言矣又釋蟲螾衙入耳釋魚蚹蠃螔蝓釋鳥鼯鼠夷由案螾衙螔蝓夷由皆緩行之意楚辭湘君君不行兮夷猶王逸注夷猶猶豫也螾衙蚹蠃其行皆緩鼯鼠五技而窮故皆得此名矣又釋蟲蒺藜蝍蛆次蟗鼅鼄釋魚鼁鱦蟾諸案蝍蛆次蟗鼅鼄鼁鱦蟾諸亦皆緩行之意即易其行次且之轉語蝍蛆多足次蟗鼁鱦皆碩腹而行緩故得此名又釋蟲蟋蟀蛬蜤螽蜙蝑蟰蛸長踦案蟋蟀蜙蝑蟰蛸皆細長之意皆以蟲足名之上林賦紛溶箾蔘箾蔘亦

此語之轉則謂草木之細長矣又釋蟲螒天雞釋鳥鶾天雞案螒鶾即易翰音登于天之翰謂其鳴長也翰音之物以雞為最著故又謂之天雞矣其餘如草有莪蘿蟲有蛾羅草有龍天蘥鳥有鸏天鸙草有菋荎藸木有味荎著草有落麋舌鳥有鶬麋鴰木有密肌繼英鳥有密肌繫英今雖不能言其同名之故要其相關必自有說雖其流期於相別而其源不妨相同古人正名百物之意於此亦畧可睹矣

書爾雅郭注後

漢人注經不獨以漢制說古制亦以今語釋古語杜子春鄭大夫鄭司農說周禮已用其法後鄭司農注三禮復推而廣之然古語者有字而無音者也由古語之字以求其音與義於是有讀如讀若之例焉有讀為之例焉今語者有音無字者也由其音以求其字或可得或不可得凡云今謂厶為厶者上厶其義

下厶其音也其音如此其字未必如此如周禮夏官序官司爟注今燕俗名湯熱為觀字當作涫考工輪人注今人謂蒲本在水中者為弱字當作弱禮記內則注拭物之巾今齊人有言紛者字當作帨而作觀弱紛者但取其音或從經字也吾但取其字以表其音使與古厶字之音相比附而已矣故以今語釋古語雖舉其字猶或擬其音如周禮天官醢人豚拍注云鄭大夫杜子春皆以拍為膊謂脅也今河閒名豚脅聲如鍛鎛又春官小宗伯甫竁注鄭大夫讀竁皆為穿杜子春讀竁為毳段氏周禮漢讀考云經竁字當作竁注當云杜子春讀竁為竁其說是也皆謂葬穿壙也今南陽名穿地為竁聲如腐脆之脆又考工記輪人察其菑蚤不齵注鄭司農云菑讀如雜廁之廁謂建輻也泰山平原所樹立物為菑聲如胾博立梟棊亦為菑蓋河閒之言鍛鎛南陽之言竁泰山平原之言菑初未有此字也以其言脅之音如鎛而知其當為膊以其言穿地之音如腐脆之脆而知其當為竁以其言所樹立之音如胾而知其當為菑此言語學之事也由鍛鎛之為豚脅而知豚拍之為豚膊由脆之為穿地而知竁之

為穿壙。以葳之為樹立。而知莤之為建輻。此訓詁之事也。不必問其字之如何但使古今兩語音義相會足矣故與其求其字也。寧存其音。此鄭君以今語釋古語之法也。郭景純注爾雅從之。故注中往往有音。夫景純於爾雅既別有音義矣。此注中復有音。何也。曰。非為古語作實為釋古語之今語作也。為今語作音。何也。曰。今語有音無字。吾但取今語之音以與古厶字之音相比附。而古字之義見矣。如釋詁嗟咨蹉也。注今河北人云蹉歎音兎罝。釋言恀怙恃也。注今江東呼母為恀音是又逮遝也注。今荊楚人皆云遝。音沓。謂河北云蹉如罝音江東呼母如是音。荊楚呼逮如沓音。本但有其音。其定為蹉恀遝三字者則景純自於古語中得之。而轉以證古語之義故舉其字而復存其音。以示定其為某字之所由。並示古今語之相合云爾餘如釋天螮蝀謂之雩螮蝀虹也注。俗名美人虹。江東呼雩音芌。又暴

雨謂之涷注今江東人呼夏日暴雨為涷雨音東西之東又濟
謂之霽注今南陽呼雨止為霽音薺又宵田為獠注今江東亦
呼獵為獠音遼釋地其名謂之蟨注今雁門廣武縣夏屋山中
有獸形如兎而大相負共行土俗名之蟨鼠音厥釋水潬沙出
注今江東呼水中沙堆為潬音但釋草莕接余注江東食之亦
呼為莕音杏又葴寒漿注今酸漿草江東呼曰苦葴音針又蘄
茝蘪光注或曰陵也關西謂之蘄茝音皆又莤蔓于注草生水
中一名軒于江東呼莤音猶又出隧蘧蔬注蘧蔬似土菌生菰
草中今江東啖之甜滑音氈氍毹又莞苻蘺其上蒚注西方亦
名蒲中莖為蒚音羽翮又萍蓱注水中浮蓱江東謂之薸音瓢
又芨堇草注即烏頭也江東呼為堇音靳又芐地黃注一名地
髓江東呼芐音怙又蒹薕注似萑而細高數尺江東呼為薕適
音廉又其萌蘿注今江東呼蘆筍為蘿然則萑葦之類其初生

者皆名蘿音繾綣又蕍芛皇華榮注今俗呼草木華初生者為芛音猜猪又華荂也注江東呼華為荂音敷釋木攝虎櫐注今虎豆纏蔓林樹而生莢有毛刺今江東呼為欚欙（連綿字或讀欚字句絕者非）音涉

釋蟲螗蜩注江南謂之螗蛦音荑（蜩荑雙聲）又蚻蟥蛢注甲蟲也大如虎豆綠色今江東呼黃蛢音瓶又姑䗐强蛘注今米穀中蠹黑小蟲是也建平人呼為蛘子音芊姓又鼅鼄鼄蝥注今江東呼蝃蝥音掇（鼄掇古雙聲）

釋魚鰝大鰕注今青州呼鰕魚為鰝音鄗鎬又鱦小魚注今江東呼魚子未成者為鱦音繩又鮥鮛鮪注鱣鮪屬大者名王鮪小者名鮛鮪今宜都郡自京門以上江中通出鱣鮪之魚有一魚狀似鱣而小建平人呼鮥子即此魚也音洛又鯦當魱注似鯿而大鱗肥美多鯁今江東呼其最大長三尺者為當魱音胡又魴魾注江東呼魴魚為鯿一名魾音毗又螖蠌注或曰即彭螖也似蟹而小音滑又镻蝁注蝮屬大眼最有

毒今淮南人呼蛋子音惡釋鳥鵅鵋鶀注今江東呼鵂鶹為鵋
鶀亦謂之鴝鵅音格又鷚天鸙注大如鷃雀色似鷚好高飛作
聲今江東名之曰天鷚音綢繆又鵅烏鸔注水鳥也似鶂而短
頸腹翅紫白背上綠色江東呼烏鸔音駮又舒鴈鵝注今江東
呼鴚音加鴚加古疊韻又鷣負雀注鷣鷂也江東呼之為鷣善捉雀因
名云音淫又鸒斯鵯鶋注雅烏也小而多羣腹下白江東呼為
鵯烏音匹又鸍沈鳧注似鴨而小長尾背上有文今江東呼為
鸍音施又鴢頭鵁注似鳧脚近尾略不能行江東謂之魚鵁音
鵁箭釋獸貙獌似貍注今山民呼貙虎之大者為貙豻音岸貙岸疊韻
又鼳鼠注今江東山中有鼳鼠狀如鼠而大蒼色在樹木上音
巫覡又羊曰齥注今江東呼齝為齥音漏洩釋畜牡曰騭注今
江東呼駁馬為騭音質又未成雞僆注江東呼少雞曰僆音練
此上四十六條所音之字雖經注中並見然皆音於所舉今語

七

之下則其音自為注作而不為經作為今語作而不為古語作明甚郭意若曰今有ㄙ音與古ㄙ字之音相近有ㄙ物之名之音與古ㄙ物之名相近吾姑以古ㄙ字及古ㄙ物稱之而所以用此字當此物者由其音如ㄙ故猶杜鄭諸儒注禮之旨也又於經所不見之字亦為作音如釋草菼薍注似葦而小實江東呼為烏蓲音丘釋蟲土蠭注今荆巴間呼為蟺音但釋獸鼬鼠注今鼬似鼦赤黃色大尾啖鼠江東呼為鼪音生又鼫鼠注形大如鼠頭似兔尾有毛青黃色好在田中食粟豆關西呼為鼩鼠見廣雅音瞿此四音尤與經無與而亦音之者蓋欲以廣異語存方言亦足以證前之四十六音實為注作而非為經作也惟釋詁謟疑也注左傳曰天命不謟音滔釋言懠怒也注詩曰天之方懠音齊釋草蕇亭歷注音典又白華茇注音沛又芙薊其實荂注芙與薊莖頭皆有蓊臺名荂即其實也音俘皆為經

作音又釋樂大鐘謂之鏞注亦名鎛音博則為注自作音與全
注音今語之例不合此六條或出一時不檢或由後人羼入均
不可知以郭氏自有音義不應及此也後人不達郭意如元以
來注疏本以載音義故遂將注中之音刪剟殆盡近人雖多據
舊本補綴然頗不能言郭注中所以有音之故又孰知其關於
訓詁者有如斯也

書郭注方言後一

郭景純於爾雅有注有音而注中之音則專為今語而作前篇
既詳之矣其於方言則音即在注中體例與音義為近其音有
為本文作者有為己注作者可一一分別之蓋所音之字惟見
注中而不見於本文者此音為注作而不為本文作固不待言
即其字並見本文及注中而其音在注所引今語下則其音實
兼為注作而不徒為本文作蓋注中所出之今語本有音無字

者也景純以其音及義擬之而以當古之厶字故必存其音而古語之音亦可由此音推之固與注爾雅之旨同也如卷一好自關而東河濟之間謂之媌注今關西人呼好為媌莫交反此莫交反之音實音晉時關西之語而漢時關東之語亦從可知矣又虔劉慘㨆殺也注今關西人呼打為㨆音廩或洛感反此音關西呼打之㨆而本文之㨆亦從可知矣卷二遽吳揚曰茫注今北方通然也莫光反此音晉時北方通語之茫而漢時吳揚之茫音亦可知矣又獪楚鄭曰蔿或曰婚注言黠婚也今建平人呼婚胡刮反此亦音晉建平人所呼之婚而漢時楚鄭之婚音亦可知矣又卷三蘇沅湘之南謂之蓄注今長沙人呼野蘇為蓄音車轄又揠拔也注今呼拔草心為揠烏拔反又荄杜根也注今俗名韭根為荄音陔又庸謂之倯轉語也注倯猶保倯今隴右人名孏為倯相容反卷四袴齊魯之間或謂之襱注

今俗呼袴踦為襱音鮦魚卷五𨭚陳楚宋魏之間或謂之巇注今江東通呼勺為巇音羲又箸箭自關以西謂之桶檧注今俗亦通呼小籠為桶檧音籠冠（謂桶之音如籠）檧蘇勇反又甂陳魏宋楚之間謂之題注今河北人呼小盆為題子杜啟反又所以注斛陳楚宋魏之間謂之篙注今江東亦呼為篙音巫覡又扇自關而東謂之箑注今江東亦通名扇為箑音篓又杷宋魏之間謂之渠挐注今江東名亦然諾豬反又僉宋魏之間或謂之度注今江東呼打為度音量度也卷六擘楚謂之紉注今亦以綫貫針為紉音刃卷七茹食也吳越之間凡貪飲食者謂之茹注俗呼能麤食者為茹音勝如又幐儋也注今江東呼儋兩頭有物為幐音鄧卷八虎江淮南楚之間或謂之於䖘注今江南山夷呼虎為䖘音狗竇又貔北燕朝鮮之間謂之貊注今江東呼為貊貍音丕又桂林之中守宮大者而能鳴謂之蛤解注江東呼為

蛤蚖音頷頷汝頼人直名為蛤解音懈謑聲也卷九車枸簍宋
魏陳楚之間謂之䈹注今呼車子弓為䈹音巾幗又鋏謂之鈹
注今江東呼大矛為鈹音彼又小舫謂之艖注今江東呼艖小
底者也音乂又短而深者謂之䑨注今江東呼艖䑨音步又船
後曰舳注今江東呼柁為舳音軸卷十秕不知也注今淮楚間
語呼聲如非也又物生而長大又曰瘠注今俗呼小為瘠音薺
菜又顇湘江之間謂之顲注今建平人呼頷為顲音旃裘又推
沅湧澆幽之語或曰攩注今江東人亦名推為攩音晃卷十一
蟬海岱之間謂之蚑注齊人呼為巨蚑音技又蜻蛚楚或謂之
蛬注梁國呼蛬音鞏又姑𧋍謂之強蝆注建平人呼蝆子音芊
芊即姓也卷十二築娌匹也注今關西兄弟婦相呼為築娌度
六反又㺢倦也注今江東呼極為㺢音喙卷十三㾓極也注江
東呼極為㾓倦聲之轉巨畏反又翭本也注今之鳥羽本為翭

音俟又隑陭也注江南人呼梯為隑所以隑物而登者也音剴切也又煬炙也注今江東呼火熾盛為煬音恙又籠南楚江沔之間謂之篣注今零陵人呼籠為篣音彭又篆南楚謂之筲注今建平人呼筲音鞭鞘又餳謂之餹注江東皆言餹音唐此諸條以爾雅注之例推之固皆為注作音而因以求方言之音者至今語之音與古語相近而微有別則亦著之如卷三蘴注舊音蜂今江東音嵩字作菘也又軫戾也注謂了戾江東音善卷八北燕朝鮮洌水之間爵子及雞雛皆謂之㲉注恪遘反關西曰㲉音顧卷十荆之南鄙謂何為曾又或謂之訾注今江東人語亦云訾為聲如斯又誺不知也注音癡眩江東曰咨此亦如聲之轉也卷十一蟬其小者謂之麥蚻注今關西呼麥蠽音癰癥之癥是景純注方言時全以晉時方言為根據故於子雲書時有補正讀子雲書可知漢時方言讀景純注並可知晉時方

十

言張伯松謂方言為縣之日月不刊之書景純之注亦畧近之矣乃景純爾雅方言二注頗為後人所亂爾雅注之音為注疏本刪剟殆盡吾鄉盧抱經學士校刊方言世稱善本乃分別音與注為二又亂其次第嘉定錢氏箋疏從之致令景純以晉方言注漢方言之根據全不可見亦可謂景純之不幸也

書郭注方言後二

景純注方言全以晉時方言為本晉時方言較子雲時固已有變遷故注中往往廣子雲之說其例有廣地有廣言就廣地言之有子雲時一方之言至晉時為通語者如卷一慧楚或謂之䜏注他和反亦今通語又好趙魏燕代之間曰姝注昌朱反亦四方通語卷二好青徐海岱之間曰釥或謂之嫽注今通呼小姣潔喜好者為嫽釥又遼吳揚曰茫注今北方通然也莫光反卷三凡草木刺人江湘之間謂之棘注楚詞曰曾枝剡棘亦通

語耳音己力反又凡飲藥傅藥而毒東齊海岱之間謂之眠或謂之眩注眠眩亦今通語耳又南楚物空盡者曰鏟鏟賜也注亦中國之通語也卷五牀其杠南楚之間謂之趙注趙當作桃聲之轉也中國亦呼杠為桃牀皆通語也卷六視吳揚曰略注今中國亦云目略卷七澀趙曰杜注今俗語通言澀如杜又含車東齊海岱之間謂之發注今通言發寫也卷八貔關西謂之貍注此通名又守宮南楚謂之蛇醫注今所在通名蛇醫耳卷九車枸簍南楚之外謂之篷注今亦通呼篷卷十沅澧之間使之而不肯答曰吂注音茫今中國語亦然又荊汝江湘之郊凡貪而不施謂之亄注亦中國之通語又愬楚以南謂之諑注諑譇亦通語也又昲曬乾物也揚楚通語也注昲音菲亦皆北方常語耳又謇極吃也楚語也注北方通語也又眠娗脈蜴賜施茭媞譠謾㥏忚皆欺謾之語也楚郢以南東揚之郊通語也注

六者中國相輕易蚩弄之言也又頜南楚謂之頜注亦今通語爾此皆漢時一方之語景純時見為通語者也又漢時此方之語晉時或見於彼方如卷一好自關而東河濟之間謂之媌注今關西人呼好為媌莫交反又平原謂啼極無聲謂之嗟哴注哴音亮今關西語亦然又跳楚曰蹠注勑厲反亦中州語又獪楚鄭或曰婚注今建平人呼婚胡剮反卷三雞頭北燕謂之䓈注今江東亦呼䓈耳又凡草木刺人北燕朝鮮之間或謂之壯注今淮南人亦呼壯卷四帬自關而東或謂之襬注音碑今關西語然也卷五䑋陳楚宋魏之間或謂之䥍注今江東通呼勺為䥍音羲又甖靈桂之郊謂之瓬注今江東通呼大瓮為瓬又周魏之間謂之甒注今江東亦呼甖為甒子又所以注斛陳魏宋楚之間謂之篙注今江東亦呼為篙音巫覡又扇自關而東謂之箑注今江東亦通名扇為箑音簍又把宋魏之間謂之渠

笯注今江東語亦然諾豬反又簟宋魏之間謂之笙注今江東
通言笙卷七東齊海岱北燕之郊跪謂之踉蹬注今東郡人亦
呼長跽為踉蹬又儋自關以西隴冀以往謂之賀注今江東語
亦然卷八貔北燕朝鮮之間謂之貊注江東呼為貊貍音丕又
布穀自關而西或謂之布穀注今江東呼為穫穀又桂林之中
守宮大者而能鳴謂之蛤解注江東人呼為蛤蚖音頷頷汝頹
人直名為蛤解音懈聲誤耳卷十楚凡揮棄物或謂之敲注恪
校反今汝頹間語亦然又顙湘江之間謂之獺注今建平人呼
頷為獺音旃裘又沅湧澆幽之語推或曰攩注今江東人亦名
推為攩音晃卷十一蟬宋衛之間謂之螗蜩注江南呼螗蛦又
鼅鼄自關而西秦晉之間謂之鼄蝥注今江東呼蝃蝥音掇卷
十三篆其小者自關而西秦晉之間謂之箄注今江南亦名籠
為箄又麴晉之故都曰對注今江東人呼麴為對凡此皆漢時

見之

十二

一方之語景純時見於他方者也此廣地之二例也至於廣語則亦有二例一今語雖與古語同而具義廣狹迥異或與之相涉則亦著之如卷一㨆殺也注今關西人呼打為㨆又凡物盛多謂之寇注今江東有小兒其多無數俗謂之寇兒又相謁而飱秦晉之際河陰之間曰饙餕注今關西人呼食欲飽曰饙餕又毳燕之北郊朝鮮洌水之間曰葉輸注今名短度絹為葉輸也卷二燕齊之間養馬者謂之娠注今之溫厚也音振卷三庸謂之倯注倯猶保倯也屬即保今隴右人名孏為倯相容反卷四袊齊魯之間或謂之襱注今俗呼袴踦為襱音鮦魚卷五箸筩自關而西謂之桶檧注今俗亦通呼小籠為桶檧音籠冠檧蘇勇反又僉宋魏之間或謂之度注今江東呼打為度音量度也卷六擘楚謂之紉注今亦以綫貫針為紉音刃卷七吳越之間凡貪飲食者謂之茹注今俗呼能麤食者為茹音勝如卷九車紂自

關而東或謂之曲綸注今江東通呼索為綸音倫今本脫為字从原本玉篇所引補卷
十三筡析也析竹謂之筡注今江東呼篾竹裹為筡又隑陭也
注江南人呼梯為隑所以隑物而登者也音剴切也又煬炙也
注今江東呼火猛熾為煬音恙此皆語同而義稍異者也至義
同而語異者景純亦隨時記於注中如卷二逞苦了快也下注
今江東人呼快為愃相緣反卷三東齊之間壻謂之倩注言可
借倩也今俗呼女壻為卒便原注一作平使疑平使是是也又蘇芥草也下注或
言菜也又蘇亦荏也注今江東人呼荏為菩音魚又蘴蕘蕪菁
也下注今江東名為溫菘又膠譎詐也下注汝南呼欺為譠訑
他回反亦曰詒音殆又氾浼潤洼洿也下注荊州呼潢也卷四
襜褕自關以東謂之裗褔注俗名褔掖音倔又袧繵謂之襌注
今又呼為涼衣也又繞衿謂之帬注俗人呼接下江東又名下
裳又裪橘謂之袖注江東呼碗音婉卷五甑下注涼州呼鉹炊

十三

簨下注。江東呼浙籤。臿下注。江東又呼鏊刀為鏊。普篾反。橛下
注。江東呼都。又搥其横關西曰㮴。注。亦名校。音交。又簞下注。江
東呼籧篨為䉬。音廢。筕篖下注。江東呼笪。音靼。榻前几下注。江
東謂之承。卷八虎下注。俗曰伯都。又北燕朝鮮洌水之間謂伏
雞曰抱。注。江東呼蓲。央富反。又桑飛下注。今亦名為巧婦。江東
呼布母。又守宮下注。南陽人又呼蝘蜓。卷九凡矛骹細如鴈脛
者謂之鶴鄰。注。今江東呼為鈴釘。又鐏謂之釬。注。或名為鐓。音
頓。又方舟謂之潢。注。揚州呼渡津舫為杭。荆州人呼樹。又所以
隱櫂謂之槳。注。江南又名為胡人。又船首謂之閤閭。注。今江東
呼船頭屋謂之飛閭是也。卷十棄淮汝之間謂之投。注。江東又
呼撅。音鷢。又吃或謂之𨇓。注。今江東又名吃為喋。若葉反。卷十
蚡蛈下注。江東人呼蟟蟧。又蜩蟧謂之蠽蜩。注。江東呼為蠽蠽
也。又螳蜋謂之髦。注。江東呼為石蜋。又名齕肬。又姑蠻謂之強

蛘注江東謂之蛪音加又蜻蛉謂之蝍蛉注江東名為狐黎淮南人呼蠊蛜蠊音康蛜音伊又舂黍謂之螢蝑注又名蚣螢江東呼虴蜢又蝤蠀謂之蚇蠖注又呼步屈又蠭下注或呼笛師蚍蜉下注建平人呼蚳音侈蠀螬下注亦呼當齊或呼地蠶或呼蠀螬蚰蜒下注江東又呼蛩音鞏鼅鼄下注齊人又呼社公亦言罔工卷十三盂下注江東名盂曰凱亦曰甌也又屋梠謂之欞注亦呼為連綿是皆今語之異於古者亦記之以廣異語此廣語之二例也故景純注方言全以晉時方言為本雖注而不域於注體焉然則方言注中之音實不能與注離後人分而二之可謂失景純之恉矣

書郭注方言後三

方言一書經戴東原盧抱經劉端臨三先生校訂又段懋堂先生說文注王懷祖先生廣雅疏證亦時訂其譌舛丙辰冬余讀

方言。復取諸古書用戴氏疏證例校之。即書於戴本上。戊午冬復檢前校。見有足訂正本文及注者得十六事。聊書於後。其本文之顯然誤者。如卷一。愼濟[目朁]惄溼桓憂也。自關而西。秦晉之間。凡志而不得。欲而不獲。高而有墜。得而中亡。謂之溼。注溼者。失意潛沮之名。案原本玉篇。荀子修身篇注。均引溼作濕。玉篇又引注潛沮作慘怛。濕古人皆讀他合反。今人於志而不得欲而不獲高而有墜得而中亡時。猶皆讀之如他合反之濕。以此一音表彼四義。當是秦晉舊語。自以作濕為長。卷三。膠譎。詐也。涼州西南之間曰膠。自關而東西或曰譎。或曰膠。案原本玉篇爾雅序釋文元應一切經音義卷二慧琳音義卷六卷七卷三十八。並引謬。詐也。疑膠乃謬之譌。說文譎字注。益梁曰謬。欺天下曰譎。即本之方言。益梁即所謂涼州之西南之間。天下所謂自關而東西也。是方言本作涼州西南之間曰謬。又原本玉篇自關而引東西或曰謬是末膠字亦本作謬廣雅謬譎詐膠欺也上三字與方言次序同當本之方言膠字或取諸他書或後人據譌本方言羼入也卷六台既失也宋魯之間曰台既隱據定也今本分二節上十字為一節下五字為一節案廣雅隱據定也無既字是張稚讓讀宋魯之間曰台既為句義較今本分節為長又紕繹督雉理也秦晉之間曰紕凡物曰督之絲曰繹之原本玉篇引紕理也秦晉之間曰雉宋鄭曰紕是今本奪曰雉宋鄭四字於是宋鄭語誤為秦晉語而雉之為何語亦不可知矣又㩧㔷續也秦晉續折謂之㩧繩索謂之㔷擘楚謂之級今本自擘以下五字自為一節案原本玉篇引㔷續也楚謂之級洪興祖楚辭補注亦引續楚謂之級是此二節本是一節又衍擘字王逸楚辭注級索也正本之方言郭注云今亦以綫貫針為級義亦與擘無涉而與續及繩索之義相近今本蓋誤卷

十三扶護也注扶挾將護案原本玉篇引扶護也郭璞曰挾持護之也元應音義卷一卷十並引挾護也廣雅語同是本文扶當作挾涉注扶字而譌又無升謂之刁斗戴云無升二字應有譌舛案淮南齊俗訓炮格生乎熱升北堂書鈔一三五太平御覽七一二並引熱升作熱斗說者以為尉斗漢尉斗之狀與刁斗同今傳世漢器具銘皆作鐎斗無升熱升鐎斗字形皆相近當云鐎斗謂之刁斗猶爾雅云荏菽謂之戎菽矣（荏戎鐎刁音均相近）又鉺謂之餻御覽八百六十引作餌謂之⿰食恙下有注音恙二字原本玉篇食部⿰食恙餘障反引方言餌謂之⿰食恙廣韻四十七漾⿰食恙餌也集韻則云⿰食恙方言餌也又原本玉篇食部無餻字大廣益會本始有之是六朝尚無餻字廣雅之餻字亦本作⿰食恙與方言同均後世所追改也此皆本文之譌舛也至注文亦有當訂正者卷一慧秦謂之謾注言謾詑音訑（二字疑衍）大和反謾莫錢又亡山反案原

本玉篇引秦晉謂慧為謾郭璞曰言訑謾也是舊本作訑謾故先音訑後音謾楚辭惜往日或訑謾而不疑具證也又烈枿餘也注謂烈餘也戴云烈餘當作遺餘盧本從之案原本玉篇引注作謂殘餘也慧琳音義卷六十七引蘖（即枿字）謂殘餘也韋昭齊語注亦云裂殘也是注烈餘當作殘餘戴改遺餘非也卷二揄鋪㠑極帗縷葉輸毳也注音脆皆謂物之行蔽也集韻十虞引注同戴本改行蔽作扦蔽盧本從之案原本玉篇引注作謂物之行敝者也是今本蔽字乃敝之譌周禮司市注云害害於民謂物行沽者沽之言苦不攻緻也行敝猶言行沽矣今人猶呼貨物之次劣者為行貨與毳義正合下注言今名短度絹為葉輸絹之短度者正物之行敝者也卷九車枸簍或謂之隆屈注尾屈盧據宋本改為屈尾（今傳世李文授本作尾屈）然尾屈二字是音非義高誘淮南原道訓注屈讀秋雞無尾屈之屈是尾屈二字乃漢魏以

來成語故景純取以為音改為屈尾者非也又箭其三鐮長尺六者謂之飛䖟注此謂今射箭也又內者謂之平題注今戲射箭案慧琳音義卷四十五引注云三鐮今筩射箭也平題今戲射箭也是戲射與筩射相對為文御覽三百四十九引開元文字亦有此二語蓋即本方言注大唐六典兵部員外郎職凡應舉之人有謀畧才藝平射筒射唐韻十一沒柭字注云筩射廣韻同是古弩射之外別有筩射矢長尺六較諸矢為短蓋如後世袖箭矣今注奪筩字卷十翿舉也注謂軒翿也案廣雅卷一翿舉也曹憲音曰方言為署音又卷三翿飛也曹曰方言音曙是注謂軒翿也下舊有音署或音曙二字今本奪又㧙抌推也㧙下有揰㧙二字注戴改為神祕盧改為擅㧙案文選西京賦徒搏之所撞㧙是揰㧙乃撞㧙之譌揰撞一字也卷十二杼㦗解也杼下有杼井二字注戴改杼為抒盧復改杼井為抒渫案說文

䩳字注云量物之䩳一曰抒井䩳是古有抒井語井字不誤盧改非是此注文及後世改字之當訂正者也校本雖戢孴叢雜然可紀者止此書之以諗世之讀是書者

史籒篇證序

敘曰史籒十五篇古之遺書戰國以前未見稱述爰逮秦世李趙胡毋本之以作蒼頡諸篇劉向校書始著於錄建武之世亡其六篇章帝時王育為作解說許慎纂說文復據所存九篇存其異文所謂籒文者是也其書亦謂之史篇即史籒篇之畧稱說文於皕缶女三部三引史篇蓋存其字謂之籒文舉其書謂之史篇其實一也史篇為字書之祖故蒼頡以下亦蒙其名漢書平帝紀徵天下通知小學史篇者王莽傳徵天下史篇文字揚雄傳史篇莫善於蒼頡作訓纂揚子法言或欲學蒼頡史篇皆以史篇為字書之通名猶漢時閭里書師呼爰歷博學二篇

十七

為蒼頡。魏晉以後并蒼揚雄班固賈魴之書為三蒼。六朝以後呼子林為說文也。然其名固自史籀篇出。唐元度謂此篇廢於晉世。而自許君以後。馬鄭諸儒即不復徵引。蓋自三蒼盛行此書之微久矣。今就諸文所存遺字疏通證明之。而論其最要於篇首。質者詳之。

一。史籀為人名之疑問也。自班志許序以史籀為周宣王太史。其說蓋出劉向父子。而班許從之。二千年來無異論。余顧竊有疑者。說文云。籀。讀也。（方言抽讀也）又云。讀。籀書也。（毛詩鄘風傳云讀抽也）古籀讀二字同音同義。又古者讀書皆史事。周禮春官大史職。大祭祀戒及宿之日。與羣執事讀禮書而協事。大喪遣之日讀誄。小史職。大祭祀讀禮法。史以書敘昭穆之俎簋。卿大夫之喪。賜諡讀誄。內史職。凡命諸侯及公卿大夫則冊命之。（謂冊書）凡四方之事書。內史讀之。聘禮。夕幣。史讀書展幣。士喪禮。主人之史讀賵。公史讀遣。是古之書皆史讀之。逸周書世俘解。乃俾史佚

錄書于天號嘗參解作筴許諾乃北向錄書於兩楹之間作冊入獻書冊命之作

冊乃內史之異名也錄即籀字春秋左氏傳之卜繇說文解字引作卜籀知左氏古文繇本作籀逸周書之繇書亦當即籀書矣籀書為史之專職昔人作字書者其首句蓋云大史籀書以目下文後人因取首句史籀二字名其篇許書及周秦諸子大抵以首句二字名篇此古代書名之通例字書亦然蒼頡篇首句雖不可考然流沙墜簡卷二第十八簡上有漢人學書字中有蒼頡作三字疑是蒼頡篇首句中語故學書者書之其全句當云蒼頡作書句法正彷大史籀書爰歷博學凡將諸篇當亦以首二字名篇今急就篇尚存可證也大史籀書猶言大史讀書太史公自序言紬石室金匱之書猶用此語劉班諸氏不審乃以史籀為著此書之人其官為大史其生當宣王之世是亦不足怪李斯作蒼頡其時去漢甚近學士大夫類能言之然俗儒猶以為古帝之所作以蒼頡篇為蒼頡所作毋惑乎以史籀篇為史籀所作矣不知大史籀書乃周世之成語以首句名篇又古書之通例而猥云有大史名籀者作此書此可疑者一也史籀篇時代之疑問也史籀之為人名可疑則其時代亦

愈可疑。史篇文字，就其見於許書者觀之，固有與殷周間古文同者，然其作法大抵左右均一，稍涉繁複，象形象事之意少，而規旋矩折之意多，推其體勢，實上承石鼓文，下啟秦刻石，與篆文極近。至其文字出於說文者，纔二百二十餘，然班固謂蒼頡爰歷博學三篇文字多取諸史籀篇，許慎謂其皆取史籀大篆，或頗省改，或之者疑之，頗之者少之也。史籀十五篇文成數千，而說文僅出二百二十餘字，其不出者必與篆文同者也。考戰國時秦之文字，如傳世秦大良造鞅銅量，乃孝公十六年作，其文字全同篆文，大良造鞅戟亦然，新郪虎符作於秦并天下以前，其符凡四十字，而同於篆文者三十六字，詛楚文摹本文字亦多同篆文，而䅬𣪠𠫭𠟭𢡱五字則同籀文，篆文固多出於籀文，則李斯以前，秦之文字，謂之用篆文可也，謂之用籀文亦可也。則史籀篇文字，秦之文字，即周秦間西土之文字也。至許書所出古文即孔子壁中書其體與籀文篆文頗不相近六國遺器亦然壁中古文者周秦間東土之文字也然則史籀一書殆出宗周文勝之後春秋戰國之間秦人作之以教學童而不行於東方諸國故齊魯間文字作法體勢與之殊異諸儒著書口說亦未有及之者惟秦人作字書乃獨取其文字用其體例是史篇獨行於秦之一證若謂其字頗或同於殷周古文當為古書則篆文之同於殷周古文者亦多矣且秦處宗周故地其文字自當多仍周舊未可因此遽定為宗周之書此可疑者二也其可得而斷定者又有三事一籀文非書體之名世莫不以古籀篆為三體謂籀文變古文篆文又變籀文不知自其變者觀之則文字殆無往而不變故有一卷之書而前後異文一人之作而器蓋殊字自其不變者而觀之則文字之形與勢皆以漸變凡既有文字之國未有能以一人之力創造一體者許君謂

史籀大篆與古文或異則固有不異者且所謂異者亦由後人觀之在作書時亦衹用當世通行之字有所取舍而無所謂創作及增省也羅叔言參事殷商貞卜文字考謂史籀一篇亦猶蒼頡爰歷凡將急就等篇取當世用字編纂章句以便誦習其識卓矣此可斷定者一也一史篇字數張懷瓘謂籀文凡九千字說文字數與此適合先民謂即取此而釋之近世孫氏星衍序所刊說文解字猶用其說此蓋誤讀說文敘也說文敘引漢尉律諷籀書九千字諷籀即諷讀漢書藝文志所引無籀字可證且蒼頡三篇僅三千五百字加以揚雄訓纂亦僅五千三百四十字不應史籀篇反有九千字此可斷定者二也至史篇文體段氏玉裁據說文所引三事奭下云此燕召公名史篇名醜匋下云史篇讀與缶同姚下云史篇以為姚易也以為亦有說解又疑即王育解說中語然據此三事不能定其即有說解凡此三者亦得由其文義知之句篇中有周旦召醜語便可知

醜爲召公之名。茍假匋爲缶。便可知匋字之讀。茍姚易二字連言。便可知其以姚爲姚易字。不爲女姓矣。若以此三事爲王育說史篇語。則說文引蒼頡訓纂蒼頡故等書。但稱揚雄說杜林說。不稱蒼頡。則其引史篇解說語。亦當如爲禿无諸字下逕稱王育說。不得云史篇。故史篇文體。決非如爾雅說文。而當如秦之蒼頡篇。蒼頡篇據許氏說文序郭氏爾雅注所引。皆四字爲句。又據近日敦煌所出殘簡。又知四字爲句。二句一韻。蒼頡文字既取諸史篇。文體亦當彷之。又觀於其牆二文。知篇中之有複字。雩姚諸字。知用字之多假借。皆與蒼頡篇同。此可斷定者三也。此二疑三斷。關於全書之宏恉。故書以弁其首。世有達者。董而教之。若文字之變化正誤。則散見於各條下。茲不贅云。丙辰二月。

蒼頡篇殘簡跋

此四簡四十一字。羅叔言參事定為蒼頡篇殘簡。其跋語言之詳矣。余謂此并非揚雄班固賈魴書。實李趙胡毋三篇佚文。何以證之。班孟堅謂史游急就皆蒼頡中正字。今此四十一字中。游周章白黃病狂疕災痶貍寸厚廣佽好長十七字並見急就篇。知史游正取諸此。則此為蒼頡五十五章之本文而非訓纂諸篇語。又可知也。他簡（流沙墜簡卷二第八簡）有蒼頡作三字。乃漢人隨筆塗抹者。余以為即蒼頡篇首句。其全句當云蒼頡作書。實用世本語。故此書名蒼頡篇。并前四簡共得全句凡十。昔人於此書。惟知幼子承詔考妣延年二句。今茲所得。乃五倍於古人矣。（顏氏家訓所引四句乃訓纂諸篇語）

校松江本急就篇序

古字書。自史籀蒼頡凡將三書既佚。存者以急就為最古。自顏注行而魏晉以來舊本微。王氏補注出而唐宋舊本亦微。顏監所見有鍾繇皇象衞夫人王羲之所書，崔浩劉芳所注，然宋代存者僅鍾皇索靖三本，宋末王深甯所見則惟皇象碑本而已，明正統初，吉水楊政得葉石林所摹皇象章草本，刊石於松江，又以宋仲溫所摹者補其闕字，明季類帖亦翻刊之，顧三百年來小學家都未之見，乾隆中，內府始以趙子昂章草本及俞紫芝之釋文刊於三希堂法帖，嘉慶初，陽湖孫伯淵得類帖本，刊之岱南閣叢書中，道光中葉，三山陳雪峯復刊松江本，摹寫不工，但具形似而已，光緒中，遵義黎蒓齋星使刊日本舊寫本於古佚叢書，元和江建霞學使亦得鈕非石所錄趙子昂正書本刊於湘中，學者始知顏王二注外，尚有他本，歲在甲寅，上虞羅叔言參事刊行敦煌所出木簡中有漢人隸書急就百餘字，去歲復景印舊拓松江本於吉石庵叢書，予亦得新拓本，己未秋，復見日本遣唐僧空海臨晉人草書本，於是所見急就遂踰十本，綜此十本實分三類。明季類帖與三山陳氏本同出松江石本。岱南閣本雖號出索靖。然孫氏所舉存字之數。正與明刊葉本合。趙氏真草二本存字較多。然亦與葉本同源。惟顏本及宋太宗本空海本與葉本大異。即三本亦自相異。嘗細考之。則葉本實出皇象。宋太宗本出於鍾繇。空海本出於衛夫人或王羲之。而顏本則兼綜諸本者也。葉跋稱急就二千二十三字。摹張鄧公家本相傳為吳皇象書。今考其章數文字。均與王氏所引皇象碑本合。是葉本出皇。殆屬可信。宋太宗本雖不著所出。然王氏引太宗實錄云。先是垂拱二年前下詔求先賢墨跡。有以鍾繇書急就章為獻。字多踳駁。上親草書一本。仍刻石分賜近臣云云。是太宗所書本出元常。特易其踳駁之字耳。其本比皇象本多第七第廿三第廿四三章。末二章王深甯定為後漢人作。別出於後。今檢其中有飲馬漳鄴及清河遼東濱西上平岡二語。乃紀魏武平冀州破烏桓事當作於建安十二年之後末又云漢土興隆中國康則又在魏代漢之前此二章足證其出於繇書蓋即繇所續也空海臨本首章馮漢彊作馮晉彊為崔浩改漢彊為代彊之所本而有齊國給獻以下二章與宋太宗本同蓋亦出於鍾元常而為晉人所書者顏監所稱衛夫人王羲之本必居其一矣顏注自序稱舊得皇象鍾繇衛夫人王羲之等篇本備加詳覈足以審定凡三十二章究其真實云云是顏氏徧校諸家定著三十二章章之首不冠以第一第二等字从晉人本其與第卅三卅四兩章蓋从皇本而增第七章則从鍾本然此章有續增紀遺失餘二句明謂此章遺失而自續增之蓋亦出後漢人手敦煌所出残簡銅鍾鼎鈃鋗匜銚章上署第十二與皇本章次正同知史游原本固無此章也就此三本互勘則顏本章數與文字胥居鍾皇二本閒（顏本異於皇本者一百六十六字宋太宗本異於皇本者至二百六十七字）知顏氏

詳覈諸本之說不誣。要其所歸。與鍾本爲近。故以章論。皇本尚存先漢之舊。鍾顧則有竄入之章。以文字言。則皇本屢經傳摹。自不能無譌。鍾顧二本亦有改字之失。各有優劣。不能偏廢也。敦煌漢簡不過百餘字。皇本在今日猶爲足本中之最古者。茲以葉摹皇本爲主。合諸本以校之。并畧定其得失。雖不敢視爲定本。庶幾有所折衷焉。戊午秋九月。

觀堂集林卷第六　藝林六

海甯　王國維

釋史

說文解字史記事者也从又持中中正也其字古文篆文並作史从中秦泰山刻石御史大夫之史說文大小篆二本皆如此作　案古文中正之字作中中中中諸形而伯仲之仲作中無作中者唯篆文始作中且中正無形之物德非可手持然則史所从之中果何物乎吳氏大澂曰史象手執簡形然中與簡形殊不類江氏永周禮疑義舉要云凡官府簿書謂之中故諸官言治中受中小司寇斷庶民獄訟之中皆謂簿書猶今之案卷也此中字之本義故掌文書者謂之史其字从又从中又者右手以手持簿書也吏字事字皆有中字天有司中星後世有治中之官皆取此義江氏以中為簿書較吳

亦以中為簡者得之。簡者一想中者制不完簡顧簿書何以云中。亦不能得其說。
案周禮大史職。凡射事飾中舍筭。大射儀司射命釋獲者設中。
大史釋獲。小臣師執中先首坐設之。東面退。大史實八筭于中。
橫委其餘于中西。又釋獲者坐取中之八筭。改實八筭。興執而
俟。乃射。若中。則釋獲者每一个釋一筭。上射于右。下射于左。若
有餘筭。則反委之。又取中之八筭。改實八筭于中。興執而俟云
云。此即大史職所云飾中舍筭之事。是中者。盛筭之器也。中之
制度。鄉射記云。鹿中。髹。前足跪。鑿背容八筭。釋獲者奉之先首。
又云。君國中射則皮樹中。於郊則閭中。於竟則虎中。大夫兕中。
士鹿中。是周時中制皆作獸形。有首有足。鑿背容八筭。亦與中
字形不類。余疑中作獸形者。乃周末彌文之制。其初當如中形。
而於中之上橫鑿空以立筭。達於下橫。其中央一直。乃所以持
之。且可建之於他器者也。考古者簡與筭為一物。古之簡策最

長者二尺四寸。其次二分取一。為一尺二寸。其次三分取一。為八寸。其次四分取一。為六寸。（詳見余簡牘檢署考）筭之制亦有一尺二寸與六寸二種。射時所釋之筭長尺二寸。投壺筭長尺有二寸。鄉射記箭籌八十。長尺有握。握素。注。箭篠也。籌筭也。握本所持處也。素謂刊之也。刊本一膚。賈疏云。長尺復云有握。則握在一尺之外。則此籌尺四寸矣。云刊本一膚者。公羊傳僖三十一年。膚寸而合。何休云。側手為膚。又投壺室中五扶。注云。鋪四指曰扶。（案文選應休璉與從弟君苗君胄書注引尚書大傳曰扶寸而合不崇朝而雨天下鄭玄曰四指為扶是扶膚一字）一指案寸。皆謂布四指。一指一寸。四指則四寸。引之者。證握膚為一。謂刊四寸也。所紀筭之長短與投壺不同。疑鄉射記以周八寸尺言。故為尺四寸。投壺以周十寸尺言。故為尺有二寸。猶鹽鐵論言二尺四寸之律。而史記酷吏傳言三尺法。漢書朱博傳言三尺律令。皆由於八寸尺與十寸尺之不同。其實一也。計歷數之算則長六寸。漢書律歷志筭法用竹徑一分長六寸。說文解字。筭長六寸。計歷數者尺二寸與六寸。皆與簡策同制。故古筭筴二字往往互相。既夕禮。主人之史請讀賵。執筭從柩東。注。古文筭皆作筴。老子。善計者不用籌策。意謂不用籌筭也。史記五帝本紀。迎日推筴。集解引晉灼曰。筴數也。迎數之也。案筴無數義。惟說文解字云。筭數也。則晉灼時本當作迎日推筭。又假筭爲算也。漢蕩陰令張遷碑。八月筴民。案後漢書皇后紀。漢法常以八月算人。是八月筴民即八月算民。亦以筴爲算。是古筭筴同物之證也。射時舍筭。既爲史事。而他事用筭者。亦史之所掌。周禮馮相氏保章氏皆大史屬官月令乃命大史守典奉法司天日月星辰之行是計曆數者大史之事也又古者[illegible]所以[illegible]解[illegible]之[illegible]中[illegible]士[illegible]人執筴又周秦諸書多古[illegible]一字而古[illegible]史[illegible]筭與簡策本是一物。又皆爲史之所執。則威筭之中。蓋亦用以威簡。簡之多者。自當編之爲篇。若數在十簡左右者。威之於中。其用較便。逸周書嘗麥解。宰乃承王中。升自客階。作筴。執筴從中。宰坐尊中于大正

之前是中筭二物相將其為盛筭之器無疑故當時簿書亦謂
之中周禮天府凡官府鄉州及都鄙之治中受而藏之小司寇
以三刺斷民獄訟之中又登中於天府鄉士遂士方士獄訟成
士師受中楚語左執鬼中蓋均謂此物也然則史字从又持中
義為持書之人與尹之从又持丨（象筆形）者同意矣
然則謂中為盛筭之器史之義不取諸持筭而取諸持筴亦有
說乎曰有持筭為史事者正由持筴為史事故也古者書筴皆
史掌之書金縢史乃冊祝洛誥王命作冊逸祝冊又作冊逸誥
顧命大史秉書由賓階隮御王冊命周禮大史掌建邦之六典
掌灋掌則凡邦國都鄙及萬民之有約劑者藏之以貳六官六
官之所登大祭祀戒及宿之日與羣執事讀禮書而協事祭之
日執書以次位常大會同朝覲以書協禮事及將幣之日執書
以詔王大師抱天時與大師同車大遷國抱灋以前大喪執灋

以涖勸防遣之日讀誄小史掌邦國之志奠繫世辨昭穆若有事則詔王之忌諱大祭讀禮法史以書辨昭穆之俎簋卿大夫令之貳以考政事以逆會計凡命諸侯及公卿大夫則冊命之凡四方之事書內史讀之王制祿則贊為之以方出之內史掌書王命遂貳之外史掌書外令掌四方之志掌三皇五帝之書掌達書名于四方若以書使于四方則書其令御史掌贊書女史掌書內令聘禮夕幣史讀書展幣又誓于其竟史讀書覲禮諸公奉篋服加命書于其上升自西階東面大史是右侯氏升西面立大史述命（注讀王命書也）既夕禮主人之史請讀賵又公史自西方東面讀遣卒命曲禮史載筆王制大史典禮執簡記奉諱惡玉藻動則左史書之言則右史書之祭統史由君右執策命之毛詩靜女傳古者后夫人必有女史彤管之法史不記過其罪

殺之又周六官之屬掌文書者亦皆謂之史則史之職專以藏書讀書作書爲事其字所从之中自當爲盛筴之器此得由其職掌證之也

史爲掌書之官自古爲要職殷商以前其官之尊卑雖不可知然大小官名及職事之名多由史出則史之位尊地要可知矣說文解字事職也从史㞢省聲又吏治人者也从一从史史亦聲然殷人卜辭皆以史爲事是尚無事字周初之器如毛公鼎番生敦二器卿事作事大史作史始别爲二字然毛公鼎之事作𤔲小子師敦之卿事作𤔲師寰敦之嗇事作𤔲从中上有斿又持之亦史之繁文或省作𤔲皆所以微與史之本字相别其實猶是一字也古之官名多由史出殷周閒王室執政之官經傳作卿士（書牧誓是以爲大夫卿士洪範謀及卿士又卿士惟月顧命卿士邦君詩商頌降予卿士是殷周閒已有卿士之稱）而毛公鼎小子師敦番生敦作卿事殷虛卜辭作卿史（殷虛書契前編卷二第二十三葉又卷四第二十一葉）是卿士本名史

也。又天子諸侯之執政通稱御事。書牧誓「我友邦冢君御事」，大誥「大誥猷爾多邦越爾御事」，又「肆予告我友邦君越尹氏庶士御事」，酒誥「厥誥毖庶邦庶士越少正御事」，又「我西土棐徂邦君御事小子」，梓材「王其效邦君越御事」，召誥「誥告庶殷越自乃御事」，又「王先服殷御事，比介于我有周御事」，洛誥「予旦以多子越御事」，文侯之命「即我御事罔或耆壽俊在厥服」，多以邦君御事並稱，蓋謂諸侯之執政者也。而殷虛卜辭則稱御史。殷虛書契前編卷四第二十八葉 是御事亦名史也。又古之六卿，書甘誓謂之六事。司徒、司馬、司空，詩小雅謂之三事，又謂之三有事。春秋左氏傳謂之三吏。此皆大官之稱事若吏即稱史者也。書酒誥「有正有事」，又「茲乃允惟王正事之臣」，立政「立政立事」。正與事對文，長官謂之正，若政；庶官謂之事。此庶官之稱事即稱史者也。史之本義為持書之人，引申而為大官及庶官之稱，又引申而為職事之稱。其後三者各需專字，於是史、吏、事三字於小篆中截然有別：持書者謂之史，治人者謂之吏，職事謂之事。此蓋出於秦漢之際，而詩書之文尚不甚區別，由上文所徵引者知之矣。

殷以前史之尊卑雖不可考，然卿事、御事均以史名，則史官之秩亦畧可知。曲禮，天子建天官，先六大，曰大宰大宗大史大祝大士大卜，典司六典。注，此蓋殷時制。大史與大宰同掌天官，固當在卿位矣。左傳桓十七年，天子有日官，諸侯有日御，日官居卿以底日，以日官爲卿，或亦殷制。周則據春官序官，大史下大夫二人，上士四人，小史中士八人，下士十有六人，內史中大夫一人，下大夫二人，上士四人，中士八人，下士十有六人，外史上士四人，中士八人，下士十有六人，御史中士八人，下士十有六人，其中官以大史爲長。鄭注大史史官之長。然於書酒誥以大史友內史友大艱，禮記□注爲云大史內史左右手也，以大史內史爲左右手，不相統屬，且內史官在大史上，尤不得爲大史之屬。然毛公鼎云御事寮大史寮，番生敦云御事大史寮，不言內史寮者，以內史寮之則大史內史爲二寮，合言之則爲大史一寮。又周官之長，不問官之尊卑，如鄉老以公、鄉大夫以卿，而爲大司徒之屬，世婦以卿而爲大宗伯之屬，是則內史爲大史之屬亦不妨也。秩以內史爲尊，內史之官雖在卿下，然其職之機要，除冢宰外，實爲他卿所不及。自詩書彝器觀之，內史實執政之一人，其職與後漢以後之尚書令，唐宋之中書舍人、翰林學士，明之大學士相當，蓋樞要之任也。此官，周初謂之作册，其長謂之尹氏尹字从又持丨象筆形說文所載尹之古文作𥫗雖傳寫譌舛未可盡信然其下猶為聿形可互證也持中為史持筆為尹作册之名亦與此意相會試詳證之書洛誥王命作册逸祝册又作册逸告作册二字偽孔傳以王為册書釋之顧命命作册度傳亦以命史為册書法度釋之孫氏詒讓周官正義始云尹逸蓋為内史以其所掌職事言之謂之作册（古籀拾遺卷下頌敦器銘）始以作册為内史之異名余以古書及古器證之孫說是也案書畢命序康王命作册畢分居里成周郊作畢命（史記周本紀作康王命作册畢公蓋不知作册為官名畢為人名而以畢公當之）（偽古文畢命之所本）漢書律歷志引逸畢命豐刑曰王命作册豐刑逸周書嘗麥解亦有作筴此皆作册一官之見於古書者其見於古器者則癸亥父己鼎云王賞作册豐貝睘卣云王姜命作册睘安夷伯吳尊蓋云宰朏右作册吳入門皆以作册二字冠於人名上與書同例而吳尊蓋之作册吳虎敦牧敦皆作内史吳是作册

即內史之明證也。亦稱作册內史。師艅敦王呼作册內史册命師艅。允盉王在周命作册內史錫允卣□□。亦稱作命內史。剌鼎王呼作命內史册命剌是也。內史之長曰內史尹。亦曰作册尹。師兌敦王呼內史尹册命師兌。師晨鼎王呼作册尹册命師晨。克敦王受作册尹者（敍爲諸字）俾册命克是也。亦單稱尹氏。詩大雅王謂尹氏命程伯休父。頌鼎、寰盤尹氏受王命書。克鼎王呼尹氏册命克。師𠭯敦王呼尹氏册命師𠭯是也。或稱命尹。（古命令同字，命尹即令尹，楚之正卿令尹之名蓋出於此）伊敦王呼命尹封册命伊是也。作册、尹氏皆周禮內史之職。而尹氏為其長。其職在書王命與制祿命官。與大師同秉國政。故詩小雅曰。赫赫師尹。民具爾瞻。又曰。赫赫師尹。不平謂何。又曰。尹氏大師。維周之氐。秉國之鈞。詩人不欲斥王。故呼二執政者而告之。師與尹乃二官。與洪範之師尹惟日、魯語百官之政事師尹同。非謂一人而師其官尹其氏也。書大誥肆予告我友邦君越尹氏庶士御事。多方。誥爾四國多方。越爾殷侯尹民。民當為氏字之誤也。尹氏在邦君殷侯之次。乃侯國之正卿。殷周之間已有此語。說詩者乃以詩之尹氏為大師之氏。以春秋之尹氏當之。不亦過乎。且春秋之尹氏亦世掌其官。因以為氏耳。然則尹氏之號。本於內史。書之庶尹百尹。蓋推內史之名以名之。與卿事御事之推史之名以名之者同。然則前古官名多從史出。可以覘古時史之地位矣。

釋由上

說文从由之字二十有餘。而獨無由字。自李少溫以後。說之者近十家。顧皆不足厭人意。甚或有可閔笑者。余讀敦煌所出漢人書急就殘簡。而知說文甶字即由字也。急就第二章由廣國。（顏本宋太宗本趙文敏真草二本字作由唯葉石林本作田）漢簡由作甶。其三直皆上出。與說文甶字正同。今案說文甶字注曰。東楚名缶曰甾。象形。凡甾之屬皆从甾。原本玉篇引說文舊音。音側字反。大徐音側詞切。皆甾之音。則以甾甾為一字。自六朝已來然矣。然甾甾決非一字。甾為艸部葘字重文。从田巛聲。故讀側字反或側詞反。若甾之與甾。於今隸形雖相似。其音義又有何涉乎。考此字古文本作甶。篆文亦或如之。其變而為隸書也。乃屈曲其三直。遂成甾字。後人不知其為古文甶字之變。以其形似甾。遂以甾之音讀之。實則此音毫無根據也。然則甶之為由。亦有證乎。曰。有。說文甹字注云。从丂从由。番生敦蓋有此字。作甹。毛公鼎加口作㽕。卜辭有甹字。（殷虛書契後編卷上第十四葉）爵文有甹字。皆从甹若甹。是篆文从由作者。古文从甶作。是甶由為一之證一也。盧字。說文从㿝。㿝又从甶。而盧氏涅金之盧作盧。盧氏幣作盧。是篆文从甶之字。晚周古文亦从由作。是甶由為一之證二也。又盧字篆文从甶。晚周古文从由。更溯之春秋以前之古文。則乃从甶作。取盧子商盤盧作盧。弘尊有卣字作𡕾从酋卣鼎之卣字从酋鄭侯敦之鄭字从酋其所从之卣皆从卣作卣者古文卣字也卣字古文作卣鼎卣作卣（毛公鼎）作卣（伯卣鼎）作卣（大簋）石鼓文迺字亦作卣而殷虛卜辭䚃邑之卣則作卣（殷虛書契前編卷一百十八葉）作卣（同上卷六第四十一葉卷二十五葉）知卣所从之乚乚即𠙴之省又知說文卣䑑二字一从由一从盅即卣與𠙴之變體一字而繁簡異也卣為尊彝惟缶亦然許君云東楚名缶曰甾與卣同音蓋猶三代遺語也本義既爾假借之義亦然釋詁由自也而卣亦訓自新序雜事篇國君驕士曰君非我無卣富貴士驕君曰國非士無卣安強君臣不合國是無卣定矣此三卣字義皆與由同廣雅由用也而古書卣迪二字亦皆訓用經傳卣多作攸爾雅攸所也迪道也漢人釋經多本此訓近高郵王氏經義述聞與經傳釋詞始歷舉詩書以明攸迪二字古皆訓用其論篤矣余意卣迪本是一字古卣由同

音同義，故卣或从由作卣，轉譌爲迪，亦猶卣之譌爲逌也。書多方「不克終日勸于帝之迪」，迪，馬融本作攸，是逌、迪一字之證。然則卣、由二字其音同，其義同，其引申假借之義亦無不同。卣之變化，當爲由，不當爲甾，是甴、由爲一之證三也。更以聲音證之，由、缶二字本同部，故東楚名缶爲由。方言五：「䍃，罌也。淮汝之間謂之䍃。」䍃，郭璞音由，曹憲廣雅音同。淮汝之間地隣東楚，史記貨殖列傳以淮北沛陳汝南南郡爲西楚，彭城以東東海吳廣陵爲東楚。然項羽都彭城，其分地亦半在東楚，而稱西楚霸王，是東西楚之稱漢人本無定界也。恐許君所云「東楚名缶曰由」，即本方言爲說。蓋由、䍃古今字，楊子雲用今字，許用古字耳。許於缶部亦出䍃字，云「瓦器也」。許書同音同義之字分見二部者甚多，此亦其一也。以形言之則如彼，以音言之則如此，由之爲由，更無他疑。況漢人所書由字正如此，足以解千載之惑乎？

釋由下

戊午秋，余作釋由一篇，論說文由字即由字，由冬徂春，復得五證焉。上虞羅氏所藏漢鉩印。有甴罷軍印。考古今姓氏書無甾姓。而急就篇姓名有由廣國。廣韻由字注亦云又姓。史記有由余。是甴罷軍即由罷軍。其證一。涇陽端氏藏漢元始四年銅鈁主吏姓名。有守令史甴。考古人多名由。罕名甾。是守令史甴即守令史由。其證二。玉篇原本用部末有甴字。作由。注云。餘同反（乃餘同反之譌）又云。說文以由從為詧字。在言部。今為甴字。（當云說文以由從為繇字在系部繇訛為言又訛為詧爲言者因改系部為言部耳）說文以甴東楚謂缶也。音側字反。在甴部。（二甴並當作由）案顧氏此注。則由甴二字形本無別。不過因說文甴字之訓及其舊音與由字迥異。又由與繇分置二部。故著其事。然其所以收由字於用部末者。正以其字作由。為今隸用字之倒書。如說文附下字於上部末。附丑字於止部末。丑字於正部末之例。玉篇全書皆用此例也。然則顧書甴字本當作由。今傳世古寫本作甴。尚存由字遺意。其證三。詩齊風。衡從其畝。釋文引韓詩從作由。云

南北耕曰由。今本釋文並為由字。然宋本附釋音毛詩注疏所
載釋文並為甾字。甾者。由之譌也。其證四。李陽冰云。由即缶字。
夢瑛書說文部目。亦釋甾為由。當本六朝舊說。其證五。得此五
證。知六朝以前音說文者。雖音甾為菑。然由之字形尚未全失。
雖微古文字學及漢人手書。亦足以定此說矣。癸亥維陽新出魏三字石經尚書君奭殘石迪字兩見其篆文皆作𢓊於前五證外又得一佳證

釋辥上

彝器多見辥字。毛公鼎云。𩁹辥厥辟。又云辥我邦我家。克鼎云
辥王家。又云保辥周邦。宗婦敦云保辥鄦國。晉邦盦云保辥王
國。其字或作辥。或作辥。余謂此經典中乂艾之本字也。釋詁。乂。
治也。艾。相也。養也。說文。⿱辟乂。治也。从辟乂聲。虞書曰。有能俾⿱辟乂。是
經典乂字。壁中古文作⿱辟乂。此⿱辟乂字蓋辥字之譌。初以形近譌為
辟。後人因辟讀與辥讀不同。故又加乂以為聲。經典作乂作艾。

亦辥之假借。書君奭之用乂厥辟，即毛公鼎之𢆶辥厥辟也。康誥之用保乂民，多士君奭之保乂有殷，康王之誥之保乂王家，詩小雅之保艾爾後，即克鼎宗婦敦晉邦𥂴之保辥也。辥厥辟之辥用相義，保辥之辥兼相養二義，皆由治義引申，其本義當訓為治。殷虛卜辭有𨑳字（殷虛書契前編卷六第四第十一葉），其字从𠂤从䇂（即說文辛字），與辟字从人从䇂同意（古文辟字皆从人从䇂，凡篆文从口之字，古文亦皆从人）。𠂤者，眾也。金文或加从止，蓋謂人有辛，𠂤以止之，故訓為治。或變止為中，與小篆同。中者止之譌，猶𢍏字盂鼎作𥂴从三止，克鼎及石鼓文均變而从三中矣。說文不知𨑳為辥之譌字，以辥之本義系於𨑳下，復訓辥為辠，則又誤以辛之本誼為辥之本義矣。

釋辥下

說文辥字在辛部，从辛𠂤。然古文皆从䇂，或从𢆉。𢆉𢆉𢆉皆說文辛之初字也。說文辛辛分為二部，辛部云：「辛，辠也。从干二。二，古文上字。又辛部辛从一辛。辛辠也。羅參事（振玉）殷虛書契考釋云。說文分辛辛為二部。卜辭只有辛字。凡十干之辛皆作辛。古金文始有作辛者。其實本一字。許君以童妾二字隸辛部。而辛部諸字若辠辜以下。無一不含辛誼。不當分為二部明矣。案參事謂辛部辠辜以下諸字皆當入辛部。其說甚確。惟謂辛辛一字則頗不然。余謂十干之辛自為一字。其字古文作平作辛或作䇂。訓辠之辛又自為一字。其字古作平作辛作辛作䇂。此二字之分。不在橫畫多寡。而在縱畫之曲直。何以證之。凡古文辛辟辭辥章諸字。其義與辛字相關者。皆从辛或辛。其中直皆折而左。無一从平若作辛者。[illegible] 又殷虛卜辭有䛐字。[illegible] 即說文䛐字。說文䛐語相訶歫也。从口辛。辛是篆文之辛亦或作䇂。蓋辛䇂一字。卜辭辭字作䛐。亦其一證。兮田盤王命田政䋣成周四方責。（即委積之積）䋣从𤔔辛。即篆文从𤔔辛之辭。

𢽍辭乃政𤔲之假借。知哥乃丂之繁文。亏吁又一字矣。亏字當
从說文吁字讀。讀如蘖。即天作孽之孽之本字。故訓為辠辥字。
从㠯止亏。會意。亦以為聲。凡辛辟辭諸字皆从此字會意。壬說
文所說辛辛辥諸字。皆从後起之篆文立說。故動輒齟齬矣。

釋天

古文天字。本象人形。殷虛卜辭或作吴。盂鼎大豐敦作天。其首
獨巨。案說文。天。顛也。易睽六三。其人天且劓。馬融亦釋天為鑿
顛之刑。是天本謂人顛頂。故象人形。卜辭盂鼎之吴天二字所
以獨墳其首者。正特著其所象之處也。殷虛卜辭及齊侯壺又
作天。則别以一畫記其所象之處。古文字多有如此者。如二二
字。二字之上畫與二字之下畫。皆所以記其位置也。又如本字。
說文注云。木下曰本。从木。一在其下。朱字注云。赤心木。从木。一
在其中。末字注云。木上曰末。从木。一在其上。蓋本末均不能離

木而見。故畫木之全形。而以一識其所象之處。餘如及字之乀亦字之八。皆所以識其所象之處者也。又以古文言之。如帝者。蒂也。不者。柎也。古文或作帝不。但象花萼全形。未為審諦。故多於其首加一作帝不諸形以別之。天字於天上加一。正以識其在人之首。與上諸字同例。此蓋古六書中之指事也。近儒說象形指事之別曰。形謂一物。事賅眾物。其說本於徐楚金。然楚金於指事本無定說。及與本末諸字。楚金均謂之指事。元楊桓諸人尚用其說。蓋此數字正與上下二字同例。許君所謂視而可識察而可見者。惟此類字足以當之。而數目干支等字。今所公認為指事者。許君往往謂之象形。不謂之指事。竊謂楚金此說頗勝於其又一說。今日古文大明。指事之解。恐復將歸於此矣。故天天為象形字。天為指事字。篆文之从一大者為會意字。文字因其作法之不同。而所屬之六書亦異。知此可與言小學矣。

釋昱

殷虛卜辭屢見㽞𣆪屈尸諸字。又或从日作㫚。或从立作𩁹諸體。於卜辭中不下數百見。初不知為何字。後讀小盂鼎見有𩁹字。與㫚嗝二字相似。其文云。粵若𩁹乙亥。與書召誥越若來三月。漢書律歷志引逸武成粵若來二月。文例正同。而王莽傳載太保王舜奏云。公以八月載生魄庚子。奉使朝用書越若翊辛丑。諸生庶民大和會。王舜此奏。全摹倣康誥召誥。則召誥之若翌日乙卯。越翌日戊午。今文尚書殆本作越若翌乙卯越若翌戊午。故舜奏倣之。然則小盂鼎之粵若𩁹乙亥。當釋為粵若翌乙亥無疑也。又其字从日从立。與說文訓明日之昱正同。因悟卜辭中上述諸體皆昱字也。羅叔言參事嘗以此說求之卜辭諸甲子中有此字者。無乎不合。惟卜辭諸昱字雖什九指斥明日。亦有指第三日第四日者。視說文明日之訓稍廣耳。又案此字卜辭或作𦥑者殆其最初之假借字𦥑即巤之初字石鼓文君子員邋字作𨘢从巤說文囟部巤毛巤也象髮在囟上及毛髮巤巤之形𦥑則但象毛髮巤巤之形本一字也古音巤立同聲今立在緝韻巤在葉韻此二部本自相近故借巤為昱後乃加日作㬂為形聲字或更如小盂鼎作𡕴為一形二聲之字或又省日作翋則去形而但存其二聲古固有一字二聲者說文竊字注云禼廿皆聲又𥂖字注云次朿皆聲案石鼓文自有𣢑字則𥂖字自以𣢑為聲而石鼓之𣢑即周禮巾車職之故書𣢑字而鼓文作𣢑其字朿次皆聲正與翋𦐂諸字之立巤皆聲同例也卜辭又有祭祀名曰昱日殆與肜日同為祭之明日又祭之稱與

釋旬

卜辭有𠃌𠣏諸字亦不下數百見案使夷敦云金十鈞賡敖敦

蓋云金十𠣌。考說文鈞之古文作𨥏。是𠣌𠣌即𨥏字。勹即旬字

矣。卜辭又有勹之二日語。見鐵雲藏龜下六葉亦可證勹勹即旬字。余徧搜卜

辭。凡云貞旬亡囚者亦不下數百見。皆以癸日卜。知殷人蓋以

自甲至癸為一旬。而於此旬之末卜下旬之吉凶。云旬亡囚者。

猶易言旬无咎矣。日自甲至癸而一徧。故旬之義引申為徧。釋

詁云。宣旬。徧也。說文訓裹之勹。實即此字。後世不識。乃讀若包。

殊不知勹乃旬之初字。𠣌字从日从勹。亦會意兼形聲也。

釋西

卜辭屢見甶甶諸字。余謂此西字也。說文西字注云。日在西方

而鳥棲。象鳥在巢上。甶甶二形正象鳥巢。王復齋鐘鼎款識有

箕單卣。其文作[古文]。象鳥在巢下而以畢掩取之。又箕單父丙

爵有[古文]字。則省鳥存巢。手執干鼎之[古文]字。則省巢存鳥。可

知甶字實象鳥巢。即巢之古文。似當从甶在木上。而巛則象鳥

形。篆體失之。若說文訓缶之由字。則古作甾。與由字有別矣。

釋物

卜辭云丁酉卜即貞后祖乙古十牛四月。又云貞后祖乙古物四月。（戩壽堂所藏殷虛文字第三葉）又云貞貞十勿牛。（殷虛書契前編卷四第五十四葉）前云古十牛。後云古物。則物亦牛名。其云十勿牛。亦即物牛之省。說文。物。萬物也。牛為大物。天地之數起於牽牛。故从牛。勿聲。案許君說甚迂曲。古者謂雜帛為物。蓋由物本雜色牛之名。後推之以名雜帛。詩小雅曰。三十維物。爾牲則具。傳云。異毛色者三十也。實則三十維物。與三百維羣。九十其犉。句法正同。謂雜色牛三十也。由雜色牛之名。因之以名雜帛。更因以名萬有不齊之庶物。斯文字引申之通例矣。

釋牡

說文。牡。畜父也。从牛土聲。案牡古音在尤部。與土聲遠隔。卜辭壯字皆从丄丄古士字孔子曰推十合一為士丄字正丨[古文十字]一之合矣古音士在之部壯在尤部之尤二部音最相近壯从士聲形聲兼會意也士者男子之稱古多以士女連言壯从士與牝从匕同匕者比也比於壯也

釋𢐀

毛公鼎番生敦均有簟弼魚服語弼字二器皆作𢐀今謂此弼之本字也說文弜彊也从二弓又𢐀輔也重也从弜西聲案說文說此二字皆誤弜者柲之本字既夕禮有柲注柲弓檠弛則縛之於弓裏備損傷詩云竹柲緄縢今文柲作枈案今毛詩作閉柲所以輔弓形略如弓故从二弓其音當讀如𢐀或作柲作枈作閉皆同音假借也弜之本義為弓檠引申之則為輔為重又引申之則為彊許君以弜之第三義系於弜下又以其第二義系於𢐀下胥失之矣𢐀乃弼之本字當如毛公鼎及番生敦

作弼从𠀆弜聲𠀆者古文席字說文席之古文作㕜豐姞敦宿字作𠈇从人在宀下𠀆上人在席上其義為宿是𠀆即席也廣雅釋器㐁席也意謂𠀆席古今字說文㐁一曰竹上皮蓋席以竹皮為之𠀆謂竹上皮為㐁亦其引申之一義矣𠀆象席形自是席字由𠀆而譌為㐁又省為㐁宿弼二字同也弼與席皆以簟為之故弼字从𠀆詩衞風齊風小雅作茀周禮巾車既夕禮作蔽亦同音假借也弼既从𠀆則弜當是聲上所說弜字之義亦於此得其證矣

釋滕

經典滕薛皆作滕从水朕聲上虞羅氏藏滕虎敦其銘曰滕虎敢肇作厥皇考公命中寶尊彝滕字舊釋為然余謂此字从火朕聲即滕薛之滕字也禮記檀弓上滕伯文為孟虎齊衰其叔父也為孟皮齊衰其叔父也然則虎為滕伯文叔父其父本是

滕君此敦云滕虎敢肇作厥考公命中寶尊彝是此敦之滕虎即檀弓之滕孟虎之證亦滕即滕字之證也鄭注檀弓以伯文為殷時滕君今觀此敦文字乃周中葉以後物然則此敦不獨存滕薛之本字亦有裨於經訓矣

釋⿰月辛

歸安吳氏藏一鼎其銘曰⿰月⿱亠亏侯□作父乙鼎又某氏藏一匜其銘曰⿰月⿱亠亏侯作□妊□媵匜其眉壽萬年子子孫孫永寶用⿰月⿱亠亏侯二字舊釋為胥為⿰月辛余謂此薛國之本字也其字所从之亏辛即說文⿱亠亏字其音古讀如辥見上釋此字从月⿱亠亏聲與辥字从屮辥聲同而⿰月⿱亠亏侯匜言⿰月⿱亠亏侯作□妊□媵匜則⿰月⿱亠亏為任姓之國其為滕薛之薛審矣

釋禮

說文示部云禮履也所以事神致福也从示从豊豊亦聲又豊

部豐行禮之器也从豆象形案殷虛卜辭有豐字其文曰癸未卜貞醾豐（殷虛書契後編卷下第八葉）古丰玨同字卜辭玨字作丰丰𦍌三體則豐即豐矣又有𧯛字（書契前編卷六第三十九葉）及䀠字（後編卷下第二十九葉）𧯛䀠又一字卜辭𡆥字（後編卷下第四葉）或作𡆥（鐵云藏龜第一百四十三葉）其證也此二字即小篆豐字所从之𡔷古凵ㅂ一字卜辭出或作𡴀或作𡴁知𡔷可作𧯛䀠矣豐又其繁文此諸字皆象二玉在器之形古者行禮以玉故說文曰豐行禮之器其說古矣惟許君不知丰字即玨字故但以从豆象形解之實則豐从玨在凵中从豆乃會意字而非象形字也盛玉以奉神人之器謂之𡔷若豐推之而奉神人之酒醴亦謂之醴又推之而奉神人之事通謂之禮其初當皆用𡔷若豐二字（卜辭之醾豐醻字从酉則豊當假為酒醴字）其分化為醴禮二字蓋稍後矣

釋觶觛卮䏝腨

徐器二出江西高安縣其一銘曰郚王義楚睪其吉金自作祭

鍴其一曰義楚之祭耑其器皆觶也鍴耑二字張公束大令以為即說文鍴字余謂說文觶觛卮䏝𦢊五字實一字也說文觶鄉飲酒角也受四升其重文作䚺觗二體而漢書高帝紀注引應劭曰卮鄉飲酒禮器也古以角作受四升古卮字作觗其說本於叔重是觶卮為一之證也說文觛小觶也又急就篇顏本蠡斗參升半卮觛皇象本觛作簞蓋假簞為觶是觶觛為一之證也說文卮一名觛又卮觛為一之證䏝𦢊二字亦本一字古書多以耑為專急就篇顏本之蹲踝皇本作踹踝賈誼服鳥賦何足控摶史記文選作摶漢書作揣急就篇皇本顏本之槫檢宋太宗本作椯檢而槫即䏝椯即𦢊尤為䏝𦢊為一之證徐之祭器名鍴若耑而形與觶同又𦢊觶為一之鐵證矣此五字之音又同出一源觶觛䏝𦢊四字於形聲皆在元部𦢊說文讀為棰擊之棰於古音在歌部今在支部觶之重文作觗氏聲今與

觶庖亦皆在支部。支部之音與歌部最近。歌元二部又陰陽對轉。單聲之字。如鄲癉驒鼉等字。古多轉入歌部。蟬字又轉入支部。（漢書地理志樂浪郡粘蟬。孟康音提。）耑聲之字亦然。此五字同聲。亦當為同物。許君因其字不同。乃以形之大小與有耳蓋與否別之。其實一而已矣。

毛公鼎考釋序

三代重器存於今日者。器以盂鼎克鼎為最鉅。文以毛公鼎為最多。此三器皆出道光咸豐間。而毛公鼎首歸濰縣陳氏。其打本摹本亦最先出。一時學者競相考訂。嘉興徐壽臧明經（同柏）。海豐吳子苾閣學（式芬）。瑞安孫仲頌比部（詒讓）。吳縣吳清卿中丞（大澂）。先後有作。明經首釋是器。有鑿空之功。閣學矜慎。比部閎通。中丞於古文字尤有縣解。於是此器文字可讀者十且八九。顧自周初訖今垂三千年。其訖秦漢亦且千年。此千年中文字之變化脈絡。不盡可尋。故古器文字有不可盡識者。勢也。古代文字假借至多。自周至漢音亦屢變。假借之字不能一一求其本字。故古器文義有不可强通者亦勢也。自來釋古器者。欲求無一字之不識。無一義之不通。而穿鑿附會之說以生。穿鑿附會者非也。謂其字之不可識義之不可通而遂置之者亦非也。文無古今。未有不文從字順者。今日通行文字。人人能讀之能解之。詩書彝器亦古之通行文字。今日所以難讀者。由今人之知古代不如知現代之深故也。苟考之史事與制度文物以知其時代之情狀。本之詩書以求其文之義例。考之古音以通其義之假借。參之彝器以驗其文字之變化。由此而之彼。即甲以推乙。則於字之不可釋義之不可通者。必間有獲焉。然後闕其不可知者以俟後之君子。則庶乎其近之矣。孫吳諸家之釋此器亦大都本此方法。惟用之有疏密。故得失亦準之。今為此釋。於前人之是者證之。未備者補之。其有所疑。則姑闕焉。雖於諸家外所

得無多。然可知古代文字自有其可識者與可通者。亦有其不可識與不可强通者。而非如世俗之所云云也。丙辰四月

宋代金文著錄表序

古器之出。蓋無代而蔑有。隋唐以前。其出於郡國山川者。雖頗見於史。然以識之者寡。而記之者復不詳。故其文之略存於今者。惟美陽仲山父二鼎與秦權莽量而已。趙宋以後。古器愈出。祕閣太常既多藏器。士大夫如劉原父歐陽永叔輩。亦復蒐羅古器。徵求墨本。復有楊南仲輩為之考釋。古文之學。勃焉中興。伯時與叔復圖而釋之。政宣之間。流風益煽。籀史所載著錄金文之書至三十餘家。南渡後諸家之書猶多不與焉。可謂盛矣。今就諸書之存者論之。其別有三。與叔考古之圖。宣和博古之錄。既寫其形。復摹其款。此一類也。嘯堂集錄。薛氏法帖。但以錄文為主。不以圖譜為名。此二類也。歐趙金石之目。才甫古器之

評長睿東觀之論彥遠廣川之跋雖無關圖譜而頗存名目此三類也國朝乾嘉以後古文之學復興輒鄙薄宋人之書以為不屑道竊謂考古博古二圖摹寫形制考訂名物用力頗鉅所得亦多乃至出土之地藏器之家苟有所知無不畢記後世著錄家當奉為準則至於考釋文字宋人亦有鑿空之功國朝阮吳諸家不能出其範圍若其穿鑿紕繆誠若有可譏者然亦國朝諸老之所不能免也今錯綜諸書列為一表器以類聚名從主人具有異同分條於下諸書所錄古器有文字者胥具於是惟博古所圖錢鏡嘯堂所集古印較近世所出厥數甚尠姑闕焉以供省覽之便云爾至於釐訂名稱是正文字則非此表之所有事矣甲寅五月

國朝金文著錄表序

古器物及古文字之學一盛於宋而中衰於元明我朝開國百

年之間海內承平文化溥洽乾隆初始命儒臣錄內府藏器放宣和博古圖為西清古鑑海內士夫聞風承流相與購致古器蒐集拓本其集諸家器為專書者則始於阮文達之集古齋鐘鼎彝器款識而莫富於吳子苾閣學之攈古錄金文其著錄一家藏器者則始於錢獻之別駕之十六長樂堂古器款識而訖於端忠敏之陶齋吉金錄著錄之器殆四倍於宋人焉數十年來古器滋出其新出土者與以前散在人間未經著錄者又略得著錄者之半光緒間宗室伯羲祭酒廣蒐墨本擬續阮吳諸家之書時鬱華閣金文拓本之富號海內第一然僅排比拓本未及成書也稍後羅叔言參事亦從事於此其所蒐集者又較祭酒為多辛亥國變後祭酒遺書散出所謂鬱華閣金文者亦歸於參事合兩家之藏其富過於阮吳諸家遠甚汰其重複猶得二千通可謂盛矣國維東渡後時從參事問古文字之學因

得盡閱所藏拓本參事屬分別其已著錄者與未著錄者將以次編類印行又屬通諸家之書列為一表自甲寅孟夏訖於仲秋經涉五月乃始畢事書成都六卷長夏酷暑墨本堆案或一器而數名或一文而數器其間比勘一器往往檢書至十餘種閱拓本至若干册窮日之力不過盡數十器而已既具稿復質之參事畧加檢定然著錄之器既以千計拓本之數亦復準之文字同異不過豪釐之間摹拓先後又有工拙之別雖再三覆勘期於無誤然複重遺漏固自不免庶竢古君子董而敎之甲寅八月

桐鄉徐氏印譜序

自許叔重序說文以刻符摹印署書殳書與大小篆蟲書隸書並為秦之八體於是後世頗疑秦時刻符摹印等各自為體並大小篆蟲書隸書而八然大篆小篆蟲書隸書者以言乎其體

也。刻符摹印署書殳書者。以言乎其用也。秦之署書不可攷。而新郪陽陵二虎符。字在大小篆之間。相邦呂不韋戈與秦公私諸璽。文字皆同小篆。知刻符摹印殳書皆以其用言而不以其體言。猶周官太師之六詩。賦比興與風雅頌相錯綜。保氏之六書。指事象形諸字。皆足以供轉注假借之用者也。秦書如是。秦以前書亦何獨不然。三代文字。殷商有甲骨及彝器。宗周及春秋諸國並有彝器傳世。獨戰國以後。彝器傳世者。唯有田齊二敦一簠及大梁上官諸鼎。寥寥不過數器。幸而任器之流傳。乃比殷周為富。近世所出。如六國兵器。數幾踰百。其餘若貨幣若璽印。若陶器。其數乃以千計。而魏石經及說文解字所出之壁中古文。亦為當時齊魯間書。此數種文字皆自相似。然並譌別簡率。上不合殷周古文。下不合小篆。不能以六書求之。而同時秦之文字則頗與之異。傳世秦器作於此時者。若大良造鞅銅量（秦孝公十八年作）若大良造鞅戟若新郪虎符（秦昭王五十四年以後所作）若相邦呂不韋戈（秦始皇五年作）石刻若詛楚文（宋王厚之考爲秦惠王後十二年作）皆秦未并天下時所作其文字之什九與篆文同其什一與籀文同其去殷周古文較之六國文字爲近余曩作史籀篇疏證序謂戰國時秦用籀文六國用古文即以此也世人見六國文字上與殷周古文中與秦文下與小篆不合遂疑近世所出兵器陶器璽印貨幣諸文字並自爲一體與六國通行文字不同又疑魏石經說文所出之壁中古文爲漢人僞作此則惑之甚者也夫兵器陶器璽印貨幣當時通行之器也壁中書者當時儒家通行之書也通行之器與通行之書固當以通行文字書之且同時所作大梁上官諸鼎字體亦復如是而此外更不見有他體舍是數者而別求六國之通行文字多見其紛紛也況秦之刻符摹印及書並用通行文字則何獨於六國而疑之其上不合殷周古文下不合秦篆

者時不同也中不合秦文者地不同也其訛别草率亦如北朝文字上與魏晉下與隋唐中與江左不同其中璽印陶器可比北朝碑碣兵器貨幣則幾與魏齊小銅造象之鑿款矣若是者謂其書體之訛别也可謂其非當時通行文字則不可若謂之為僞則尤不可也余謂欲治壁中古文不當繩以殷周古文而當於同時之兵器陶器璽印貨幣求之惜此數種文字世尚未有專攻之者以余之不敏又所見實物譜錄至為狹陋然就所見者言之已足知此四種文字自為一系又與昔人所傳之壁中書為一系姑以壁中古文之同於四者言之如石經古文弗作𢎘今上虞羅氏所藏斷劍有鍨銻字正从𢎘朝作𣶃而陳侯因資敦齊威王作及子朝命鉩之朝字正並作𣶃游作𨒪古鉩有𡦂游鉩正作𨒪迷作𣞤亡棄鉩正作𣞤上作上而上明上敬上信諸鉩正作上下作下而下宮矛正作下信作𧥳而辟夫夫信節作

諸古鉨亦作鈢𨥂諸體。又左司徒信鉨作昕，王𠭯信鉨作㐰，則與說文信之古文㐰字相近。（信之一本从言人聲。千字亦人聲，故亦得从千聲。）又𡨦作㣛，與十三年上官鼎同；陳作陴，與田齊諸器及楚陳爰鉼金同；公作㕣，與古鉨及陶器同；秦作𥟵，與秦𨶌鉨及𤈦秦鉨同；宰作𡧊，與宰公鉨同；下作丅，與丅眉鉨同。又說文正之古文作𤴓，剛之古文作𠇍，豆之古文作𣅀，續之古文作賡，五之古文作乂，並與陶文同。又如事之作叓，侯之作㑃，時之作旹，明之作朙，容之作㝐，兵之作𢦔，恆之作亙，封之作𡋤，禹之作𠃎，並與鉨文同；而自作𦣹，𩐁作𩐁，則陶文與鉨文並同。又量作𨤲，見於大梁鼎；戶作𢨩，見於吳縣潘氏所藏六國不知名銅器。其小異大同者，如說文古文中作𠁩，而鉨文作𠁧；君作𠮃，而鉨文作𠰕；後作𨒌，而陶文作𨒌；共作𠀠，而鉨文作𦱶；革作𠦶，而鉨文作𠦶；丹作㫡，而鉨文及幣文並有𠕎字；倉作仺，而陶文有𡉈字；期作𠀇，而陶文有㕣字。鉨文有㕣字。屋作𡱂，握作𡱂，而鉨文有𡱂字。履作𩠫，而鉨文有𩠫字。州作𠬤，而鉨文有𠬤字。醬作䐢，而鉨文有䐢字。陶文有𨙨字。又如碣之古文爲𥓷，其文至爲奇詭，然孫渴鉨之渴作𣽿，牛闢鉨之闢作𨵤，知𥓷之爲𥓷，當時自有此作法也。以上所舉諸例，類不合於殷周古文及小篆，而與六國遺器文字則血脈相通。漢人傳寫之文與今日出土之器斠若剖符之復合，謂非當日通行此種文字，其誰信之。雖陶器、璽印、貨幣文字止紀人地名，兵器文字亦有一定之文例，故不能以盡證壁中之書，而壁中簡策當時亦不無摩滅斷折，今之所存亦不無漢人肊造之字，故不能盡合。然其合者固已如斯矣。然則兵器、陶器、璽印、貨幣四者，正今日研究六國文字之惟一材料，其爲重要實與甲骨、彝器同。而璽印一類，其文字制度尤爲精整，其數亦較富。然今世譜錄不過上虞羅氏、皖江黃氏、錢唐陳氏數家。羅氏所藏。屢聚屢散。黄氏物亡于胠篋。而陳氏之藏則歸於桐鄉徐君楙齋。楙齋復汰而益之。丙寅秋日。出其所為新譜。索序於余。余讀而歎其精善。如上所舉証容履弱痾諸古文。並出此譜。楙齋之於古器物古文字之學。可謂知所先務矣。余近於六國文字及璽印之學。頗有所論述。因書以弁其首。世之治文字學者。以璽觀焉。

觀堂集林卷第七　　藝林七

海甯　王國維

戰國時秦用籀文六國用古文說

余前作史籀篇疏證序，疑戰國時秦用籀文，六國用古文，并以秦時古器遺文證之。後反覆漢人書，益知此說之不可易也。班孟堅言蒼頡、爰歷、博學三篇，文字多取諸史籀篇，而字體復頗異，所謂秦篆者也。許叔重言秦始皇帝初兼天下，丞相李斯乃奏同文字，罷其不與秦文合者。斯作倉頡篇，中車府令趙高作爰歷篇，太史令胡毋敬作博學篇，皆取史籀大篆，或頗省改，所謂小篆者也。是秦之小篆本出大篆，而倉頡三篇未出，大篆未省改以前，所謂秦文，即籀文也。司馬子長曰秦撥去古文，揚子雲曰秦剗滅古文，許叔重曰古文由秦絕。案秦滅古文，史無明文有之惟一文字與焚詩書二事六藝之書行於齊魯爰及趙魏而罕流布於秦（猶史籀篇之不行於東方諸國）其書皆以東方文字書之漢人以其用以書六藝謂之古文而秦人所罷之文與所焚之書皆此種文字是六國文字即古文也觀秦書八體中有大篆無古文而孔子壁中書與春秋左氏傳凡東土之書用古文不用大篆是可識矣故古文籀文者乃戰國時東西二土文字之異名其源皆出於殷周古文而秦居宗周故地其文字猶有豐鎬之遺故籀文與自籀文出之篆文其去殷周古文反較東方文字（即漢世所謂古文）為近自秦滅六國席百戰之威行嚴峻之法以同一文字凡六國文字之存於古籍者已焚燒剗滅而民間日用文字又非秦文不得行用觀傳世秦權量等始皇廿六年詔後多刻二世元年詔雖亡國一二年中而秦法之行如此則當日同文字之效可知矣故自秦滅六國以至楚漢之際十餘年間六國文字遂

過而不行。漢人以六藝之書皆用此種文字。又其文字爲當日所已廢。故謂之古文。此語承用既久。遂若六國之古文即殷周古文。而籀篆皆在其後。如許叔重說文序所云者。蓋循名而失其實矣。

史記所謂古文說

自秦幷天下。同一文字。於是篆隸行而古文籀文廢。然漢初古文籀文之書未嘗絕也。史記張丞相列傳。張丞相蒼好書律歷。秦時爲御史。典柱下方書。而許氏說文序言北平侯張蒼獻春秋左氏傳。蓋即柱下方書之一。是秦柱下之書。至漢初未亡也。太史公自序言秦撥去古文。焚滅詩書。故明堂石室金匱玉版圖籍散亂。而武帝元封三年。司馬遷爲太史令。紬史記石室金匱之書。是秦石室金匱之書至武帝時未亡也。故太史公修史記時所據古書。若五帝德。若帝繫姓。若諜記。若春秋歷譜諜。若國語。若春秋左氏傳。若孔氏弟子籍。凡先秦六國遺書。非當時寫本者。皆謂之古文。五帝本紀云。孔氏所傳宰予五帝德及帝繫姓。儒者或不傳。余嘗西至崆峒。北過涿鹿。東漸于海。南浮江淮矣。至長老皆各各稱黃帝堯舜之處。風教固殊焉。總之不離古文者近是。索隱云。古文謂帝德帝繫二書也。是五帝德及帝繫姓二篇本古文也。三代世表云。余讀諜記。黃帝以來皆有年數。稽其歷譜諜終始五德之傳。古文咸不同乖異。是諜記與終始五德傳（褚先生補三代世表引黃帝終始傳是終始五德傳亦書命名）亦古文也。十二諸侯年表云。太史公讀春秋歷譜諜。又云。譜諜獨記世謚。其辭畧。欲一觀諸要難。於是譜十二諸侯。自共和始。訖孔子。表見春秋國語。學者所譏盛衰大指著於篇。為成學治古文者要刪焉。由是言之。太史公作十二諸侯年表。實為春秋國語作目錄。故云為成學治古文者要刪。是春秋國語皆古文也。吳太伯世家云。余讀春秋古文。乃知中國之虞與荆蠻句吳兄弟也此即據左氏傳宮之奇所云太伯虞仲太王之昭者以為說而謂之春秋古文是太史公所見春秋左氏傳亦古文也七十二弟子列傳云弟子籍出孔氏古文近是此孔氏古文非謂壁中書乃謂孔氏所傳舊籍而謂之古文是孔子弟子籍亦古文也然則太史公所謂古文皆先秦寫本舊書其文字雖已廢不用然當時尚非難識故太史公自序云年十歲則誦古文太史公自父談時已掌天官其家宜有此種舊籍也惟六藝之書為秦所焚故古寫本較少然漢中祕有易古文經河間獻王有古文先秦舊書周官尚書禮禮記固不獨孔壁書為然至孔壁書出於是尚書禮春秋論語孝經皆有古文孔壁書之可貴以其為古文經故非徒以其文字為古文故也蓋漢景武間距用古文之戰國時代不及百年其識古文當較今日之識篆隸為易乃論衡正說篇謂魯恭王得百

篇尚書於屋壁中使使者取視莫能讀者作偽孔安國尚書序者仍之謂科斗書廢已久時人莫能知衛恆四體書勢亦云漢武時魯恭王壞孔子宅得尚書春秋論語孝經時人已不復知有古文謂之科斗書是亦疎矣求之史記但云孔氏有古文尚書而安國以今文讀之因以起其家逸書得十餘篇此數語自來讀者多失其解王氏念孫讀書雜志用其子伯申氏之說曰當讀因以起其家為句逸書二字連下讀起興起也家家法也漢世尚書多用今文自孔氏治古文經讀之說之傳以教人其後遂有古文家是古文家法自孔氏興起也故曰因以起其家又云漢書藝文志曰凡書九家謂孔氏古文伏生大傳歐陽大小夏侯說及劉向五行傳記許商五行傳記逸周書石渠議奏也劉歆傳曰數家之事皆先帝所親論今上所考視謂逸禮古文尚書春秋左氏也是古文尚書自為一家之證書序正義引劉向別錄曰武帝末民間有得泰誓獻之與博士使讀說之數月皆起後漢書桓郁傳注引華嶠書明帝問郁曰子幾人能傳學郁曰臣子皆未能傳學孤兄子一人學方起帝曰努力教之有起者即白之是起謂其學興起也蓋古文尚書初出其本與伏生所傳頗有異同而尚無章句訓詁安國因以今文定其章句通其假借讀而傳之是謂以今文讀之

其所謂讀與班孟堅所謂齊人能正蒼頡讀馬季長所謂杜子春始通周官讀之讀無以異也然則安國之於古文尚書其事業在讀之起之至於文字蓋非當世所不復知如王仲任輩所云也自武昭以後先秦古書傳世益少其存者往往歸於祕府於是古文之名漸為壁中書所專有然祕府古文之書學者亦類能讀之如劉向以中古文易經校施孟梁邱經及費氏經以中古文尚書校歐陽大小夏侯三家經文又謂禮古經與十七篇文多相似多三十九篇謂孝經諸家說不安處古文字讀皆異劉歆校祕書見古文春秋左氏傳大好之子政父子皆未聞受古文字學而均能讀其書是古文說西京之末尚非難識如王仲任輩所云也嗣是說後漢如杜伯山衛敬仲徐巡班孟堅賈景伯馬季長鄭康成之徒皆親見壁中書或其傳寫之本然未有苦其難讀者是古文難讀之說起於王仲任輩未見壁中

書者其說至魏晉閒而大盛不知漢人初未嘗有是事也

漢書所謂古文說

後漢之初所謂古文者專指孔子壁中書蓋自前漢末亦然說文敘記亡新六書一曰古文孔子壁中書也二曰奇字即古文而異者也漢書藝文志所錄經籍冠以古文二字若古字者惟尚書古文經四十六卷（為五十七篇）禮古經五十六卷春秋古經十二篇論語古二十一篇孝經古孔氏一篇皆孔子壁中書也（惟禮古經有淹中及孔壁二本）然中祕古文之書固不止此司馬子長作史記時所據石室金匱之書當時未必盡存固亦不能盡亡如六藝略所錄孔子徒人圖法二卷未必非太史公所謂弟子籍數術略所錄帝王諸侯世譜二十卷古來帝王年譜五卷未必非太史公所謂諜記及春秋歷譜諜而志於諸經外書皆不著古今字蓋諸經之冠以古字者所以別其家數非徒以其文字也六藝於書籍中

為最尊。而古文於六藝中又自為一派。於是古文二字。遂由書體之名而變為學派之名。故地理志於古文尚書家說亦單謂之古文。如右扶風汧縣下云吳山在西。古文以為汧山。又武功下云太壹山。古文以為終南。垂山。古文以為敦物。皆在縣東。潁川郡崇高下云古文以崇高為外方山。江夏郡竟陵下云章山在東。古文以為內方山。又安陸下云橫尾山在北。古文以為陪尾山。東海郡下邳下云葛嶧山。古文以為嶧陽。會稽郡吳縣下云具區澤在西。揚州藪。古文以為震澤。豫章郡歷陵下云傅易山。傅易川在南。古文以為敷淺原。武威郡武威下云休屠澤在東北。古文以為豬壄澤。張掖郡居延下云居延澤在東北。古文以為流沙。凡汧山終南敦物外方內方陪尾諸名。歐陽大小夏侯三家經文用字或異。而名稱皆同。而地理志獨云古文以為者。蓋古文尚書家如王璜(儒林傳作王璜 溝洫志作王橫)桑欽杜林等說禹貢以右扶風汧縣之吳山為禹貢之汧山，以武功之太壹垂山為禹貢之終南敦物，是地理志所謂古文，非以文字言，以學派言也。其以文字言者，則亦謂之古文，或謂之古文字。郊祀志言張敞好古文字，又載敞美陽得鼎議曰：臣愚不足以跡古文。是孔壁書外之彝器文字亦謂之古文，與許叔重謂鼎彝之銘皆前代之古文同。然後漢以降，凡言古文者，大抵指壁中書，故許叔重言古文者，孔子壁中書，又云孔氏古文也。

說文所謂古文說

許叔重說文解字敍言古文者凡十，皆指漢時所存先秦文字言之。其一曰：周宣王太史籀著大篆十五篇，與古文或異。此古文似指蒼頡以來迄五帝三王之世改易殊體之文字，即余前所謂殷周古文以別於戰國古文者。實則不然，叔重但見戰國古文，未嘗多見殷周古文。敍云：郡國往往於山川得鼎彝，其銘即前代之古文。皆自相似。潘文勤公攀古樓彝器款識序。遂謂說文中古文。本於經文者。必言其所出。其不引經者。皆憑古器銘識也。吳清卿中丞則謂說文中古文。皆不似今之古鐘鼎。亦不言某為某鐘。某為某鼎字。必響拓以前。古器無氈墨傳布。許君未能足徵。余案吳說是也。拓墨之法。始於南北朝之拓石經。浸假而用以拓秦刻石。至拓彝器文字。趙宋以前未之前聞。則郡國所出鼎彝。許君固不能一一目驗。又無拓本可致。自難據以入書。全書中所有重文古文五百許字。皆出壁中書及張蒼所獻春秋左氏傳。其在正字中者亦然。故其所謂籀文與古文或異者。非謂史籀大篆與史籀以前之古文或異。而實謂許君所見史籀九篇與其所見壁中書時或不同。以其所見史籀篇為周宣王時書。所見壁中古文為殷周古文。乃許君一時之疏失也。其二曰。至孔子書六經。左邱明述春秋。皆以古文。此亦似謂殷周古文。然無論壁中所出與張蒼所獻。未必為孔子及邱明手書。即其文字亦當為戰國文字。而非孔子及邱明時之文字。何則。許君此語實根據所見壁中諸經及春秋左氏傳言之。彼見其與史籀篇文字不類。遂以為即殷周古文。不知壁中書與史籀篇文字之殊。乃戰國時東西二土文字之殊。許君既以壁中書為孔子所書。又以為即用殷周古文。蓋兩失之。故此二條所云古文。雖似謂殷周古文。實皆據壁中古文以為說。惟敍末云。其稱易孟氏書孔氏詩毛氏禮周官春秋左氏論語孝經。皆古文也。此古文二字。乃以學派言之。而不以文字言之。與漢書地理志所用古文二字同意。謂說解中所稱多用孟孔毛左諸家說。皆古文學家而非今文學家也。易孟氏非古文學家特牽率書之其餘所云古文者六。皆指先秦古文。其尤顯明者。曰古文者孔子壁中書也。曰皆不合孔氏古文。又申之曰壁中書者魯恭王壞孔子宅而得禮記尚書春秋論語孝經。又北平侯張蒼獻春秋左氏傳。其示說文中所收古文之淵源。最為明白矣。至其述山川鼎彝。又分別言之曰。其銘即前代之古文。皆自相似。云前代古文者。以別於孔壁之古文。云皆自相似者。以明與孔壁古文不甚相似也。漢代鼎彝所出無多。說文古文又自成一系。與殷周古文截然有別。其全書中正字及重文中之古文。當無出壁中書及春秋左氏傳以外者。即有數字不見於今經文。亦當在逸經中。或因古今經字有異同之故。學者苟持此說以讀說文。則無所凝滯矣。

說文今敘篆文合以古籀說

許君說文敘云。今敘篆文。合以古籀。段君玉裁注之曰。小篆因古籀而不變者多。其有小篆已改古籀。古籀異於小篆者。則以古籀附小篆之後。曰古文作某。籀文作某。此全書之通例也。其

變例則先古籀後小篆。又於皆取史籀大篆或頗省改下注曰
許所列小篆固皆古文大篆。其不云古文作某籀文作某者。古
籀同於小篆也。其既出小篆。又云古文作某籀文作某者。則所
謂或頗省改者也。此數語可謂千古卓識。二千年來治說文者。
未有能言之明白曉暢如是者也。雖然。段君所舉二例。猶未足
以盡說文。何則。如段君之說。必古籀所有之字篆文皆有而後
可。然篆文者。乃秦并天下後所制定之文字。秦之政治文化皆
自用而不徇人。主今而不師古。其易籀為篆。不獨有所省改。抑
且有所存廢。凡三代之制度名物。其字僅見於六藝而秦時已
廢者。李斯輩作字書時必所不取也。今蒼頡三篇雖亡。然足以
窺其文字及體例者。猶有急就篇在。急就一篇。其文字皆蒼頡
中正字。其體例先名姓字。次諸物。次五官。皆日用必需之字。而
六藝中字十不得四五。故古籀中字篆文固不能盡有。且蒼頡

三篇五十五章章六十字凡三千三百字且尚有復字加以揚雄訓纂亦祇五千三百四十字而說文正字多至九千三百五十三此四千餘字者許君何自得之乎曰此必有出於古文籀文者矣故說文通例如段君說凡古籀與篆異者則出古文籀文至古籀與篆同或篆文有而古籀無者則不復識別若夫古籀所有而篆文所無則既不能附之於篆文後又不能置而不錄且說文又無於每字下各注此古文此籀文此篆文之例則此種文字必為本書中之正字審矣故敍所云今敍篆文合以古籀者當以正字言而非以重文言重文中之古籀乃古籀之異於篆文及其自相異者正字中之古籀則有古籀篆文俱有此字者亦有篆文所無而古籀獨有者全書中引經以說之字大半當屬此第二類矣然則說文解字實合古文籀文篆文而為一書凡正字中具引詩書禮春秋以說解者可知其為古文

其引史篇者。可知其為籀文。引杜林司馬相如揚雄說者。當出蒼頡凡將訓纂諸篇。可知其為篆文。雖說文諸字中有此標識者十不逮一。然可得其大畧。昔人或以說文正字皆篆文。而古文籀文惟見於重文中者。殆不然矣。

漢時古文本諸經傳考

一周易

一中古文本　漢書藝文志。劉向以中古文易經校施孟梁邱經。或脫去无咎悔亡。惟費氏經與古文同。案七畧但云易經十二篇。施孟梁邱三家。而古文經與費高二家經均未著錄。然劉子政用以校四家經。則漢中秘有古文易審矣。易為卜筮之書。秦時未焚。其有古文本。亦固其所。

二費氏本　後漢書儒林傳。東萊費直傳易。授琅邪王橫。為費氏學。本以古字。號古文易。然漢書無此語。或後人因劉向

校費氏經與古文經同遂傳會為是說與

二 尚書

一伏氏本　史記儒林傳秦時焚書伏生壁藏之其後兵大起流亡漢定伏生求其書亡數十篇獨得二十九篇即以教於齊魯之間是伏生所藏為秦未焚書以前寫本當是古文其傳授弟子則轉寫為今文壁藏之本當時已視為筌蹄不復珍惜當歐陽大小夏侯之世蓋已不復有原本矣

二孔壁本　漢書藝文志尚書古文經四十六卷為五十七篇又云古文尚書出孔子壁中孔安國者孔子後也悉得其書以考二十九篇得多十六篇安國獻之遭巫蠱事未立於學官劉向以中古文校歐陽大小夏侯三家經文酒誥脫簡一召誥脫簡二率簡二十五字者脫亦二十五字簡二十二字者脫亦二十二字文字異者七百有餘脫字數十建武之

際亡武成一篇其餘篇迄後漢末尚在祕府

三河間本　漢書景十三王傳河間獻王所得書皆古文先秦舊書周官尚書禮禮記孟子老子之屬

三毛詩　漢書藝文志毛詩二十九卷不言其為古文河間獻王傳列舉其所得古文舊書亦無毛詩至後漢始以毛詩與古文尚書春秋左氏傳幷稱其所以幷稱者當以三者同為未列學官之學非以其同為古文也惟盧子幹言古文科斗近於為實而下列舉毛詩左傳周禮三目蓋因周禮左傳而牽連及之其實毛詩當小毛公貫長卿之時已不復有古文本矣

四禮經

一淹中本　漢書藝文志禮古經五十六卷又云禮古經者出於魯淹中及孔氏學七十篇文相似多三十九篇劉氏敞

曰學七十篇當作與十七篇文相似五十六卷除十七正多三十九也

二孔壁本　漢書藝文志魯恭王壞孔子宅欲以廣其宮而得古文尚書及禮記論語孝經凡數十篇皆古字也又云禮古經者出於魯淹中及孔氏說文敘魯恭王壞孔子宅而得禮記尚書春秋論語孝經是孔壁中亦有禮經或謂之禮記者禮謂本經記謂附經之記也今十七篇之記鄭注亦多云古文某為某或云今文某為某是古文本兼有經記與今本同而記之附經自先秦已然矣又藝文志所紀孔壁諸經都篇數與其分篇數不合既云孔壁古文凡數十篇然其分篇數則尚書五十七篇春秋十二篇論語二十一篇孝經一篇已九十一篇若加禮經五十六篇當得百四十餘篇蓋數十篇上奪一百字或孔壁所得禮古經不過數篇不及淹中之

多與

三河間本　漢書景十三王傳河間獻王所得書皆古文先秦舊書周官尚書禮禮記孟子老子之屬

五禮記　漢書景十三王傳河間獻王所得書皆古文先秦舊書周官尚書禮禮記孟子老子之屬案漢志及說文敘皆云孔壁中有禮記乃謂禮古經五十六卷此既言禮復言禮記禮蓋謂禮經禮記蓋謂漢志禮家記百三十篇之屬隋書經籍志云劉向考校經籍得記百三十篇明堂陰陽記三十三篇孔子三朝記七篇王史氏二十一篇樂記二十三篇凡五種合二百十四篇經典釋文敘錄引劉向別錄云古文記二百十四篇數正相合則獻王所得禮記蓋即別錄之古文記是大小戴記本出古文史記以五帝德帝繫姓孔氏弟子籍為古文亦其一證也但其本不出孔氏而出於河間後經大

小戴二氏而爲今文家之學。後世遂鮮有知其本爲古文者矣。

六周官　景十三王傳。河閒獻王所得古文舊書有周官。而漢志著錄周官經六篇。不冠以古文者。凡漢志言古文皆以與今學相別。言尚書古文經者。以別於歐陽大小夏侯三家之二十九卷若三十二卷。言禮古經者。以別於后氏之十七篇。言春秋古經者。以別於公穀二家之十一卷。言論語古者。以別於齊魯二家。言孝經古孔氏者。以別於長孫氏江氏后氏翼氏四家。周官經無今學。自毋庸冠以古文二字。然其原本之爲古文審矣。後漢以降。諸儒所見大抵傳寫隸定之本。鄭注禮經。云古文某爲某。其注周官則但云故書某爲某。此一因禮經有今古文二本。而周官無今文。故不得稱古文。一則因所見周官舊本已非古文。故變而稱故書也。

七春秋經　漢書藝文志。春秋古經十二篇。不言其所從得之處。說文序則繫之孔子壁中書。周禮小宗伯注。鄭司農云立讀為位。古者立位同字。古文春秋經公即位為公即立。是其本至後漢尚存矣。

八春秋左氏傳　論衡案書篇。春秋左氏傳者。蓋出孔子壁中。孝武皇帝時魯共王壞孔子教授堂以為宮。得佚春秋三十篇。左氏傳也。然說文序則云。北平侯張蒼獻春秋左氏傳。而敘孔壁中書。但有春秋經。無左氏傳。漢志亦然。疑王仲任所云出孔壁中者。涉春秋經而誤也。漢志所著錄者即古文本。劉歆傳。歆校祕書。見古文春秋左氏傳大好之。是也。服虔注襄二十五年傳云。古文篆書一簡八字。蓋子慎之時其原本或傳寫古文之本。猶有存焉者矣。

九論語　漢書藝文志。論語古二十一篇。出孔氏壁中。兩子張。

其本亦至後漢尚存。故說文解字中頗引其字。

十孝經　漢書藝文志孝經古孔氏一篇二十二章。又云孝經諸家說不安處古文字讀皆異。許沖上說文解字表云古文孝經者。昭帝時魯國三老所獻。建武時給事中議郎衞宏所校。是其本亦至後漢尚存

以上十種十有五本。其存於後漢者惟孔子壁中書及左氏傳。故後漢以後。古文之名遂爲壁中書所專有矣。

漢時古文諸經有轉寫本說

上既述漢時諸經傳古文本矣。夫今文學家諸經當秦漢之際。其著於竹帛者。固無非古文。然至文景之世。已全易爲今文。於是魯國與河間所得者。遂專有古文之名矣。古文家經如尚書、毛詩、逸禮、周官、春秋左氏傳、論語、孝經。本皆古文。而毛詩、周官。後漢已無原書。惟孔壁之尚書、禮經、春秋、論語、孝經。及張蒼所

獻之春秋左氏傳尚存於是孔壁之書遂專有古文之名矣然漢時古文經傳蓋已有傳寫本雖無確證然可得而懸度也河間獻王傳言獻王從民得善書必為好寫與之留其真此就真本可得者言之若真本不可得則必降而求寫本矣傳記獻王所得古文舊書有尚書禮此二書者皆出孔壁或出淹中未必同時更有別本出而獻王與魯恭王本係昆弟獻王之薨僅前於恭王二年則恭王得書之時獻王尚存不難求其副本故河間之尚書及禮頗疑即孔壁之傳寫本此可懸擬者一也又魯恭王得孔壁書當在景武之際而孔安國家獻古文尚書乃在天漢之後（漢書劉歆傳及荀悅漢紀）魯國三老獻古文孝經更在昭帝時（許沖上說文解字表）安國雖讀古文以今文未必不別為好寫藏之而後獻諸朝其遲之又久而始獻者亦未必不因寫書之故此可懸擬者二也杜林於西州得漆書古文尚書一卷此卷由來迄無可考雖後漢

之初秘府古文尚書已亡武成一篇然杜林所得未必即秘府所亡又西州荒裔非齊魯比則此卷又不能視為西州所出疑亦孔壁之傳寫本此可懸擬者三也兩漢古文尚書及春秋左氏傳人間均有傳業後漢書賈逵傳帝令逵自選公羊嚴顏諸生高才者二十人教以左氏與簡紙經傳各一通是當時授業皆有經本且其經本猶當為古文觀漢代古學家如張敞杜林衛宏徐巡賈逵許慎等皆以小學名家蓋以傳古學者均須研究古文字故此可懸擬者四也後漢古文學家如衛宏賈逵許慎馬融或給事中或領秘書或校書東觀故得見中秘古文然如鄭玄平生未嘗窺中秘而其注尚書周官頗引逸書又其注禮經也不獨以古文校今文且具所據之古文亦非一本如聘禮繅三采注云古文繅或作藻今文作璪公食大夫禮設洗如饗又皆如饗拜注皆云古文饗或作鄉士喪禮設決麗于掔注

云。古文麗亦爲連。既夕禮夷牀輁軸注云。古文輁或作拱。士虞禮祝入尸謖注云。古文謖或爲休又明日以其班祔注云。古文班或爲辨。又中月而禫注云。古文禫或爲導。凡言某古文或爲某者八。是其所據古文必非一本。且皆非中祕之本。夫兩漢人未聞有傳古文禮者。而傳世之古文禮尚有數本。則古文尚書左氏傳等民間本有是學者。具有別本可知。此可懸擬者五也。衞恒四體書勢言魏初傳古文者出於邯鄲淳。恒祖敬侯嘗寫淳尚書以示淳。而淳不別。是淳有古文尚書寫本。隋書經籍志亦言晉祕府有古文尚書經文。此種既不能視爲壁中原本。當係由壁中本轉寫。此可懸擬者六也。立此六義。則漢時古文經皆有別本甚明。由是觀之。不獨魏三體石經之古文具有淵源。即梅賾之僞書具古字亦非全出杜撰也。

兩漢古文學家多小學家說

後漢書盧植傳植上疏言古文科斗近於為實而厭抑流俗降在小學中興以來通儒達士班固賈逵鄭興父子并敦悅之今毛詩左氏周禮各有傳記其與春秋共相表裏宜置博士為立學官循子幹疏意古文科斗實目下毛詩左氏周禮三家三家皆經而當時抑之於小學是後漢之末視古文學家與小學家為一然此事自先漢已然觀兩漢小學家皆出古學家中蓋可識矣原古學家之所以兼小學家者當緣所傳經本多用古文其解經須得小學之助其異字亦足供小學之資故小學家多出其中比而錄之亦學術溝通之林也

張敞　漢書儒林傳漢興北平侯張蒼及梁太傅賈誼京兆尹張敞皆修春秋左氏傳經典釋文敘錄左氏傳賈長卿授京兆尹張敞是敞傳左氏學者而藝文志言蒼頡多古字俗師失其讀宣帝時徵齊人能正讀者張敞從受之傳至外孫之

子杜林為作訓故。說文敘略同又郊祀志言宣帝時。美陽得鼎。獻之。張敞好古文字。按鼎銘勒而上議曰。今鼎出於郊東中。有刻書曰。王命尸臣。官此栒邑。賜爾旂鸞黼黻琱戈。尸臣拜手稽首曰。敢對揚天子丕顯休命。臣愚不足以跡古文。以傳記言之。此鼎殆周之所以褒賜大臣。大臣子孫刻銘其先功。臧之於宮廟者也。云云。是敞不獨通蒼頡篇。且能讀宗周古文矣。

桑欽　漢書儒林傳。古文尚書。孔安國授都尉朝。朝授膠東庸生。庸生授清河胡常少子。常授徐敖。敖授王橫平陵塗惲子真。子真授河南桑欽君長。是欽傳古文尚書者也。漢書地理志六引桑欽說。說文水部三引桑欽說。皆其說禹貢之語。而說文金部銛下云。臿屬。从金舌聲。讀若棪。桑欽讀若鐮。案尚書無銛字。則此條非欽尚書說。當又有說小學之書。而許君引之。然則欽亦小學家矣。

杜林

漢書杜鄴傳鄴母張敞女鄴壯從敞子吉學問吉子竦又幼孤從鄴學問亦著於世尤長小學鄴子林清靜好古亦有雅材林其正文字過於鄴竦故世言小學者由杜公藝文志小學類有杜林蒼頡訓纂一篇杜林蒼頡故一篇後漢書本傳林少好學沈深家既多書又外氏張竦父子喜文采林從竦受學博洽多聞時稱通儒河南鄭興東海衛宏皆長於古學興嘗師事劉歆林既遇之欣然言曰林得興等固諧矣使宏得林且有以益之及宏見林闇然而服濟南徐巡始師事宏後皆更從林受學林前於西州得漆書古文尚書一卷常寶愛之雖遭艱困握持不離身出以示宏等曰林流離兵亂常恐斯經將絕何意東海衛子濟南徐生復能傳之是道竟不墜於地也古文雖不合時務然願諸生無悔所學宏巡益重之於是古文遂行是林本小學家又古文尚書家也鄭康

成書贊述古文尚書授受。僅言衛賈馬三君子之業。似林於此事無與者。說文引杜林說十六條。皆倉頡訓纂倉頡故二書中語。然水部渭下引杜林說夏書以爲出鳥鼠山。是林固傳古文尚書。不獨漆書一卷矣。

衛宏　後漢書儒林傳。衛宏字敬仲。東海人也。少與河南鄭興俱好古學。初九江謝曼卿善毛詩。乃爲其訓。宏從曼卿受學。因作毛詩序。善得風雅之旨。於今傳於世。後從大司空杜林更受古文尚書。時濟南徐巡師事宏。後從林受學。亦以儒顯。由是古文大興。光武以爲議郎。許沖上說文解字表。古文孝經者。昭帝時魯國三老所獻。建武時給事中議郎衛宏所校。是宏既傳古學。又通知古文。說文用部。用可施行也。从卜中。衛宏說。又黹部。黺衮衣山龍華蟲。黺畫粉也。从黹分聲。衛宏說。前條無考。後條乃其說尚書語。然宏自是小學名家。隋書經籍志小學類古文官書一卷後漢議郎衛敬仲撰唐書藝文志有衛宏詔定古文字書一卷尚書正義藝文類聚引之謂之衛宏古文奇字史記正義漢書注引之謂之衛宏詔定古文尚書史記正義序例云衛宏官書數體是其書體例蓋羅列異字與汗簡諸書畧同元應一切經音義引㝵得同體枹桴同體圖啚同體是也其字皆作古文汗簡引衛宏字說臧字是也其書至唐宋間尚存近儒疑為六朝人依託蓋無確證然則宏亦小學家矣

徐巡　說文解字引徐巡說二條卤部㮚下云𣡌古文㮚从西从二卤徐巡說木至西方戰栗也又𨸏部隉下曰徐巡以為隉凶也此二條一說堯典寬而栗一說秦誓邦之阢隉皆其說古文尚書語然如㮚字由字形以說其義與漢人詁經家法不同蓋巡本受學於杜林衛宏故以小學說經然則巡亦

小學家也。

賈逵　賈逵治古文尚書、毛詩、周官、春秋左氏傳、國語。亦兼治小學。許沖上說文解字表。臣父故太尉南閤祭酒慎本從逵受古學。又博問通人。考之於逵。作說文解字。今全書載賈侍中說十有七條。皆專論文字。與經文無涉。然則逵之學亦與杜衛諸氏為近。

許慎　說文敘。具稱易孟氏、書孔氏、詩毛氏、禮周官、春秋左氏、論語、孝經。皆古文也。許沖上說文表。云慎本從逵受古學。又云慎又學孝經孔氏古文說。是慎本治古文學。而著說文解字十五篇。為後世言小學者之祖。

由此觀之。兩漢古文學家與小學家實有不可分之勢。此足證其所傳經本多為古文。至改用隸定之本。當在賈馬鄭以後。而非兩漢間之事實矣。

科斗文字說

科斗文字之名。先漢無有也。惟漢末盧植上書。有古文科斗近於為實之語。而其下所言。乃毛詩左傳周官不及壁中書。鄭康成書贊云。書初出屋壁。皆周時象形文字。今所謂科斗書。始以古文尚書為科斗書。然盧鄭以前未嘗有此名也。衞恆四體書勢始云。魯恭王壞孔子宅。得尚書春秋論語孝經。時人已不復知有古文。謂之科斗書。漢世祕藏。希得見之。偽孔安國尚書序亦云。魯共王壞孔子舊宅。於其壁中得先人所藏古文虞夏商周之書。皆科斗文字。始以科斗之名為先漢所已有。然實則此語盛行於魏晉以後。杜預春秋經傳集解後序云。汲郡汲縣有發其界內舊冢者。大得古書。皆簡編科斗文字。王隱晉書束晳傳亦云。太康元年。汲郡民盜發魏安釐王冢。得竹書漆字科斗之文。科斗文者。周時古文也。其頭麤尾細。似科斗之蟲。故俗名之焉（春秋正義引）今晉書束晳傳亦云汲冢書皆科斗書是科斗書之名起於後漢而大行於魏晉以後且不獨古文謂之科斗書且篆書亦蒙此名束晳傳又云有人於嵩高山下得竹簡一枚上兩行科斗書司空張華以問晳晳曰此漢明帝顯節陵中策文也檢驗果然夫漢代册文皆用篆不用古文（見獨斷及通典）而謂之科斗書則魏晉間凡異於通行隸書者皆謂之科斗書其意義又一變矣又漢末所以始名古文為科斗文字者果目驗古文體勢而名之乎抑當時傳古文者所書或如是乎是不可知然魏三體石經中古文衞恒所謂因科斗之名遂效其形者今殘石存字皆豐中銳末與科斗之頭麤尾細者畧近而恒謂轉失淳法則邯鄲淳所傳之古文體勢不如是矣邯鄲淳所傳古文不如是則淳所祖之孔壁古文體勢亦必不如是矣衞恒謂汲縣人盜發魏襄王冢得策書十餘萬言案敬侯所書猶有髣髴敬侯

者恆之祖衛覬其書法出於邯鄲淳則汲冢書體亦當與邯鄲淳所傳古文書法同必不作科斗形矣然則魏晉之間所謂科斗文猶漢人所謂古文若泥其名以求之斯失之矣

觀堂集林卷第八

藝林八

海甯　王國維

五聲說

古音有五聲，陽類一與陰類之平上去入四是也。說以世俗之語，則平聲有二（實則陽類自為一聲，謂之平聲語不甚切），上去入各一，是為五聲。自三百篇以至漢初，此五聲者大抵自相通叶，罕有出入。漢中葉以後，陽類之聲一部譌變而為上去，於是有陽聲三、陰聲四，而古之五聲增而為七矣。然魏晉間撰韻書者仍分為五聲，蓋猶幷陽聲之平上去為一，不敢以後世之音亂古音也。封演聞見記云：魏時有李登者，撰聲類十卷，凡一萬一千五百二十字，以五聲命字。魏書江式傳云：晉呂忱弟靜別放魏左校令李登之法，作韻集五卷，宮商角徵羽各為一篇。李、呂二氏之分五聲，雖不能確指其為何。然非如徐景安樂書之說。宮為上平。商為下平。角為入。徵為上。羽為去。則可決也。今韻平聲分上下者。徒以卷帙繁重而分之。別無他義。且唐時韻書猶有不分者。（如魏鶴山所藏唐韻目於二十八刪二十九山之後繼以三十先三十一仙是平聲不分上下）不足以為宮商之分明矣。然平聲中自有二類。則自隋唐以來言今韻者與近世言古韻者之所同。陸法言以降諸韻書。其平聲中東冬鍾江真諄臻文殷元魂痕寒桓刪山先仙陽唐庚耕清青蒸登侵覃談鹽添咸銜嚴凡三十五韻。為有入之平。而支脂之微魚虞模齊佳皆灰咍蕭宵肴豪歌戈麻尤侯幽二十二韻。為無入之平。近世言古韻者。說頗與之異。休甯戴氏從廣韻區別此二類。而謂二者相配。異平而同入。曲阜孔氏本其說。而謂廣韻有入者為陽聲。無入者為陰聲。（陰陽之名亦出於戴氏）陰陽二聲各分九部。兩兩對轉。而以入聲為之樞紐。至高郵王氏歙縣江氏更考之周秦人用韻及文字之偏旁諧聲。而謂廣韻有入之平古本無入無入之平古本有入其說正與陸法言以來言今韻者相反然其分平聲為二類則所同也金壇段氏及王江二氏雖不用陰聲陽聲之名然其書於陽聲之韻皆自相次段氏謂此大類有平入無上去王江二氏則謂有平上去而無入余則謂陽聲自為一類有平而無上去入今韻於此類之字讀為上去者皆平聲之音變而此類之平聲又與陰類之平聲性質絕異如謂陰類之平為平聲則此類不可不別立一名陽聲一與陰聲平上去入四乃三代秦漢間之五聲此說本諸音理徵諸周秦漢初人之用韻求諸文字之形聲無不脗合頗疑李登呂靜之五聲舍此無以當之李呂二氏撰韻書時所以不用魏晉音而用古音者猶許叔重撰說文解字不用隸而用篆孫叔然徐仙民等作諸經音不從俗讀而從師讀（師讀非必古音）也故五聲者以古音言之也宋齊以後四聲說行而五聲說微然周顒沈約

等撰韻書者非不知有五聲約答陸厥書曰宮商之聲有五文字之別累萬以累萬之繁配五聲之約云云約知有五聲而作四聲譜者以四聲譜為屬文而作本非韻書（四聲之說專主屬文不關音韻詳宋書范曄傳謝靈運傳南齊書陸厥傳梁書王筠傳南史沈約庾肩吾諸傳自明）且其時陽類已顯分三聲與陰類三聲及入聲而七用之詩文則陰陽可以互易而平仄不能相貿故合陰陽兩類而為四聲四聲者就今音言之也且五聲專以聲言四聲乃以聲音之運用於詩文言隋唐後編韻書者亦本為詩文而作（陸法言切韻序云今反初服私訓諸弟子凡有文藻即須明聲韻可知其書本為屬文而作）遂從沈譜并陰陽為一類然一有入一無入後世猶得由之以知其族類性質之不同然非三百年來古韻大明亦無以知其別矣

陰陽二類分於戴氏其狀此二聲之別亦惟戴氏言之最善戴氏荅段若膺論韻書曰大著六（蒸登）七（侵鹽添）八（覃談咸銜嚴凡）九（東冬鍾江）十（陽唐）十一（庚耕清青）十二（真臻先）十三（諄文欣魂痕）十四（元寒桓刪山仙）凡九部舊皆有入聲以金石音

喻之。猶擊金成聲也。一之二蕭宵肴豪三尤幽四侯五魚虞模十五脂微齊皆灰十六支佳十七歌戈麻凡八部舊皆無入聲。前七部以金石音喻之。猶擊石成聲也。惟十七部歌戈與有入者近。麻與無入者近。舊皆失其入聲。於是入聲藥鐸溷淆不分。僕審其音。有入者。如氣之陽。如物之雄。如衣之表。無入者。如氣之陰。如物之雌。如衣之裏。又平上去三聲近乎氣之陽。物之雄。衣之表。入聲近乎氣之陰。物之雌。衣之裏。故有入之入與無入之去近。從此得其陰陽表裏之相配云云。自聲音上論陰陽二類之別。實自此始。其以金聲比陽類。石聲比陰類。尤為罕譬而喻。蓋金聲鏳鋐清揚而常不易盡。故其類只有平聲。若改讀為上去。則如擊鐘者以一手援桴擊之。而即以他手案之。其所得之聲。決非鐘聲之自然也。陽聲之上去。亦決非陽聲之自然。故既云陽聲。即不容有上去入三聲也。且陽聲者。皆發聲於其相配之陰聲之入。而自以其聲收

三

之。故性質複於陰聲。如戴氏所舉八類。（本九類其第一類阿乃陰聲非陽聲）膺發聲於億。翁發聲於屋。央發聲於約。嬰發聲於戹。殷發聲於乙。安發聲於遏。音發聲於邑。醃發聲於諜。即發聲於其相配之陰聲之入。而自以其固有之聲收之。此陽聲所固有及其所分有之收聲。在我中國文字中實無字可以當之。膺者億與此聲之合。翁者屋與此聲之合。央者約與此聲之合。以至嬰殷安音醃諸聲無不然。其餘一切陽聲。又莫非某發聲與此聲之合。而此一切陽聲之收聲。其性質常悠揚不盡。故其為平聲。與陰類之平聲絕不同。更不容有上去。自漢以後。陽聲有上去者。乃因事物滋多。故稍促其音以徵別於本音。其在周秦以前。絕不見有上去之迹也。

陽聲無上去入。非徒可於音理上決之。求諸事實。則有三大證焉。一。羣經楚辭中今所謂陽聲之上去。多與平聲通協。而陰聲之上去雖偶與平聲協而仍多自相協此事於段氏詩經韻譜羣經韻譜中最為了然二陽聲諸部字其於形聲以平聲為聲者十之八九（如蒸冬二部殆全以平聲為聲東部以平聲為聲者亦過於十之九）而陰聲諸部字則以上去入為聲者乃多於平聲此事一披歸安嚴氏說文聲類亦自了然三廣韻陽聲諸部之上去多兼收於平韻中以東冬鍾江四韻字言之上去共二百五十八字其中兼收於平韻者一百二十五字幾居其半余謂其入平韻者古之本音（蓋自六朝韻書出）入仄韻者後世之音變也且此所謂上去者皆以今韻言之今韻之上去有而平聲不兼收者古音多與平聲通叶或與平聲互相通假段氏六書音韻表於第六部至第十四部皆無上去蓋實有見於此也惟於第七第八第十二三部平聲外兼有入聲則又姑從今韻而不能自充其說至高郵王氏以質（段第十二部之入）與緝（段第七部之入）葉（段第八部之入）皆名自為一部歙江氏以質承脂緝葉亦各自為一部則段氏

表中此九部者。祇存平聲。無上去入。然二氏猶謂此九部者無入而有上去。則亦姑從今韻。而不敢用段氏之說也。余之五聲說及陽聲無上去入說。不過錯綜戴孔段王江五家之說而得其會通。無絲豪獨見參於其閒。而證之事實則如彼。求之諸家之說又如此。陽聲之無上去入。雖視爲定論可也。

嘗謂自明以來古韻學之發明有三。一爲連江陳氏古本音不同今韻之說。二爲戴氏陰陽二聲相配之說。三爲段氏古四聲不同今韻之說。而部目之分析其小者也。陳氏之說。開顧江以後言古韻之端。戴氏之說。孔氏取之以成詩聲類。其規摹亦畧具矣。段氏之說。歙江氏作唐韻四聲正。雖竊取其義。而於其說之根本及其由此說所作之第七至第十四部韻譜。卻未之從。後人亦罕留意及此者。故論其大畧如右。至上所舉三大證。當自爲一書以明之。然在好學深思心知其意者。固亦無藉乎此也。

六朝人韻書分部說

魏晉六朝人所撰韻書。除李登聲類呂靜韻集外。隋志所錄。有周研聲韻四十一卷。無名氏韻集十卷。張諒四聲韻林二十八卷。段弘韻集八卷。無名氏羣玉典韻五卷。陽休之韻畧一卷。李槩修續音韻決疑十四卷。又音譜四卷。無名氏纂韻鈔十卷。劉善經四聲指歸一卷。沈約四聲一卷。夏侯詠韻畧十三卷。釋靜洪韻英一卷。而陸法言切韻序所舉。除呂靜夏侯詠（宋本廣韻作該唐寫切韻不誤）陽休之三家外。尚有李季節音譜即李槩之音譜四卷。周思言音韻即周研之聲韻四十一卷。惟杜臺卿韻畧一書。隋志所未著錄。凡此種韻書。分部概無可考。惟內府藏唐寫本王仁昫刊謬補缺切韻。平聲一目錄冬下注云。無上聲。陽與鍾江同。呂夏侯別。今依呂夏侯。脂下注云。呂夏侯與微大亂雜。陽李杜別。今依陽李真下注云呂與文同夏侯陽杜別今依夏陽杜臻下注云無上聲呂陽杜與真同夏別今依夏案所云呂夏侯陽李杜即陸氏切韻序所舉之呂靜夏侯詠陽休之李季節杜臺卿五家之書也著此五家與切韻異同必陸法言切韻目錄下原注惜唐寫長孫訥言本刪此注而王仁昫本平聲二首缺數葉而上去入三聲又有目無注故此五家與陸韻部目之異同遂無由全知矣案顏氏家訓音辭篇云韻集以成仍宏登合成兩韻為奇益石分作四章皆不可依信今陸韻成在清韻仍在蒸韻宏在耕韻登自為韻又為奇二字皆入支韻益石二字皆入麥韻蓋用顏氏之說韻集實合耕清為一蒸登為一而分支與麥各為二今王目支下不云呂分為二登下不云呂與蒸同則五家與陸韻異同目中亦未盡著然知呂氏別冬於鍾江則東冬鍾江之分為四可知矣知呂氏脂與微韻大亂雜則脂與微之分為

二可知矣知其真與文同臻與真同則真臻文之為一可知矣又爾雅音義蝗華孟反字林音皇聲類韻集幷以蝗協庚韻則陽唐庚之為三亦可知矣以上專就韻集言之至夏侯陽李杜已當與陸韻相去不遠然則陸韻以前韻書規模蓋已大具不過陸氏集諸家之大成尤為完善耳

書巴黎國民圖書館所藏唐寫本切韻後

巴黎國民圖書館藏敦煌所出唐寫本切韻凡三種第一種存上聲海至銑十一韻四十五行復有斷爛計存全行十有九不全行二十有六以第三種校之韻字較少注亦較簡如軫韻軫字注云之忍反八第三種八作九紖末增一眕字蠢字注云尺尹反二第三種以賰字為紐首注云尺尹反三次蠢字末又增一踳字引字注云余軫反二第三種二作三末增一鈏字混韻剸字注云慈損反三彼本三作四末增一僔字獖字注云盆本

反二彼本二作三末增一体字旱韻豐字注云多旱反一彼本一作二末增一癉字散字注云蘇旱反二彼本二作三末增一繖字罕字下注呼捍反二彼本二作三末增一罕字潸韻板字下注云布綰反一彼本一作二下增一版字莧字下注云胡板反一彼本一作二下增一僩字又此韻末彼本別增一紐云斷五板反一第三種余考定為長孫訥言注節本則此本韻字較少當是法言原本第二種存卷首至九魚凡九韻前有陸法言長孫訥言二序陸序前有一行云伯加千一字長孫序云又加六百字用補闕遺故韻中有新加字如東韻蒙紐下云十一加二洪紐下云十一加一藂紐下云二加一忩紐下云八加一㚇紐下云十二加一餘韻仿此又長孫序云其雜□并為訓解但案稱者俱非舊說（今廣韻所載長孫序刪此二條）是法言原書本自有注故訥言稱案以別之今此九韻注中稱案者八十二條大抵據說文以正字

形又有引說文者數十條雖無案字而亦與稱案者文例相同與陸氏原書注例異是亦長孫氏注則長孫訥言箋注本也第三種存平聲上下二卷上聲一卷入聲一卷而平聲首闕東冬二韻入聲末闕廿八鐸以下五韻中間復稍有闕佚有長孫訥言本所加字而紐首下但著幾字不著幾加幾然如平聲下仙韻卷紐下鬈字豪韻高紐下鼛字青韻寧紐下寗字鹽韻銛紐下𢙉字上聲靜韻靜紐下彰婧竫三字入聲月韻伐紐下瞂字沒韻末紐下歇字薛韻列紐下鴷字輟紐下剟字錫韻的紐下[illegible]字昔韻末碧字合韻錔紐下謦字盍韻末罨字皆注云新加又注文亦間有稱案者如平聲下仙韻鮮字注云按文作鱻麻韻虵字注云案文作蛇陽韻暘字注云案文昜萇字注云案文羊桃疰字注云案文作莊尤韻枕字注云案說文原無點裘字注云案文求無點鼽字注云案文病寒鼻塞侵韻針字注云案文作

鱵。蒸韻興字注云案文作興上聲。旨韻兕字注云案文野牛而
青。語韻所字注云案文戶斤爲正。姥韻虎字注云。案文山獸之
君。足似人足。故足下安人。此儿即是古人字。潸韻版字注云案
文判。馬韻馬字注云案文有四點象四足。感韻萏字注云案文
作𨶏。養韻兩字注云案文廿四銖爲兩。有韻羑字注云案文從
久。入聲質韻膝字注云案文作厀。黠韻豽字注云說文作貀。肩
韻巀字注云案文作巀。嵲字注云案文作嵲。嶲字注云案文從
圭作巂。薛韻竭字注云說文作渴。揲字注云案文思頰反閱持。
剟字注云案文刊新加。錫韻䄷字注云案文百廿斤。役字注云
案文作伇。麥韻麥字注云案文從來作麥。陌韻戟字注云案文
作戟。盍韻鰈字注云案文作魼。葉韻曄字注云案文作此燁。此
三十二條皆稱案字。又皆據說文爲說。與長孫氏箋注體例正
同。疑亦出長孫氏注本而刪去其案語者。上所舉三十二條。乃

删之未盡者蓋長孫訥言注節本也又以書體言則第一種為初唐寫本第二種第三種并唐中葉寫本亦足證前者為陸氏原本後者為長孫氏箋注本若具節本也

陸法言切韻五卷隋書及舊唐書經籍志唐書藝文志均未著錄惟新舊志并有陸慈切韻五卷日本源順倭名類聚引陸詞切韻五十四條又日本僧瑞信淨土三部經音義引陸詞切韻十六條頗見於此三種中而未見者亦半蓋源順瑞信所據或後人增注之本此三種亦或有删節不得謂非一書集韻二冬苳字注引陸詞曰苣苳冬生此本冬韻有苳字注云草名而無苣苳冬生四字蓋集韻所據亦增注本日本狩谷望之倭名鈔箋謂陸詞即法言案詞與法言名字相應又以唐寫殘韻與彼土所引陸詞切韻校之半相符合則狩谷之言殆信而唐志之陸慈亦即陸詞隋唐間人多以字行故字著而名隱耳法言之

書自宋以後公私書目均未著錄蓋自廣韻盛行而隋唐諸韻書皆廢此書之佚已千有餘歲矣

法言事迹史不概見前人亦無考之者案隋書陸爽傳爽字開明魏郡臨漳人自齊入周隋時為太子洗馬開皇十一年卒官年五十三子法言敏學有家風釋褐承奉郎據此則開皇初法言與蕭顏諸公論韻時年纔弱冠而諸公多顯於梁魏齊周之世於法言均為丈人行矣其受成書之託亦即以此隋書又云初爽之為洗馬嘗奏高祖云皇太子諸子未有嘉名請依春秋之義更立名字上從之及太子廢上追怒爽曰我孫製名寧不自解陸爽乃爾多事扇惑於勇亦由此人其身雖故子孫并宜廢黜終身不齒法言竟坐除名案太子勇之廢在開皇二十年九月次年改元仁壽法言除名當在是冬切韻序作於仁壽二年云今反初服私訓諸弟凡有文藻即須音韻遂取諸家音韻

古今字書定之為切韻五卷是法言撰此書著手於開皇仁壽間而成於仁壽二年也

先儒以廣韻出於陸韻遂謂陸韻部目及其次序與廣韻不殊此大誤也以余曩日所考則廣韻部目次序并出李舟而切韻唐韻則自為一系今見陸氏書乃得證成前說案陸氏書雖闕有間然平上入三聲分目具存平聲上廿六韻其次為一東二冬三鍾四江五支六脂七之八微九魚十虞十一模十二齊十三佳十四皆十五灰十六咍十七真十八臻十九文廿殷廿一元廿二魂廿三痕廿四寒廿五刪廿六山平聲下廿八韻一先二仙三蕭四宵五肴六豪七歌八麻九覃十談十一陽十二唐十三庚十四耕十五清十六青十七尤十八侯十九幽廿侵廿一鹽廿二添廿三蒸廿四登廿五咸廿六銜廿七嚴廿八凡視廣韻無諄寒戈三韻而次第亦異上聲準之凡五十一韻視廣

韻無準緩果三韻。次序與平聲同。入聲三十二韻。視廣韻無術曷二韻。其次為一屋二沃三燭四覺五質六物七櫛八迄九月十沒十一末十二黠十三鎋十四屑十五薛十六錫十七昔十八麥十九陌廿合廿一盍廿二洽廿三狎廿四葉廿五怗廿六緝廿七藥廿八鐸廿九職卅德卅一業卅二乏。與廣韻次序固殊。即與本書平上二聲之次序亦不相應。自顏氏干祿字書至孫愐唐韻皆用其次。事具後表。

書內府所藏王仁昫切韻後

內府藏唐寫本刊謬補缺切韻。平聲上下及上聲中有闕佚。去入二聲全。首題朝議郎行衢州信安縣尉王仁昫撰前德州司戶參軍長孫訥言注。承奉郎行江夏縣主簿裴務齊正字。前有王仁昫長孫訥言二序及字樣。蓋王仁昫用長孫氏裴氏二家所注陸法言切韻重修者。故兼題二人之名。其書平聲分上下卷上去入各一卷宋祕書省續編到四庫闕書目有刋謬補缺切韻五卷闕日本見在書目有切韻五卷王仁煦撰即此書也此書平聲分為五十四韻上聲五十二韻去聲五十七韻入聲三十二韻以校巴黎圖書館唐寫本陸法言切韻僅上聲多一广韻而與項子京所藏孫愐開元間所撰唐韻部目則毫無出入其次第則平聲升陽唐於鍾江之次登於文斤之次寒於魂痕之前侵蒸於尤侯之前又降元於先仙之後佳於歌麻之間鹽添覃談於侯幽之後上去二聲倣此入聲則以屋沃燭覺藥鐸質櫛物訖德褐黠紇屑薛鎋月緝職葉沓帖踏洽狎格昔業乏為次與陸孫諸家不同且其平入分配之法以黠紇配魂痕以鎋月配肴豪以隔麥覓錫配歌麻故陽聲或無入陰聲或有入而格陌昔二韻乃無所配與陸孫二家配隸入聲之法不同余疑仁昫此書以刋謬補缺為名其書於陸韻次序蓋無變更

今本蓋為寫書者所亂非其朔也何以言之此書平聲上凡每紐下字數皆云厶加厶上厶為陸韻字數下厶為王氏所加之數而平聲下及上去入三聲每紐下但記總數不復分別原字數及所加之數惟平聲上之陽唐二韻每紐下但記總數與平聲下及上去入三聲同而與前之東冬鍾江四韻後之支脂之三韻（今平聲上所存者止此）不同是此二韻分明由王韻平聲下移入平聲上者設王氏草此書時陽唐二部本置於支脂之前不容參差不治如此也但就今本次序言之惟升登於文斤寒之間於古今音理均無所據而合鹽添以下八韻為一類已開李舟切韻與廣韻之先合江陽唐為一類又為蒸斐軒詞韻與周德清中原音韻之祖合歌佳麻為一類又近世言古韻者合故此書次序無論出於王氏與否其於音理固非無所貢獻也至於陸氏切韻巴黎所藏唐寫本去聲全闕而此本獨完又上聲僅五十一

韻而此本獨五十二韻與孫愐唐韻第一本同皆足以窺見陸氏原本之大概又如平聲上目錄所記呂夏侯陽李杜五家異文余前已考定為陸韻原文六朝韻書部目於此可見一斑然則此書於音韻學上之價值豈在陸孫二韻之後乎

書式古堂書畫彙考所錄唐韻後

余於隋唐韻書得見唐寫本陸法言切韻殘卷三孫愐唐韻殘卷一既據以作唐諸家切韻部目表矣壬戌秋讀卞令之式古堂書畫彙考中錄明項子京所藏唐韻五卷前有孫愐序并四聲部目都數後題元和九年正月三日寫吳王本孫序首行題唐韻序次行題朝議郎行陳州司法參軍事臣孫愐上序文與廣韻前所載者文句頗異其最有關繫者序中皆引憑據下無隨韻編紀添彼數家八字而有今加三千五百字通舊總一萬五千文其注訓解不在此數二十三字又武德以來創置迄開

元三十年幷列注中三十作卅愧以上陳天心作悳愧上陳死罪死罪序文至此止而無又有元青子吉成子者以下三百三十四字此實當時進書之序其書載郡縣建置訖於開元廿年又自署行陳州司法參軍事尚在天寶元年改州為郡之前自是開元中所撰至元青子吉成子以下後題歲次辛卯天寶十載則又為第二序是唐韻有開元天寶二本亦有二序今廣韻前所載乃合二序為一違失甚矣項本但有第一序乃開元中初撰之本其部目都數計平聲上二十六韻平聲下廿八韻上聲五十二韻去聲五十七韻入聲卅二韻與巴黎所藏陸法言切韻全同惟上聲較陸多一韻與王仁昫切韻同攷王韻出於陸韻上聲固亦有分五十二韻者則其部數固全用陸韻之舊也而魏鶴山所藏唐韻删第廿八山第廿九蓋已增諄桓二韻而齊韻後又有移韻故陸韻平聲上廿六者增為廿九蔣氏殘

本去聲別稕於震，別換於翰，別過於箇，入聲別術於質，別曷於末，則平聲有諄桓戈，上聲有準緩果各三韻可知。此二本視開元本增平聲四，上去聲各三，入聲二，當是天寶十載重定之本。魏鶴山所云前有部敘，各注清濁，又廣韻前所載清濁之論，亦皆天寶本所加也。然則唐韻前後二本部目不同，前者尚是陸韻支流，後者則孫氏自以己意分部者也。又項本序云，今加三千五百字，通舊總一萬五千文，則陸氏切韻原本止萬一千五百字。封氏聞見記云，陸法言切韻凡一萬二千一百五十八字，蓋併長孫訥言所加六百字（見敦煌本切韻長孫序）計之，則孫氏所據切韻非長孫氏箋注本也。其第二序所云前後總加四萬二千三百八十三言，尋其文義，似專指注解之字，其所加正文若干，序中必明言之，惜已為後人刪去（如長孫序、孫氏前序所記加字之數，廣韻悉行刪去），然於三千五百字外必尚有增加可知。孫韻第二本今已有蔣氏所藏殘本行世，項氏

所藏開元本下令之著錄甚詳殆必親見其書頗疑此物尚在人間安得一朝復出與敦煌本切韻蔣氏唐韻并傳耶

書吳縣蔣氏藏唐寫本唐韻後

吳縣蔣伯斧郎中藏唐寫本唐韻存去入二聲去聲首又闕一送二宋三用四絳五寘六至七志及八未之半中間又闕十九代之小半廿廢廿一震廿二稕廿三問廿四焮及廿五願之大半曩蔣君跋此書以此為陸法言切韻原本又以為長孫訥言初箋注之本然余則以此為孫愐書此有數證焉蔣本廿三線⿰糹風字下注云陸無訓義五十五證蹬字下注云陸本作眙廿參鶣字下注云陸入格韻凡三引陸韻則此本非陸韻也卅鐸彉字下注云開元十三年置彍騎案長孫箋注成於儀鳳二年而此有開元十三年事則此本非長孫氏箋注也其為孫愐書亦有數證隋唐韻書皆曰切韻獨孫愐取周易周禮之義勒成一

書名曰唐韻，見於自序。此本卷五前題尚存，曰唐韻卷第五，與孫序合，是為孫書之證一也。孫序云：州縣名號，亦據今時。又云：武德以來創置，及開元三十年，幷列注中。蔣君跋中舉未韻之曁字，廣韻注云：諸曁縣在越州，此本云在會稽；齊韻之薊字，廣韻注云縣名，又州，開元十八年以漁陽為薊州，此本直云縣名；代韻之代字，廣韻注云州名，此本云郡名；緝韻之汲字，廣韻注云縣名在衞州，此本云郡名在衞。謂郡縣之沿用隋名者，即以此為法言書之證。余謂此正孫書之證也。舊唐書玄宗紀：天寶元年二月，天下諸州改為郡，刺史改為太守。唐時建置，以此及乾元元年復郡為州為最大。孫序所云開元三十年，即天寶元年。（開元無三十年）越州之為會稽郡，薊州之改為漁陽郡而僅存薊縣，代州之為代郡，汲縣之為汲郡，皆開元三十年事，與隋無涉。又此本注中說水地所在，凡五十餘科，皆舉郡名，不舉州名，正序中

於此本而異於倭名鈔所據之本此由倭名鈔已經後人增改故有此不合此具為孫書之證七也（見日本狩谷棭齋箋注倭名類聚鈔序）前蔣君跋此書謂書中於太宗諱世字睿宗諱旦字皆闕筆代宗以後之諱則否玄肅二宗之諱皆在平韻不可考余細檢全書見九御中豫字（代宗諱）四十禡漾字注中豫字十三末中括字（德宗諱）均不闕筆然三十一職鄭字下注中豫州之豫作豫闕末二筆則此書當是肅代之間寫本當寫第四卷時肅宗未崩比寫至第五卷末則已聞代宗更名及登極之詔（均在四月）故不闕於前而闕於後不闕於大字而闕於小注也是歲距孫氏書成已十年其所寫者為孫氏書無疑此八證也此本既得證明為孫氏書則唐韻種種疑問均可迎刃而解惜蔣君墓已宿草不能復起而與討論此事也

孫氏唐韻唐宋二志著錄均云五卷蔣氏所藏殘本入聲首亦題唐韻卷第五惟魏鶴山唐韻後序云其部敘於一東下注云

德紅反濁滿口聲自此至三十四乏皆然於二十八删二十九山之後繼之以三十先三十一仙上聲去聲亦然云云則似魏氏所藏唐韻平聲不分上下卷余謂魏氏所謂部敍蓋於每卷首分目之外別為一總目其下分注清濁以明所以分析之故其平聲本是同類故二十八删二十九山之後即繼以三十先三十一仙至於本書則分卷仍與陸韻同自當云一先二仙不得云三十先三十一仙也今大宋重修廣韻孫愐序後尚有論曰一段凡一百五字專論以五音清濁分韻之理此即孫氏部敍後之總論有目故云部有論故云敍部敍自為一篇冠於書首與分卷無涉惜廣韻删其目而存其論致使孫氏所分之清濁不可復考而其論亦不能知為孫氏所作微鶴山之言無由知孫書之審於音理如是矣孫愐既審於音理故於陸韻部目頗有修正魏鶴山唐韻後序曰此書別出栘齹二字為一部注

云陸與齊同今別又以殘本去入二韻求之去聲代十九願廿五是中間闕五韻當有稕韻而入聲有術韻是諄之去入也去聲有換韻入聲曷末亦分為二是桓之去入也去聲箇後有過韻是戈之去則別諄於真別桓於寒別戈於歌皆始於孫氏又韻中之紐紐中之字亦頗有移易廣韻惟齊移不分用陸氏本其餘皆從孫本此外別無增損也

唐人盛為詩賦韻書當家置一部故陸孫二韻當時寫本當以萬計陸韻即巴黎所藏三本已有異同孫韻傳之後世可考見者除鶴山所藏外如歐陽公見吳彩鸞書葉子本（歸田錄）黄山谷所見凡六本（山谷題跋）鮮于伯機藏一卷（雲烟過眼錄）傳寫既多故名稱部目不能盡同倭名鈔所引有唐韻有孫愐切韻遼希麟續一切經音義又引孫愐廣韻而唐段公路北户錄（卷一）引廣韻一條（據明影宋鈔本陸氏刊本作唐韻）唐僧慧琳一切經音義（卷八十）引廣切韻一條并見於蔣氏所藏

殘本中蓋孫氏書本因法言切韻而廣之故亦名廣切韻畧之則或稱切韻或稱廣韻而據其自序則確名唐韻是其書名已自不同又倭名鈔所引唐韻及孫愐切韻與淨土三部經音義所引孫愐說以唐韻殘本所有者校之頗有不合即大徐說文所用孫愐反切亦與唐韻殘本有異同蓋傳寫既多寫者往往以意自為增損即部目之間亦不免小有分合如夏英公四聲韻所據之唐切韻與唐韻相去尤近即視為唐韻別本為後人增加者亦無不可學者苟一思唐韻寫本之多則不必疑其參池不合矣

書小徐說文解字篆韻譜後

徐楚金說文解字篆韻譜傳世者有五卷本及十卷本十卷本部次與陸孫諸韻及古文四聲韻大同此即大徐後序所謂以切韻次之者也五卷本則與廣韻大同即大徐後序所謂以李

舟切韻爲正者也。馮敬亭跋十卷本，言之極爲精詳。惟以譜中無杉韻，而巂字在齊韻末，謂此譜即用陸法言切韻，則恐不然。陸韻恭蜙縱諸字皆在冬韻，孫愐改入鍾韻，今小徐譜中恭蜙二字皆在鍾韻，縱字在用韻，（用爲鍾之去）即用孫說，是所據者非陸韻明矣。惟齊後無杉韻，又入聲以聿爲術，且無曷韻，與孫愐韻殊。

書古文四聲韻後

夏英公進古文四聲韻表云：準唐切韻，分爲四聲。其書平聲齊韻後有杉韻，又恭縱蜙三字皆在鍾韻，與孫愐唐韻同。仙韻後有宣韻，與小徐所據切韻、大徐所據李舟韻同。惟上聲獮後有選韻，爲彼二韻所無；去聲梵後有釅韻，爲唐韻及小徐所據切韻所無；又入聲質後有聿術二韻，（聿韻收聿卒戌恤黜術出七字，術韻收術述鷸三字）而殘本唐韻有術無聿，小徐所據切韻有聿無術，唐人韻書部目以此爲最多矣。然其獮韻中甍字下注人兗切，而部目中選字上注思兗切，二韻俱以宄字爲切。又目中聿字注余律切。術字注食律切。二韻俱以律字爲切。蓋淺人見平聲仙宣爲二。故增選韻以配宣。又見術韻或以術爲部首。（如唐韻）或以聿爲部首。（如小徐所據切韻）遂分術聿爲二。而其反切皆未及改。其本當在唐韻與小徐所據切韻之後矣。

唐諸家切韻考

唐韻一書。以法言切韻爲本。而以諸家增字附之。故首列切韻撰人。後即列增字諸家姓名。如郭知玄關亮薛峋王仁煦祝尚丘孫愐嚴寶文裴務齊鄭道固凡九人。皆唐時撰切韻者也。中土書惟郭忠恕汗簡引郭知玄字畧鋊鈒二字。佩觿引裴務齊切韻序轉注之說。夏英公古文四聲韻引郭知玄朱箋及祝尚丘韻。此外無聞焉。惟日本現在書目有郭知玄王仁煦祝尚丘裴務齊陳道固切韻各五卷。倭名類聚鈔引郭知玄切韻一條。

郭知玄曰五條。薛峋切韻一條。薛峋曰一條。祝尚丘切韻一條。祝尚丘曰一條。裴務齊切韻二條。而日本僧瑞信所撰淨土三部經音義集（是書成於日本嘉禎二年當宋理宗端平三年）所引尤夥。有郭知玄五十三條。薛峋三十條。王仁煦十三條。祝尚丘十九條。（皆自唐時日本所撰東宮切韻轉引）是以上九家皆有專書。廣韻於陸韻外兼綜諸家。故封氏聞見記謂陸書僅一萬二千一百五十八字。長孫訥言增六百字。孫愐所增據殘本注加字者計之。亦僅七分一有奇。而廣韻二萬六千一百四十九言。視陸韻字數踰倍。知其所取者博矣。

唐人所撰切韻。除九家外。唐書藝文志有李舟切韻十卷。（宋志五卷）僧猷智辨修加字切韻五卷。通志藝文畧有李邕唐韻要畧一卷。無名氏唐切韻五卷。汗簡佩觿所引有王存乂切韻。（日本現在書目王存藝切韻五卷。藝即乂也。佩觿屢引王存乂說。又云諸家以經史借用字加陸氏切韻。本為王存乂明之云云）佩觿又引李審言切韻。汗簡古文四聲韻引義雲切韻。（汗簡首載所引書目有義雲章。又有義雲切韻。古文四聲韻首目同。然汗簡頁部題字下注云義雲章切韻。則又似一書）日本現在書目有麻果孫伷蔣魴盧自始韓知十沙門清澈切韻各五卷。釋弘演切韻十卷。倭名鈔所引釋氏切韻殆即弘演書。宋史藝文志有天寶元年集唐韻五卷。而玄宗與陳廷堅所撰韻英張戩考聲切韻。武玄之韻銓。別為一系者。尚不與焉。以上諸書脩廣韻時雖未必盡存。然於關亮九人增字後又云更有諸家增字。并列卷中。則當時未必不采及此矣。

李舟切韻考

唐諸家切韻中。不可不特記者。李舟切韻是也。李舟之名。屢見於唐人說部。而新舊唐書無傳。新書宰相世系表姑臧房李承九世孫舟。字公受。虔州刺史。隴西縣男。案承之六世孫義琰相高宗。八世孫揆相肅宗。則其九世孫舟自當在孫愐之後。舊書梁從義傳。建中元年。金部員外郎李舟奉使荊襄。當即其人。又杜工部有送李校書二十六韻云。李舟名父子。清峻文章伯。十五富文史十八足賓客十九授校書二十聲輝赫又云乾元二年春萬姓始安宅舟也衣綵衣告我欲遠適是代宗乾元之初舟年二十許則切韻之作當在代德二宗之世其書唐時不顯至宋初而始見重有宋一代韻書部次皆自李舟出也

唐人韻書以部次觀之可分為二系陸法言切韻孫愐唐韻及小徐說文解字篆韻譜夏英公古文四聲韻所據韻書為一系大徐改定篆韻譜與廣韻所據者為一系前系四種其部次雖稍有出入然大抵平聲覃談在陽唐之前蒸登居鹽添之後上去二聲準是去聲之泰又在霽前或并蠲於梵入聲則以屋沃燭覺質術物櫛迄月沒曷末黠鎋屑薛錫昔麥陌合盍洽狎葉帖緝藥鐸職德業乏為次不與平上去三聲部次相配則韻書自隋至於有唐中葉固未有條理秩然之部次如今所見之廣韻者也惟大徐改定說文解字篆韻譜除增三宣一部外其諸

部次第與廣韻全同。大徐於雍熙四年作韻譜後序云：韻譜既成，廣求餘本，頗有刊正。今復承詔校定說文，更與諸儒精加研覈，又得李舟切韻，殊有補益。其間疑者，以李氏為正。是大徐改定韻譜，多據李舟。今小徐原本與大徐定本二者具存，其間無大異同。惟小徐原本部次與唐韻同，大徐改本與廣韻同。而大徐本所據為李舟切韻，然則謂廣韻部次即李舟切韻之部次，殆無不可也。

取唐人韻書與宋以後韻書比校觀之，則李舟於韻學上有大功二：一使各部皆以聲類相從；二四聲之次相配不紊是也。前者如降覃談於侵後，升蒸登於青後。覃談之降，於古韻及文字之偏旁諧聲皆有依據，不獨覃談二部唐時早與侵鹽諸部字俱變而已。蒸登之升，則本於呂靜韻集。顏氏家訓謂韻集以成仍宏登合成兩韻，則呂氏書蒸登部字自與耕清為類，而李舟從之其次勝於陸孫諸韻遠甚至於四聲次序相配觀下唐宋諸韻部次表自明其尤顯者在上去二聲末四韻唐時韻書平聲或有嚴無凡（惟陸韻及古文四聲韻有之小徐所據切韻幷凡於嚴李舟韻自其上去入三聲觀之必有凡韻而今大徐本無者蓋因嚴凡二部字少合之）而上去則有范梵而無儼釅（惟古文四聲韻有之）李韻上聲末四韻以湛（即豏）檻儼范為次去聲以陷鑑釅梵為次入聲以狎洽業乏為次是增改舊韻部目（小徐所據切韻上湛檻范去陷鑑梵無儼釅二部唐韻殘本闕上聲去聲陷鑑梵而梵韻末有嚴字古文四聲韻雖有儼釅二部上聲亦以豏檻儼范為次然去聲仍以陷鑑梵釅為次與平上入三聲不相應）以配平聲咸銜嚴凡者而廣韻從之今傳世廣韻上聲以儼豏檻范去聲以釅陷鑑梵為次不與平入二聲相配（宋本元本皆同惟曹楝亭所藏一宋本去聲以陷鑑釅梵為次上聲琰韻下注與忝同用不注忝儼同用與李舟韻合）戴氏聲韻考謂今廣韻儼釅二部在豏陷二部前者乃後人據景祐禮部韻畧改之案廣韻既用李舟部次不應此處或異戴說是也又案陸韻儼字在琰韻中小徐篆韻譜所據切韻同即廣韻儼字亦琰儼兩收則景祐韻畧改儼與琰忝釅與豔㮇同用亦據舊韻而廣韻以儼范釅梵同用則據唐韻唐

韻梵韻有嚴字殆釅之譌是梵釅為一而廣韻釅韻四切具魚欠許欠亡劍三切皆用梵韻字可見廣韻所據本釅韻諸字皆在梵韻與唐韻同廣韻雖從李舟韻增改部目然反切仍未及改也要之諸部以聲類相近為次又平上去入四聲相配秩然乃李舟切韻之一特色大徐改定篆韻譜既用其次陳彭年亦江南舊人又嘗師事大徐故修廣韻亦用之以後韻略集韻諸書雖升嚴儼釅業四韻與廣韻異然四聲之次無不相配故李舟切韻之為宋韻之祖猶陸法言切韻之為唐人韻書之祖也乃南宋以後皆以廣韻本於陸法言孫愐遂疑其次第亦本陸孫致使李舟整齊畫一之功不顯於世使陸孫二韻殘本及二徐篆韻譜不存此事將湮没終古矣

唐時韻書部次先後表 表中陸者切韻孫者唐韻一為卞氏書畫錄所載二為蔣氏所藏故以一二別之夏者古文四聲韻鍇者小徐篆韻譜鉉者大徐改定篆韻譜也王者內府藏王仁昫切韻也并附列廣韻部次以資比校切韻去聲蔣本唐韻平上二聲唐寫本闕以壹貳叁肆等大數字別之　孫氏開元廿年所編唐韻與陸韻同此表所列天寶十載重編本也

平聲	陸	孫一	孫二	夏	鍇	鉉	王	廣
東	一	一	壹	一	一	一	一	一
冬	二	二	貳	二	二	二	二	二
鍾	三	三	叁	三	三	三	三	三
江	四	四	肆	四	四	四	四	四
支	五	五	伍	五	五	五	七	五
脂	六	六	陸	六	六	六	八	六
之	七	七	柒	七	七	七	九	七
微	八	八	捌	八	八	八	十	八
魚	九	九	玖	九	九	九	十一	九
虞	十	十	拾	十	十	十	十二	十
模	十一	十一	拾壹	十一	十一	十一	十三	十一

上聲	陸	孫一	孫二	夏	鍇	鉉	王	廣
董	一	一	壹	一	一	一	一	一
腫	二	二	貳	二	二	二	二	二
講	三	三	叁	三	三	三	三	三
紙	四	四	肆	四	四	四	六	四
旨	五	五	伍	五	五	五	七	五
止	六	六	陸	六	六	六	八	六
尾	七	七	柒	七	七	七	九	七
語	八	八	捌	八	八	八	十	八
麌	九	九	玖	九	九	九	十一	九
姥	十	十	拾	十	十	十	十二	十

去聲	陸	孫一	孫二	夏	鍇	鉉	王	廣
送	壹	一	壹	一	一	一	一	一
宋	貳	二	貳	二	二	二	二	二
用	叁	三	叁	三	三	三	無	三
絳	肆	四	肆	四	四	四	三	四
寘	伍	五	伍	五	五	五	六	五
至	陸	六	陸	六	六	六	七	六
志	柒	七	柒	七	七	七	八	七
未	捌	八	八	八	八	八	九	八
御	玖	九	九	九	九	九	十	九
遇	拾	十	十	十	十	十	十一	十
暮	拾壹	十一	十一	十一	十一	十一	十二	十一

入聲	陸	孫一	孫二	夏	鍇	鉉	王	廣
屋	一	一	一	一	一	一	一	一
沃	二	二	二	二	二	二	二	二
燭	三	三	三	三	三	三	三	三
覺	四	四	四	四	四	四	四	四

齊	移			佳	皆		灰	咍		真		諄
十二 十二 拾貳 十二 十二 十二 十四 十二	無 無 拾叁 十三			十三 十三 拾肆 十四 十三 十三 四十 十三	十四 十四 拾伍 十五 十四 十四 十五 十四		十五 十五 拾陸 十六 十五 十五 十六 十五	十六 十六 拾柒 十七 十六 十六 十七 十六		十七 十七 拾捌 十八 十七 十七 十八 十七		無 無 拾玖 十九 十八 十八 無 十八
薺				蟹	駭		賄	海		軫		準
十一 十一 拾壹 十一 十一 十一 十三 十一				十二 十二 拾貳 十二 十二 十二 三八 十二	十三 十三 拾叁 十三 十三 十三 十四 十三		十四 十四 拾肆 十四 十四 十四 十五 十四	十五 十五 拾伍 十五 十五 十五 十六 十五		十六 十六 拾陸 十六 十六 十六 十七 十六		無 無 拾柒 十七 十七 十七 無 十七
霽		祭	泰	卦	怪	夬	隊	代	廢	震		稕
拾叁 十二 十三 十三 十三 十二 十三 十二		拾肆 十四 十四 十四 十四 十三 十四 十三	拾貳 十二 十二 十二 十二 十四 十五 十四	拾伍 十五 十五 十五 十五 十五 四二 十五	拾陸 十六 十六 十六 十六 十六 十六 十六	拾柒 十七 十七 十七 十七 十七 十七 十七	拾捌 十八 十八 十八 十八 十八 十九 十八	拾玖 十九 十九 十九 十九 十九 二十 十九	貳拾 廿 貳拾 二十 二十 二十 十八 二十	貳壹 廿一 貳壹 二一 二一 二一 二一 二一		無 無 貳貳 二二 二二 二二 無 二二
										質	聿	術
										五 五 五 五 五 五 七 五	無 無 無 六 六	無 無 六 七 無 六 無 六

二十一

臻	文	殷	元	魂	痕	寒	桓	刪	山	先	仙	宣
十八	十九	廿	二一	二二	二三	二四	無	二五	二六	一	二	無
十八	十九	廿	廿一	廿二	廿三	廿四	無	廿五	廿六	一	二	無
貳拾	貳壹	貳貳	貳叁	貳肆	貳伍	貳陸	貳柒	貳捌	貳玖	壹	貳	三
廿	二一	二二	二三	二四	二五	二六	二七	二八	二九	一	二	三
十九	二十	二一	二二	二三	二四	二五	二六	二七	二八	一	二	三
十九	二十	二一	二二	二三	二四	二五	二六	二七	二八	一	二	
十九	二十	二一	三十	二四	二五	二三	二無	二八	二九	二六	二七	
十九	二十	二一	二二	二三	二四	二五	二六	二七	二八	一	二	

	吻	隱	阮	混	很	旱	緩	潸	產	銑	獮	選
	十七	十八	十九	二十	二一	二二	無	二三	二四	二五	二六	無
	十七	十八	十九	廿	廿一	廿二	無	廿三	廿四	廿五	廿六	無
	拾捌	拾玖	貳拾	貳壹	貳貳	貳叁	貳肆	貳伍	貳陸	貳柒	貳捌	無
	十八	十九	二十	二一	二二	二三	二四	二五	二六	二七	二八	二九
	十八	十九	二十	二一	二二	二三	二四	二五	二六	二七	二八	
	十八	十九	二十	二一	二二	二三	二四	二五	二六	二七	二八	
	十八	十九	二八	二二	二三	二一	無	二六	二七	二四	二五	
	十八	十九	二十	二一	二二	二三	二四	二五	二六	二七	二八	

	問	焮	願	慁	恨	翰	換	諫	襇	霰	線	
	貳貳	貳叁	貳肆	貳伍	貳陸	貳柒	無	貳捌	貳玖	叁拾	叁壹	
	廿二	廿三	廿四	廿五	廿六	廿七	無	廿八	廿九	卅	卅一	
	貳叁	貳肆	二五	二六	二七	二八	二九	三十	三一	三二	三三	
	二三	二四	二五	二六	二七	二八	二九	三十	三一	三二	三三	
	二三	二四	二五	二六	二七	二八	二九	三十	三一	三二	三三	
	二三	二四	二五	二六	二七	二八	二九	三十	三一	三二	三三	
	二二	二三	三二	二六	二七	二五	無	三十	三一	二八	二九	
	二三	二四	二五	二六	二七	二八	二九	三十	三一	三二	三三	

櫛	物	迄	月	沒		曷	末	黠	鎋	屑	薛	
七	六	八	九	十		無	十一	十二	十三	十四	十五	
七	六	八	九	十		無	十一	十二	十三	十四	十五	
八	七	九	十	十一		十二	十三	十四	十五	十六	十七	
九	八	十	十一	十二		十三	十四	十五	十六	十七	十八	
八	七	九	十	十一		無	十二	十三	十四	十五	十六	
七	八	九	十	十一		十二	十三	十四	十五	十六	十七	
八	九	十	十八	十四		無	十二	十三	十七	十五	十六	
七	八	九	十	十一		十二	十三	十四	十五	十六	十七	

蕭	宵	肴	豪	歌	戈	麻	陽	唐	庚	耕	清	青
三 三 叁 四 四 四 三一 三	四 四 肆 五 五 五 三二 四	五 五 伍 六 六 六 三三 五	六 六 陸 七 七 七 三四 六	七 七 柒 八 八 八 三九 七	無 無 捌 九 九 九 無 八	八 八 玖 十 十 十 四一 九	十一 十一 拾貳 十三 十三 十一 五 十	十二 十二 拾叄 十四 十四 十二 六 十一	十三 十三 拾肆 十五 十五 十三 三五 十二	十四 十四 拾伍 十六 十六 十四 三六 十三	十五 十五 拾陸 十七 十七 十五 三七 十四	十六 十六 拾柒 十八 十八 十六 三八 十五
篠	小	巧	晧	哿	果	馬	養	蕩	梗	耿	靜	迥
二七 廿七 貳玖 三十 二九 二九 二九 二九	二八 廿八 叁拾 三一 三十 三十 三十 三十	二九 廿九 叁壹 三二 三一 三一 三一 三一	三十 卅 叁貳 三三 三二 三二 三二 三二	三一 卅一 叁叁 三四 三三 三三 三七 三三	無 無 叁肆 三五 三四 三四 無 三四	三二 卅二 叁伍 三六 三五 三五 三九 三五	三五 卅五 叁捌 三九 三八 三六 四 三六	三六 卅六 叁玖 四十 三九 三七 五 三七	三七 卅七 肆拾 四一 四十 三八 三三 三八	三八 卅八 肆壹 四二 四一 三九 三四 三九	三九 卅九 肆貳 四三 四二 四十 三五 四十	四十 四十 肆叁 四四 四三 四一 三六 四一
嘯	笑	效	號	箇	過	禡	漾	宕	映	諍	勁	徑
叁貳 卅二 三四 三四 三四 三四 三三 三四	叁叁 卅三 三五 三五 三五 三五 三四 三五	叁肆 卅四 三六 三六 三六 三六 三五 三六	叁伍 卅五 三七 三七 三七 三七 三六 三七	叁陸 卅六 三八 三八 三八 三八 四一 三八	無 無 三九 三九 三九 三九 無 三九	叁柒 卅七 四十 四十 四十 四十 四三 四十	肆拾 四十 四三 四三 四三 四一 四 四一	肆壹 四一 四四 四四 四四 四二 五 四二	肆貳 四二 四五 四五 四五 四三 三七 四三	肆叁 四三 四六 四六 四六 四四 三八 四四	肆肆 四四 四七 四七 四七 四五 三九 四五	肆伍 四五 四八 四八 四八 四五 四十 四五
							藥	鐸	陌	麥	昔	錫
							二七 廿七 二九 三十 二八 十八 五 十八	二八 廿八 三十 三一 二九 十九 六 十九	十九 十九 二一 二二 二十 二十 二九 二十	十八 十八 二十 二一 十九 二一 十九 二一	十七 十七 十九 二十 十八 二二 三十 二二	十六 十六 十八 十九 十七 二三 二十 二三

蒸	登	尤	侯	幽	侵	覃	談	鹽	添	咸	銜	嚴
二廿貳二二十四十 三三肆五五七三六	二廿貳二二十廿十 四四伍六六八二七	十十拾十十十四十 七七捌九九九四八	十十拾二二二四十 八八玖十十十五九	十十貳二二二四二 九九拾一一一六十	二廿貳二二二四二 十壹二二二二一	拾十十二四二 九九一一三九二	十拾十十二五二 十壹二二四十三	二廿貳二二二四二 一一貳三三五七四	二廿貳二二二四二 二二叁四四六八五	二廿貳二二二五二 五五陸七七七一六	二廿貳二二二五二 六六柒八八八二七	二廿貳二二二五二 七七捌九九九三八
拯	等	有	厚	黝	寑	感	敢	琰	忝	豏	檻	儼
四四伍五五四四四 七七拾一十二一二	四四伍五五四二四 八八壹二一三十三	四四肆四四四四四 一一肆五四四二四	四四肆四四四四四 二二伍六五五三五	四四肆四四四四四 三三陸七六六四六	四四肆四四四四四 四四柒八七七十七	三卅叁三三四四四 三三陸七六八七八	三卅叁三三四四四 四四柒八七九八九	四三肆四四五四五 五五捌九八十五十	四四肆五四五四五 六六玖十九一六一	四四伍五五五四五 九九貳三二二九二	五五伍五五五五五 十十叁四三三十三	五五五五五 無一無五無四一四
證	嶝	宥	候	幼	沁	勘	闞	豔	㮇	陷	鑑	釅
伍五五五五四四四 貳二四四四六五六	伍五五五五四二四 叁三五五五七四七	肆四四四四四四四 陸六九九九八六八	肆四五五五四四四 柒七十十十九七九	肆四五五五五四五 捌八一一一十八十	肆四五五五五四五 玖九二二二一四一	叁卅四四四五五五 捌八一一一二一二	叁卅四四四五五五 玖九二二二三二三	伍五五五五五四五 拾十三三三四九四	伍五五五五五五五 壹一四四四五十五	伍五五五五五五五 肆四七七七六三六	伍五五五五五五五 伍五八八八七四七	五六五五五 無六無十無八五八
職	德				緝	合	盍	葉	帖	洽	狎	業
二廿三三三二二二 九九一二十四二四	三卅三三三二十二 十二三一五一五				二廿二二二二二二 六六八九七六一六	二廿二二二二二二 十二三一七五七	二廿二二二二二二 一一三四二八六八	二廿二二二二二二 四四六七五九三九	二廿二二二三二三 五五七八六十四十	二廿二二二三二三 二二四五三一七一	二廿二二二三二三 三三五六四二八二	三卅三三三三三三 一一三四二三一三

凡 二廿貳三無無五二 八八玖十無無四九
范 五五伍五五五五五 一二肆六四五二五
梵 伍五五五五五五五 陸七九九九九六九
乏 三卅三三三三三三 二二四五三四二四

唐廣韻宋雍熙廣韻

唐韻別有廣韻廣切韻之名，前既述之。然唐人以廣韻名書者尚不止此。通志藝文畧有張參唐廣韻五卷，玉海四十五引崇文目亦有唐廣韻五卷，二者不知是否一書，然其非孫愐書則可決也。釋文瑩玉壺清話云：句中正有字學，同吳鉉、楊文舉同撰雍熙廣韻（宋史句中正傳、玉海并同）。是宋雍熙中曾修廣韻，故景德祥符所修名大宋重修廣韻。然玉海引崇文目雍熙廣韻一百卷，則殆韻海鏡源之流，是類書而非韻書，且卷帙過鉅，不易頒行，故景德有重修之舉。是景德以前自有廣韻。紀文達據宋人書目誤說，謂陸法言諸家書均號廣韻，并以麻沙坊刊之宋廣韻畧本當之，殊可異也。

天寶韻英陳廷堅韻英張戩考聲切韻武玄之韻銓分部考

唐人韻書皆祖陸法言雖部目有增損次序有移易要皆以法言為本然法言之書用六朝正音至唐時已稍變易於是有根據唐時言語以作韻書者其分部乃不得不與法言大異此從來音韻學家所未嘗留意也以今日所知其書蓋有數種玉海四十五引韋述集賢記注云天寶末上以自古用韻不甚區分陸法言切韻又未能釐革乃改撰韻英仍舊為五卷舊韻四百三十九新加百五十一合五百八十分析至細云云案舊韻四百三十九不知何指南部新書謂天寶末有陳友元廷堅撰韻英十卷戴東原疑舊韻指廷堅韻蓋兩書皆名韻英天寶御撰之書當因廷堅書而廣之理或然也案隋唐韻部自法言以下皆不過二百有奇而兩書獨分至四百三十九或五百八十幾三倍於陸韻此必其分析之法根本不同否則法言所部分者為一種方言而韻英所部分者又為一種方言故其差別如此其鉅

也唐景審序慧琳一切經音義云古來音反多以旁紐而為雙聲始自服虔元無定旨吳音與秦音莫辨清韻與濁韻難明至如武與緜為雙聲企以智為疊韻若斯之類蓋所不取近有元廷堅韻英及張戩考聲切韻今之所音取則於此是慧琳音義全用廷堅及張戩二書故其反切與六朝以來諸家字書及韻書頗殊其開卷音大唐三藏聖教序覆載二字云上敷務反見韻英秦音也諸字書皆敷救反吳楚之音也此一條實為全書起例凡琳師反切之異於陸孫諸韻者胥視此矣據此則韻英反切以當時秦音為據與陸韻之據南北朝舊音者不同故所增部目乃視陸韻踰倍景審所譏武與緜為雙聲企以智為疊韻與琳師所舉覆為敷救反皆指陸韻一派言之緜之為武延反企之為去智反覆之為敷救反自六朝已然唐人韻書如切韻唐韻小徐篆韻譜所據某切韻以及廣韻無不從之是故陸

韻者六朝之音也韻英與考聲切韻者唐音也六朝舊音多存於江左故唐人謂之吳音而以關中之音為秦音故由唐人言之則陸韻者吳音也韻英一派秦音也厥後陸韻行而韻英一派微則由音韻之書用於屬辭者多而用以辨聲者少唐宋於二百餘部之韻猶病其窄許其就近通用卒變為一百六部之今韻然則韻英諸書之不行於世固其所也然欲考唐時關中之音固非由韻英及考聲切韻不可而琳師音義中反切實本此二書苟能取而類之雖不能見四百餘部之全亦可得其大畧及其所以分析之故此亦音韻學上一大事業而有待於後人為之者也

韻英諸書原本秦音至其著書之方法異於陸韻者有二一改類隔切為音和切二細分五音之清濁是也唐人所謂清濁蓋以呼等言陸孫諸家撰韻時固亦以清濁分類陸氏去欲廣文

路自可清濁相通若賞知音即須輕重有別孫氏云欲令清濁昭然魏鶴山所藏唐韻前有部敘於一東下注德紅反濁滿口聲自此至三十四乏皆然皆具證也然所分清濁固有未盡廣韻首孫愐序後有論曰一段余曩以為即孫氏部敘其言曰夫五音者五行之響八音之和四聲間迭在其中矣必以五音為定則參宮參羽半徵半商引字調音各自有清濁若細分其條目則令韻部繁碎徒拘桎於文辭耳云云是就五音清濁言二百六部以上尚可細分陸孫以其繁碎故不為耳故景審識清濁難明舉企智二字為例企智二字陸孫同部而韻英諸書異部即所謂細分其條目者其分部多寡之懸殊未始不由於此也

撰韻英者一切經音義序作元廷堅南部新書作陳友元廷堅太平廣記鳥類作陳王友元廷堅其人均無可考至撰考聲切

韻之張戩其人見唐書宰相世系表官至泗州刺史其弟錫相武后溫王則戩亦僞周時人然則據今音爲韻書實自戩始故以考聲名其書是天寶兩韻英亦有所本也

唐書藝文志有武玄之韻銓十五卷此亦韻英一派也北夢瑣言云廣明以前切韻多用吳音而清青二字不必分用李涪尚書改切韻全刋吳音又云曾見韻銓鄙薄切韻改正吳音亦甚叡當是韻銓之作與韻英旨趣畧同故慧琳音義於韻英及考聲切韻外多引韻銓以三書皆當時正音琳師爲疏勒人其入中國殆止習關中語故獨有取於此也

韻銓之作根據唐音雖與韻英同然韻英大分析舊韻部目而韻銓則大合幷其部目非所根據之唐音不同乃其分部之見地異也考玄之書久佚然其部目見於日本僧安然所著悉曇藏卷二中庚申春日嘉興沈乙庵先生舉以示余乃得記之安然

之言曰如真旦韻銓五十韻頭今於天竺悉曇十六韻頭皆悉攝盡以彼羅(盧何反)家(古牙反)攝此阿阿引以彼支(章移反)之(止而反)微(无非反)攝此伊伊引以彼魚(語居反)虞(語俱反)模(莫胡反)攝此鄔烏引以彼佳(胡膎反)齊(徂兮反)皆(古階反)杉(成西反)灰(呼恢反)咍(呼來反)攝此翳愛以彼蕭(蘇聊反)宵(相焦反)周(之牛反)幽(於虯反)侯(胡溝反)肴(胡交反)豪(胡刀反)攝此汗奧以彼東(德紅反)冬(都宗反)江(古邦反)鍾(之容反)陽(移章反)唐(徒郎反)京(古行反)爭(側耕反)青(倉經反)清(七情反)蒸(七應反)登(都滕反)春(尺倫反)臻(側詵反)文(武分反)魂(戶昆反)元(懸袁反)先(蘇前反)仙(相然反)山(所姦反)寒(胡安反)琴(渠今反)岑(鋤簪反)覃(徒含反)談(徒甘反)咸(胡讒反)嚴(語欽反)添(他兼反)鹽(余占反)及以諸入聲字攝此暗惡如攝韻頭從韻皆攝以彼平上去入之響攝此短聲或呼平聲或呼上聲及以長聲引呼升以涅槃音也云云據此則韻銓平韻共五十部其中羅即歌家即麻周即尤京即庚爭即耕春即真琴即侵視唐諸家韻少戈脂諄殷痕桓刪銜凡九韻而自侵部别出岑部亦諸家所無玄之何地人又所據為何處方言均不可考然如李涪刊正切韻用東都音切而謂東冬魚

模不須分別。（見所著刊誤切韻條）則唐人論今音者。於增部外。別有并部一派。然其以當時聲音為根據。則固所同也

書金王文郁新刊韻畧張天錫草書韻會後

自王文郁新刊韻畧出。世人始知今韻一百六部之目不始於劉淵矣。余又見金張天錫草書韻會五卷。前有趙秉文序。署正大八年二月。其書上下平聲各十五韻。上聲廿九韻。去聲三十韻。入聲十七韻。凡一百六部。與王文郁韻同。王韻前有許古序。署正大六年己丑季夏。前乎張書之成才一年有半。又王韻刊於平陽。張書成於南京。未必即用王韻部目。是一百六部之目。并不始於王文郁。蓋金人舊韻如是。王張皆用其部目耳。何以知之。王文郁書名平水新刊韻畧。劉淵書亦名新刊禮部韻畧。韻畧上冠以禮部字。蓋金人官書也。宋之禮部韻畧自寶元訖於南渡之末。場屋用之者逾二百年。後世遞有增字。然必經羣

臣疏請國子監看詳。然後許之。惟毛晃增注本加字乃逾二千。而其書於紹興三十二年表進。是亦不當官書也。然歷朝官私所修改。惟在增字增注。至於部目之分合。則無敢妄議者。金韻亦然。許古序王文郁韻。其於舊韻謂之簡嚴。簡謂注畧。嚴謂字少。然則文郁之書。亦不過增字增注。與毛晃書同。其於部目固非有所合併也。故王韻并宋韻同用諸韻為一韻。又并宋韻不同用之迥拯等及徑證嶝六韻為二韻者。必金時功令如是。考金源詞賦一科。所重惟在律賦。律賦用韻。平仄各半。而上聲拯等二韻。廣韻惟十二字。韻畧又減焉。在諸韻中字為最少。金人場屋或曾以拯韻字為韻。許其與迥通用。於是有百七部之目。如劉淵書或因拯及證。於是有百六部之目。如王文郁書及張天錫所據韻書。至拯證之平入。兩聲猶自為一部。則因韻字較寬之故。要之此種韻書。全為場屋而設。故參差不治如此。殆未可以聲音之理繩之也。

周代金石文韻讀序

自漢以後學術之盛。莫過於近三百年。此三百年中。經學史學皆足以陵駕前代。然其尤卓絕者則曰小學。小學之中。如高郵王氏棲霞郝氏之於訓故。歙縣程氏之於名物。金壇段氏之於說文。皆足以上掩前哲。然其尤卓絕者則為韻學。古韻之學。自崑山顧氏而婺源江氏。而休寧戴氏。而金壇段氏。而曲阜孔氏。而高郵王氏。而歙縣江氏。作者不過七人。然古音廿二部之目。遂令後世無可增損。故訓故名物文字之學。有待於將來者甚多。至古韻之學。謂之前無古人後無來者可也。原斯學所以能完密至此者。以其材料不過羣經諸子及漢魏有韻之文。其方法則皆因乎古人用韻之自然。而不容以後說私意參乎其間。其道至簡。而其事有涯。以至簡入有涯。故不數傳而遂臻其極也余讀諸家韻書竊歎言韻至王江二氏已無遺憾惟音分陰陽二類當從戴孔而陽類有平無上去入段氏六書音韻表已微及之前哲所言既已包舉靡遺故不復有所論述惟昔人於有周一代韻文除羣經諸子楚辭外所見無多余更蒐其見金石刻者得四十餘篇其時代則自宗周以訖戰國之初其國別如杞鄫邾婁徐許等并出國風十五之外然求其用韻與三百篇無乎不合故即王江二家部目譜而讀之非徒補諸家古韻書之所未詳亦以證國朝古韻之學之精確無以易也丁巳八月

高郵王懷祖先生訓詁音韻書稿敘錄

雅詁表二十一册

手稿無書題取爾雅方言廣雅小爾雅四書詁訓以建首字（即所用以訓釋之字）為經而以古韻二十一部分列所釋之字以緯之其建首字

亦各分為二十一部。故共為二十一表。每表又分二十一格。如爾雅釋詁初哉首基肇祖元胎俶落權輿始也。始為建首字。在王氏古音第十七部。故此條入第十七表。而所釋之字則元權二字在第九部。哉基胎之字在第十七部。初祖落輿四字在第十八部。首俶二字在第二十部。肇字在第二十一部。故此諸字亦各分別入第九第十七第十八第二十第二十一諸格。而權輿二字為聯緜字不可分剖。則於第九格大書權字。而注輿字於其下。第十八格則小書權字。大書輿字。其方言廣雅中諸訓始之字。亦各以其部列入。如是諸書中訓始之字三十有一。盡在一覽中。而其聲義相通之故。亦從可識矣。昔戴東原先生作轉語二十章。其書不傳。惟有一序在集中。先生此表。頗與戴君書類。惟戴君書以字母列字。先生以韻列字。此事全異。然欲以通聲音詁訓之郵。則所同也。原稿書爾雅以黑字。方言以朱字。

廣雅以繇字，然全書亦不盡用此例，而所列爾雅諸書之字，核以原書，亦尚未盡，蓋尚非寫定之本也。

雅詁表一册

以爾雅建首字爲次，乃前書之初稿。

爾雅分韻四册

方言廣雅小爾雅分韻一册

前四册正書，後一册小字行書，皆雅詁表之長編。

古音義雜記三十一葉散片

雜記古書中文字音義異同，草書。

釋大七篇二册

正書清稿，取字之有大義者，依所隸之字母彙而釋之，并自爲之注。存見谿羣疑影喻曉七母，凡七篇，篇分上下。余從雜稿中蒐得匣母一篇草書初稿，録附卷末，并爲八篇。據第四篇岸字注云說見第十八篇洒字下又第三篇君字注云物之大者皆以牛馬稱之說見第二十三篇是先生此書畧已竣事惜遺稿中已不可見矣案唐宋以來相傳字母凡三十有六古音則舌頭舌上邪齒正齒輕脣重脣并無差別故得二十三母先生此書亦當有二十三篇其前八篇為牙喉八母而洒字在第十八篇馬字在第二十三篇則此書自十五篇至十九篇當釋齒音精清從心邪五母之字自二十篇至二十三篇當釋邦滂并明四母之字然則第九至第十四六篇其釋來日端透定泥六母字無疑也今存首七篇視全書不及三分之一又觀先生遺稿似尚欲為釋始釋君諸篇而未就者殊不無俄空之憾然雅詁之繁固不能一一為之疏釋先生蓋特取爾雅首數目釋之以示聲義相通之理使學者推而用之而已然則此書苟完釋始釋君諸篇苟存亦不過示後人以治詁訓之矩矱而以殘篇足

以為後人矩矱者固亦與完書無以異蓋大家之書足以啓迪來學者固不以完闕異也

雅詁雜纂一册

雜纂雅詁中同義同母之字而疏釋之以字母分類存見母四十一條匣母一條精母一條

疊韻轉語散片

有書題雜記聯緜字以字母二字爲之綱如具區二字入見谿部扶疏夫須扶蘇扶胥諸字入幷心部所記寥寥亦無解說

詩經羣經楚辭韻譜七本

周秦韻譜一册

西漢韻譜十七册

詩經羣經楚辭合韻譜三册

周秦合韻譜三册

西漢合韻譜十七册

諧聲譜二册

古音義索隱散片

右諸韻譜。但摘經典中韻字書之。而於同韻合韻之字。旁加記識。與金壇段氏六書音韻表例同。多完具可繕寫。惟周秦合韻譜中采穆天子傳逸周書戰國策諸書。西漢合韻譜中采尚書大傳韓詩外傳春秋繁露諸書。而正韻譜中無之。蓋尚闕一二册也。諧聲譜者。以二十一部譜說文字。當時已有成書。今惟存殘稿錄說文第一篇字。以下未錄。古音義索隱多論合韻與三種合韻譜相表裏。草書叢雜。尚待編理。

案國朝治古韻者。始於崑山顧君。至婺源江君休寧戴君金壇段君而剖析益精。至先生與曲阜孔君出。而此學乃大備。先生分古音為無入有入二大類。與戴孔二君同。而不用其異平同入及陰陽對轉之說其分支脂之為三尤侯為二真諄為二與段君同又以尤之入聲之半屬侯與孔君同而增至祭二部則又為段孔二君之所未及此六家之於古韻雖先後踈密不同其說亦不能強合然其為百世不祧之宗則一也顧五家之書先後行世獨先生說學者謹從經義述聞卷三十一所載古音二十一部表窺其崖畧今遺稿粲然出於百年之後亦可謂學者之幸矣先生於戴君為弟子於段孔二君為同門然其分別韻部畧與段君同時又在戴孔二君之前先生與江晉三書云年二十三入都會試得江氏古韻標準讀之始知顧氏所分十部尚有罅漏旋里後取三百五篇反覆尋繹始知江氏之書仍未盡善輒以己意重加編次分古韻為二十一部及服官後始得亡友段君六書音韻表見其分支脂之為三尤侯為二真諄為二皆與鄙意若合符節惟入聲之分合及分配平上去與念

孫多有不合云云考先生會試旋里始治古韻在乾隆三十一年段君書成在三十五年先生始服官見段君書在四十年戴君九部之分又在四十一年然則先生二十一部之分稍後於段君而先於戴君三君者皆得之於己不相為謀而其說之大同如此所謂閉戶造車出而合轍者歟然先生諸譜與段書體例畧同殆分部在先成書在後歟抑具體裁又自闇合歟而先生之精密要在戴段二家上也世人或以先生書本於戴段者故附論之

先生諸韻譜中最切要者為說文諧聲譜先生恒舉以示人致李許齋方伯書中所錄至祭二部及侯部入聲表即自此譜中摘出者也後以定稿寄阮文達公於廣東故遺書中僅有初稿雖二十一部完具然所錄許書字不過二十分之一而已此書文達在粵東時擬為刊行未幾去粵而稿本尚留學海堂文達

於嘉慶乙丑由雲南致文簡札云古韻廿一部刻字之事若元在粵十日即成而至今杳然吳蘭修辦事有名瘦緩堂中經解若非夏道與厚民緊緊催辦必至中輟因思年凡大人此時居鄉無事何不將廣韻取出選一教館之人令其排寫特須至祭等部一一指示耳單寫大字不寫小字寫成交舍下刻之又一札云頃接粵中曾剳來書知廿一部古韻已上板冬初可有等語然則前書欲在揚另刻者不必矣曾公書內又云如風芃等字亦須提出究不知所提出者若干字云云要之此書粵中刻成與否雖不可知即令刻成乃任不知此學之人將表中諸字任意出入不如不刻之為愈可知文達於此事全屬憒憒不知文簡得此書如何作答也又第一札勸文簡將廣韻取出令一教館之人排寫此事亦談何容易然因此可知先生此譜家中別無副本矣先生父子歿後遺稿在第三孫忠介壽同所道光季

年。鄞縣王艧軒梓材館忠介家。為補二十一表。冠於詩經韻譜之首。艧軒治史學。與徐星伯張石舟諸公遊。又補宋元學案。有名於時。然於此學實未能升先生之堂。其於至祭二部及侯部入聲。均不用先生原譜。又不用原譜體例。蓋未知先生此譜為說文而作。其書視今教館之人照廣韻排寫者未之能愈也。嗚呼。以文達之通博。而於先生之學尚隔膜如此。則其他又何責焉。今盡去艧軒所補表。以存先生之真。他日當據先生至祭二表條例補十九表。附先生書後。以成一家之學。因先記粤東刊改一事。資後世一笑柄也。癸亥二月。

江氏音學跋

余曩讀段懋堂先生經韻樓集。見有江氏音學序及與江晉三論韻書。知嘉道間言古韻者有歙縣江氏一家。嗣讀當塗夏心伯炘詩古韻表廿二部集說。以江氏殿顧江段王四家後。舉其說畧備客游南北求江氏書未得也丙辰春始於嘉興沈氏海日樓見之乃咸豐壬子重刊本其已刊者為詩經韻讀（前有諸家書牘及古音廿一部目古音總論即其書之敘錄）羣經韻讀楚辭韻讀（附宋賦韻讀）先秦韻讀唐韻四聲正諧聲表入聲表等韻叢說凡八種而隸書糾繆一種則重刊時所附也亟假歸讀之并取其敘錄及諧聲表入聲表唐韻四聲正四種先後刊入學術叢編校理未竟乃兩見原刊本於滬肆亟購致之自留其一以其一寄羅叔言參事於海外原刊二本總目不同而種數無異其每種封面皆署刊書之年始知其書刊行始於嘉慶甲戌（詩經韻讀）畢於道光辛卯（諧聲表入聲表等韻叢說）越十五年丙午而板燬於火逮咸豐壬子重刊則不數載而徽州被兵其板再燬宜其傳世之希如是也江君古韻分部與高郵王懷祖先生尤近去入之祭與入聲之葉緝各自為部全與王君同惟王君於脂部中分出至質為一部而江君不分江君從曲阜孔氏說分東

冬為二部。而王君不分。故兩家韻目皆廿一部。王君於古韻亦有專書成書畧與段君同時。其所定部目。當乾隆己亥己與段君言之。然其書迄未刊布。至其子伯申尚書撰經義述聞始載懷祖先生與李許齋方伯書及古韻廿一部目。述聞成於嘉慶廿一年。次年盧氏宣旬刊之南昌。而江君書成於嘉慶十七年。（段君致江君書在是年七月作序在十月）刊於十九年。反在王君之前。王君於道光四年三月復江君書。始以所撰與李方伯書及古韻目詒之。是江君以前未聞王說。而兩家所造若合符節。猶其脂祭之分合於戴氏屋沃之分合於孔氏。其時亦未見戴孔二家書也。烏虖我朝學術莫盛於乾嘉之際。當戴東原與江慎修撰古韻標準在乾隆一二十年間。至丁亥（乾隆三十二年）而段君之六書音韻表成。戴君因之於癸巳（三十七年）分古音為七類。於丙申（四十一年）更分為九類。孔氏詩聲類即繼之而出。王君著書與戴段同時。而其書未布。江君生諸老後。

其於諸家之書有見有不見而其說多與之闇合或加精焉前後數十年間古韻之學遂以大成而江君自奮於窮鄉孤學其事尤難今諸家之書盛行而江書板經再燬傳世無多其未刊之稿又皆燬於丙午之火亦有幸不幸歟江君名有誥字晉三歙縣人貢生卒於咸豐辛亥丁巳九月記

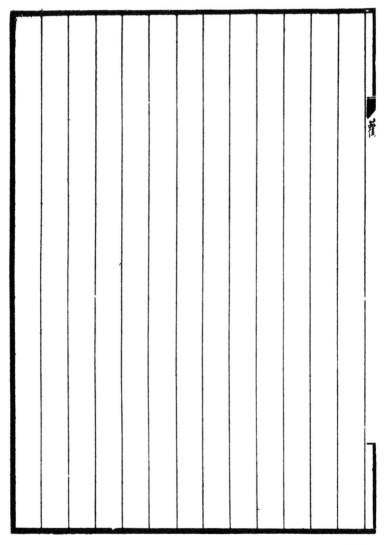

觀堂集林卷第九　史林一

海甯　王國維

殷卜辭中所見先公先王考

甲寅歲莫上虞羅叔言參事撰殷虛書契考釋始於卜辭中發見王亥之名嗣余讀山海經竹書紀年乃知王亥為殷之先公并與世本作篇之胲帝繫篇之核楚辭天問之該呂氏春秋之王氷史記殷本紀及三代世表之振漢書古今人表之垓實係一人嘗以此語參事及日本內藤博士虎次郎參事復博蒐甲骨中之紀王亥事者得七八條載之殷虛書契後編博士亦采余說旁加考證作王亥一篇載諸藝文雜誌并謂自契以降諸先公之名苟後此尚得於卜辭中發見之則有裨於古史學者當尤鉅余感博士言乃復就卜辭有所攻究

復於王亥之外得王恆一人案楚辭天問云該秉季德厥父是臧又云恆秉季德王亥即該則王恆即恆而卜辭之季之即冥（羅參事說）至是始得其證矣又觀卜辭中數十見之田字从甲在口中（十古甲字）及通觀諸卜辭而知田即上甲微於是參事前疑卜辭之⿷匚乙⿴囗丙⿷匚丁（即乙丙丁三字之在匚或コ中者與田字甲在口中同意）即報乙報丙報丁者至是亦得其證矣又卜辭自上甲以降皆稱曰示則參事謂卜辭之示壬示癸即主壬主癸亦信而有徵又觀卜辭王恆之祀與王亥同太丁之祀與太乙太甲同孝己之祀與祖庚同知商人兄弟無論長幼與已立未立其名號典禮蓋無差別於是卜辭中人物其名與禮皆類先王而史無其人者與夫父甲兄乙等名稱之浩繁求諸帝系而不可通者至是亦理順冰釋而世本史記之為實錄且得於今日證之又卜辭人名中有夒字疑即帝嚳之名又有土字或亦相土之略此二事

雖未能遽定。然容有可證明之日。由是有商一代先公先王之名。不見於卜辭者殆鮮。乃為此考以質諸博士及參事。并使世人知殷虛遺物之有裨於經史二學者有如斯也。丁巳二月。

夋

卜辭有□字。其文曰貞尞(古燎字)于□。(殷虛書契前編卷六第十八葉)又曰尞于□口牢。(同上)又曰尞于□六牛。(同上卷七第二十葉)又曰于□尞牛六。又曰貞求年于□九牛。(兩見。以上皆羅氏拓本)又曰(上闕)又于□。(殷虛書契後編卷上第十四葉)案□□二形象人首手足之形。說文夊部。夒。貪獸也。一曰母猴。似人从頁。巳止夊其手足。毛公鼎我弗作先王羞之羞作□。克鼎柔遠能扰之柔作□。番生敦作□。而博古圖薛氏款識盄和鐘之柔燮百邦。晉姜鼎之用康柔綏懷遠廷。柔并作□。皆是字也。夒羞柔三字古音同部。故互相通借。此稱高祖夒。案卜辭惟王亥稱高祖王亥（後編卷上第廿二葉）或高祖亥（戩壽堂所藏殷虛文字第一葉）大乙稱高祖乙（後編卷上第三葉）則夒必為殷先祖之最顯赫者以聲類求之蓋即帝嚳也帝嚳之名已見逸書書序自契至於成湯八遷湯始居亳从先王居作帝告史記殷本紀告作誥索隱曰一作俈案史記三代世表封禪書管子侈靡篇皆以俈為嚳偽孔傳亦云契父帝嚳都亳湯自商丘遷亳故曰從先王居若書序之說可信則帝嚳之名已見商初之書矣諸書作嚳或俈者與夒字聲相近其或作夋者則又夒字之譌也史記五帝本紀索隱引皇甫謐曰帝嚳名夋初學記九引帝王世紀曰帝嚳生而神靈自言其名曰夋太平御覽八十引作逡史記正義引作岌逡為異文岌則譌字也山海經屢稱帝俊（凡十二見）郭璞注於大荒西經帝俊生后稷下云俊宜為嚳餘皆以為帝舜之假借然大荒東經曰帝俊生仲容南經曰帝俊生季釐是即左氏傳之仲熊季貍所謂高辛氏

之才子也海內經曰帝俊有子八人實始為歌舞即左氏傳所謂有才子八人也大荒西經帝俊妻常羲生月十有二又傳記所云帝嚳次妃諏訾氏女曰常儀生帝摯者也（案詩大雅生民疏引大戴禮帝繫篇曰帝嚳下妃娵訾之女曰常儀生摯家語世本其文亦然禮記正義引同而作娵氏之女曰常宜然今本大戴禮及藝文類聚十五太平御覽一百三十五所引世本但云次妃曰娵訾氏產帝摯無曰常儀三字以上文有邰氏之女曰姜嫄有娀氏之女曰簡狄例之當有曰常儀三字）三占從二知郭璞以帝俊為帝舜不如皇甫以夋為帝嚳名之當矣祭法殷人禘嚳魯語作殷人禘舜舜亦當作夋嚳為契父為商人所自出之帝故商人禘之卜辭稱高祖夒乃與王亥大乙同稱疑非嚳不足以當之矣

相土

殷虛卜辭有◊字其文曰貞尞于◊三小牢卯一牛（書契前編卷一第二十四葉又重見卷七第二十五葉）又曰貞求年于◊九牛（鐵雲藏龜第二百十六葉）又曰貞尞尞于◊（同上第二百二十八葉）又曰貞于◊求（前編卷五第一葉）◊即土字盂鼎受民受疆土之土作⊥卜辭用刀契不能作肥筆故空其中作◊猶天之作𠑹■之作口

矣土疑即相土史記殷本紀契卒子昭明立昭明卒子相土立相土之字詩商頌春秋左氏傳世本帝繫篇皆作土而周禮校人注引世本作篇相士作乘馬作士（楊倞荀子注引世本此條作土）而荀子解蔽篇曰乘杜作乘馬呂覽勿躬篇曰乘雅作駕注雅一作持持杜聲相近則土是士非楊倞注荀子曰以其作乘馬故謂之乘杜是乘本非名相土或單名土又假用杜也然則卜辭之土當即相土曩以卜辭有𡆥土（前編卷四第十七葉）字即邦社假土為社疑諸土字皆社之假借字今觀卜辭中殷之先公有季有王亥有王恆又自上甲至於主癸無一不見於卜辭則此土亦當為相土而非社矣

季

卜辭人名中又有季其文曰辛亥卜□貞季□求王（前編卷五第四十葉兩見）又曰癸巳卜之于季（同上卷七第四十一葉）又曰貞之于季（後編卷上第九葉）季亦殷之先公即冥是也楚辭天問曰該秉季德厥父是臧又曰恆秉季德則

該與恆皆季之子。該即王亥。恆即王恆。皆見於卜辭。則卜辭之季亦當是王亥之父冥矣。

王亥

卜辭多記祭王亥事。殷虛書契前編有二事。曰貞𡆥于王亥。（卷一第四十九葉）曰貞之于王亥卌牛辛亥用。（卷四第八葉）後編中又有七事。曰貞于王亥求年。（卷上第一葉）曰乙巳卜□貞之于王亥十。（下闕同上第十二葉）曰貞𡆥于王亥。（同上第十九葉）曰𡆥于王亥。（同上第二十三葉）曰癸卯□貞□□高祖王亥□□□。（同上第二十一葉）曰甲辰卜□貞來辛亥𡆥于王亥卌牛十二月。（同上第二十三葉）曰貞登王亥羊。（同上第二十六葉）曰貞之于王亥□三百牛。（同上第二十八葉）龜甲獸骨文字有一事。曰貞𡆥于王亥五牛。（卷一第九葉）觀其祭日用辛亥。其牲用五牛三十牛四十牛。乃至三百牛。乃祭禮之最隆者。必為商之先王先公無疑。案史記殷本紀及三代世表。商先祖中無王亥。惟云冥卒子振立。振卒子微立。索隱振。系本作核。漢書古今人表作㚌。然則史記之振，當為核或為㚌字之譌也。大荒東經曰：有困民國，句姓而食。有人曰王亥，兩手操鳥，方食其頭。王亥託於有易、河伯僕牛。有易殺王亥，取僕牛。郭璞注引竹書曰：殷王子亥賓於有易而淫焉，有易之君緜臣殺而放之。是故殷主甲微假師於河伯以伐有易，克之，遂殺其君緜臣也。（此竹書紀年真本，郭氏隱括之如此。）今本竹書紀年：帝泄十二年，殷侯子亥賓于有易，有易殺而放之。十六年，殷侯微以河伯之師伐有易，殺其君緜臣。是山海經之王亥，古本紀年作殷王子亥，今本作殷侯子亥，又前於上甲微者一世，則為殷之先祖冥之子、微之父無疑。卜辭作王亥，正與山海經同。又祭王亥皆以亥日，則亥乃其正字，世本作核，古今人表作㚌，皆其通假字。史記作振，則因與核或㚌二字形近而譌。夫山海經一書，其文不雅馴，其中人物，世亦以子虛烏有視之。紀年一書，亦非可盡信者。而王亥之名竟於卜辭見之，其事雖未必盡然，而其人則確非虛構。可知古代傳說存於周秦之間者，非絕無根據也。

王亥之名及其事蹟，非徒見於山海經、竹書，周秦間人著書多能道之。呂覽勿躬篇：「王氷作服牛。」案：篆文氷作仌，與亥字相似，王仌亦王亥之譌。世本作篇：「胲作服牛。」（初學記卷二十九引，又御覽八百九十九引世本：「鮌作服牛。」鮌亦胲之譌。路史注引世本：「胲為黃帝馬醫，常醫龍。」疑引宋衷注。御覽引宋注曰：「胲，黃帝臣也，能駕牛。」又云：「少昊時人，始駕牛。」皆漢人說，不足據。實則作篇之胲，即帝繫篇之核也。）其證也。服牛者，即大荒東經之僕牛，古服、僕同音。楚辭天問：「該秉季德，厥父是臧，胡終弊于有扈，牧夫牛羊？」又曰：「恆秉季德，焉得夫朴牛？」該即胲，有扈即有易（說見下），朴牛亦即服牛。是山海經、天問、呂覽、世本皆以王亥為始作服牛之人。蓋夏初奚仲作車，或尚以人挽之，至相土作乘馬，王亥作服牛，而車之用益廣。管子輕重戊云：「殷人之王，立帛牢，服牛馬，以為民利，而天下化之。」蓋古之有天下者，其先皆有大功德於天下。禹抑鴻水，稷降嘉種，爰啟夏、周。商之相土、王亥蓋亦其倚。然則王亥祀典之隆，亦以其為制作之聖人，非徒以其為先祖。周秦間王亥之傳說，胥由是起也。

卜辭言王亥者九，其二有祭日，皆以辛亥，與祭大乙用乙日、祭大甲用甲日同例。是王亥確為殷人以辰為名之始，猶上甲微之為以日為名之始也。然觀殷人之名，即不用日辰者，亦取於時為多。自契以下，若昭明，若昌若，若冥，皆含朝莫明晦之意。而王恆之名，亦取象於月弦。是以時為名或號者，乃殷俗也。夏后氏之以日為名者，有孔甲，有履癸，要在王亥及上甲之後矣。

王恆

卜辭人名，於王亥外，又有王亙。其文曰：「貞之于王亙。」（鐵雲藏龜第一百九十九葉及書契後編卷上第九葉）又曰：「貞[glyph]之于王亙。」（後編卷下第七葉）又作王[glyph]，曰：「貞王[glyph]□」（下闕）（前編卷七第十一葉）案：亙即恆字。說文解字二部：「恆，常也。从心从舟，在二之間上下。心以舟施，恆也。亙，古文恆，从月。詩曰：如月之恆。」案許君既

云古文恆从月。復引詩以釋从月之意。而今本古文乃作亟。从
二从古文外。蓋傳寫之譌字。當作亘。又說文木部。㮓竟也。从木。
恆聲。亘古文㮓。案古从月之字。後或變而从舟。殷虛卜辭。朝莫
之朝作[glyph]。（後編卷下第三葉）从日月在茻閒。與莫字从日在茻閒同意。而
篆文作[glyph]。不从月而从舟。以此例之。亙本當作亘。留鼎有[glyph]字。
从心从亘。與篆文之恆从亙者同。即恆之初字。可知亙亘一字。
卜辭亙字从二从☽。（卜辭月字或作☽或作☽）其為[glyph]亙二字。或恆字之省。無疑。
其作[glyph]。者詩小雅。如月之恆。毛傳。恆弦也。弦本弓上物。故字
又从弓。然則亙[glyph]二字。確為恆字。王恆之為殷先祖。惟見於
楚辭天問。天問自簡狄在臺嚳何宜以下二十韻。皆述商事。（前夏事後
周事）其問王亥以下數世事曰。該秉季德。厥父是臧。胡終弊于有
扈。牧夫牛羊。干協時舞。何以懷之。平脅曼膚。何以肥之。有扈牧
豎。云何而逢。擊牀先出。其命何從。恆秉季德。焉得夫朴牛。何往

營班祿不但還來昏微遵跡有狄不寧何繁鳥萃棘負子肆情眩弟并淫危害厥兄何變化以作詐後嗣而逢長此十二韻以大荒東經及郭注所引竹書參證之實紀王亥王恆及上甲微三世之事而山海經竹書之有易天問作有扈乃字之誤蓋後人多見有扈少見有易又同是夏時事故改易為扈下文又云昏微遵跡有狄不寧昏微即上甲微有狄亦即有易也古狄易二字同音故互相通假說文解字辵部逖之古文作逷書牧誓逖矣西土之人爾雅郭注引作逷矣西土之人書多士離逖爾土詩大雅用逷蠻方魯頌狄彼東南畢狄鐘畢狄不龔此逖逷狄三字異文同義史記殷本紀之簡狄索隱曰舊本作易漢書古今人表作簡逷白虎通禮樂篇狄者易也是古狄易二字通有狄即有易上甲遵跡而有易不寧是王亥弊于有易非弊于有扈故曰扈當為易字之誤也狄易二字不知孰正孰借其國

當在大河之北或在易水左右（孫氏之騄說）蓋商之先自冥治河王亥已由遷殷（今本竹書紀年帝芒三十三年商侯遷于殷其時商侯即王亥也山海經注所引真本竹書亦稱王亥為殷王子亥稱殷不稱商則今本紀年此條古本想亦有之殷在河北非亳殷見余撰三代地理小記）商邱越大河而北故游牧於有易高爽之地服牛之利即發見於此有易之人乃殺王亥取服牛所謂胡終弊于有扈牧夫牛羊者也其云有扈牧豎云何而逢擊牀先出其命何從者似記王亥被殺之事其云恆秉季德焉得夫朴牛者恆蓋該弟與該同秉季德復得該所失服牛也所云昏微遵跡有狄不寧者謂上甲微能率循其先人之跡有易與之有殺父之讎故為之不寧也繁鳥萃棘以下當亦記上甲事書闕有間不敢妄為之說然非如王逸章句所說解居父及象事固自顯然要之天問所說當與山海經及竹書紀年同出一源而天問就壁畫發問所記尤詳恆之一人并為諸書所未載卜辭之王恆與王亥同以王稱其時代自當相接而天問之該與恆適與之相當前後所

陳。又皆商家故事。則中間十二韻自係述王亥王恆上甲微三世之事。然則王亥與上甲微之間。又當有王恆一世。以世本史記所未載。山經竹書所不詳。而今於卜辭得之。天問之辭千古不能通其說者。而今由卜辭通之。此治史學與文學者所當同聲稱快者也。

上甲

魯語。上甲微能帥契者也。商人報焉。是商人祭上甲微。而卜辭不見上甲。郭璞大荒東經注引竹書作主甲微。而卜辭亦不見主甲。余由卜辭有⿷匚乙⿷匚丙⿷匚丁三人名。其乙丙丁三字皆在匚或コ中。而悟卜辭中凡數十見之田（或作田）即上甲也。卜辭中凡田狩之田字。其口中橫直二筆皆與其四旁相接。而人名之田。則其中橫直二筆或其直筆必與四旁不接。與田字區別較然。田中十字。即古甲字。（卜辭與古金文皆同）甲在口中。與⿷匚乙⿷匚丙⿷匚丁之乙丙丁三字在匚或冂中同意亦有口中橫直二筆與四旁接而與田狩字無別者則上加一作𠚒以別之上加一者古六書中指事之法一在田上與二字（古文上字）之一在一上同意去上甲之義尤近細觀卜辭中記田或𠚒者數十條亦惟上甲微始足當之卜辭中云自田（或作𠚒）至于多后衣者五（書契前編卷二第二十五葉三見又卷三第二十七葉後編卷上第二十葉各一見）其斷片云自田至于多后者三（前編卷二第二十五葉兩見又卷三第二十八葉一見）云自田至于武乙衣者一（後編卷上第二十葉）衣者古殷祭之名又卜辭曰丁卯貞來乙亥告自田（後編卷上第二十八葉）又曰乙亥卜賓貞口大御自田（同上卷下第六葉）又曰（上闕）貞翌甲口幽自田（同上第三十四葉）凡祭告皆曰自田是田實居先公先王之首也又曰辛巳卜大貞之自田元示三牛二示一牛十三月（前編卷三第二十二葉）又云乙未貞其求自田十又三示牛小示羊（後編卷上第二十八葉）是田為元示及十有三示之首殷之先公稱示主壬主癸卜辭稱示壬示癸則田又居先公之首也商之先人王亥始以辰名上甲以降皆以日名是商人數

先公當自上甲始。且田之爲上甲。又有可徵證者。殷之祭先。率以其所名之日祭之。祭名甲者用甲日。祭名乙者用乙日。此卜辭之通例也。今卜辭中凡專祭田者。皆用甲日。如曰在三月甲子□祭田（前編卷四第十八葉）又曰在十月又一（即十有一月）甲申□酌祭田（後編卷下第二十葉）又曰癸卯卜翌甲辰之田牛吉（同上第二十七葉）又曰甲辰卜貞來甲寅又伐田羊五卯牛一（同上第二十一葉）此四事祭田有日者。皆用甲日。又云在正月□□（此二字闕）祭大甲𢆶田（同上第二十一葉）此條雖無祭日。然與大甲同日祭。則亦用甲日矣。即與諸先王先公合祭時。其有日可考者。亦用甲日。如曰貞翌甲□𢆶自田。（同上）又曰癸巳卜貞酌肜日自田至于多后衣亡它自□在四月惟王二祀（前編卷三第二十七葉）又曰癸卯王卜貞酌翌日自田至多后衣亡它在□在九月惟王五祀（後編卷上第二十葉）此二條以癸巳及癸卯卜。則其所云之肜日翌日。皆甲日也。是故田之名甲。可以祭日用甲證之。田字爲十字（古甲字）在□中。可以匚冋三名乙丙丁在匚中證之。而此甲之即上甲。又可以其居先公先王之首證之。此說雖若穿鑿。然恐殷人復起。亦無易之矣。魯語稱商人報上甲微。孔叢子引逸書惟高宗報上甲微（此魏晉間僞書之本采入梅本者今本竹書紀年武丁十二年報祀上甲微即本諸此）報者蓋非常祭。今卜辭於上甲。有合祭。有專祭。皆常祭也。又商人於先公皆祭。非獨上甲。可知周人言殷禮已多失實。此孔子所以有文獻不足之歎與。

報丁　報丙　報乙

自上甲至湯。史記殷本紀三代世表漢書古今人表有報丁報丙報乙主壬主癸五世。蓋皆出於世本。案卜辭有𠃊冋叵三人。其文曰乙丑卜□貞王賓𠃊祭。（下闕見書契後編卷上第八葉又斷片二）又曰丙申卜旅貞王賓冋□亡固。（同上）又曰丁亥卜貞王賓冋肜日亡□。（同上）其乙丙丁三字皆在匚或囗中。又稱之曰王賓。與他先王同。羅參事疑即報乙報丙報丁。而苦無以證之。余案參事說是也。卜辭又有一條曰丁酉酌絲（中闕）冏三回三示（中闕）大丁十大（下闕見後編卷上第八葉）此文殘闕然示字下所闕當為壬字又自報丁經示壬示癸大乙而後及大丁大甲則其下又當闕示癸大乙諸字又所謂冏三回三大丁十者當謂牲牢之數據此則冏回在大丁之前又在示壬示癸之前非報丙報丁奚屬矣冏回既為報丙報丁則区亦當即報乙惟卜辭冏回之後即繼以示字蓋謂示壬殆以区冏回為次與史記諸書不合然何必史記諸書是而卜辭非乎又報乙報丙報丁稱報者殆亦取報上甲微之報以為義自是後世追號非殷人本稱當時但稱区冏回而已上甲之甲字在口中報乙報丙報丁之乙丙丁三字在匚或コ中自是一例意壇墠或郊宗石室之制殷人已有行之者與

主壬　主癸

卜辭屢見示壬示癸羅參事謂即史記之主壬主癸其說至碓

而證之至難。今既知田為上甲。則示壬示癸之即主壬主癸。亦可證之。卜辭曰辛巳卜大貞之自田元示三牛二示一牛。（前編卷三第二十二葉）又曰乙未貞其求自田十又三示牛小示羊。（後編卷上第二十八葉）是自上甲以降均謂之示。則主壬主癸宜稱示壬示癸。又卜辭有示丁。（殷虛書契菁華第九葉）蓋亦即報丁。報丁既作匚。又作示丁。則自上甲至示癸。皆卜辭所謂元示也。又卜辭稱自田十有三示。而史記諸書自上甲至主癸。歷六世而僅得六君。疑其間當有兄弟相及。而史失其名者。如王亥與王恆。疑亦兄弟相及。而史記諸書皆不載。蓋商之先公。其世數雖傳。而君數已不可考。又商人於先王先公之未立者。祀之與已立者同。（見後）故多至十有三示也。

大乙

湯名天乙。見於世本（書湯誓釋文引）及荀子成相篇。而史記仍之。卜辭有大乙無天乙。羅參事謂天乙為大乙之譌。觀於大戊卜辭亦作天戊。（前編卷四第二十六葉）卜辭之大邑商。周書多士作天邑商。蓋天大二字形近。故互譌也。且商初葉諸帝。如大丁。如大甲。如大庚。如大戊。皆冠以大字。則湯自當稱大乙。又卜辭曰癸巳貞又丩于伊其□大乙彡日。（後編卷上第二十二葉）又曰癸酉卜貞大乙伊其（下闕見同上）伊即伊尹。以大乙與伊尹并言。尤大乙即天乙之證矣。

唐

卜辭又屢見唐字。亦人名。其一條有唐大丁大甲三人相連而下文不具。（鐵雲藏龜第二百十四葉）又一骨上有卜辭三。一曰貞于唐告𢀛方。二曰貞于大甲告。三曰貞于大丁告𢀛。（書契後編卷上第二十九葉）三辭在一骨上。自係一時所卜。據此則唐與大丁大甲連文。而又居其首。疑即湯也。說文口部。啺古文唐。从口昜。與湯字形相近。博古圖所載齊侯鎛鐘銘曰。虩虩成唐。有嚴在帝所。尃受天命。又曰奄有九州。處禹之都。夫受天命。有九州。非成湯其孰能當之。太平御覽八十二及九百一十二引歸藏曰昔者桀筮伐唐而枚占熒惑曰不吉博物志六亦云案唐亦即湯也卜辭之唐必湯之本字後轉作啺遂通作湯然卜辭於湯之專祭必曰王賓大乙惟告祭等乃稱唐未知其故

羊甲

卜辭有羊甲無陽甲羅參事證以古樂陽作樂羊歐陽作歐羊謂羊甲即陽甲今案卜辭有曰南庚曰羊甲六字（前編卷上第四十二葉）羊甲在南庚之次則其即陽甲審矣

祖某　父某　兄某

有商一代二十九帝其未見卜辭者仲壬沃丁雍己河亶甲沃甲廩辛帝乙帝辛八帝也而卜辭出於殷虛乃自盤庚至帝乙時所刻辭自當無帝乙帝辛之名則名不見於卜辭者於二十七帝中實六帝耳又卜辭中人名若𢀛甲（前編卷一第十六葉 後編卷上第八葉）若祖丙（前編卷一

第二十二葉）若小丁（同上）若祖戊（同上第二十三葉）若祖己（同上）若中己（後編卷上第八葉）若南壬（前編卷一第四十五葉）若小癸（龜甲獸骨文字卷二第廿五葉）其名號與祀之之禮皆與先王同而史無其人又卜辭所見父甲兄乙等人名頗衆求之遷殷以後諸帝之父兄或無其人曩頗疑世本及史記於有商一代帝繫不無遺漏今由種種研究知卜辭中所未見之諸帝或名亡而實存至卜辭所有而史所無者與夫父某兄某等之史無其人以當之者皆諸帝兄弟之未立而殂者或諸帝之異名也試詳證之

一事商之繼統法以弟及為主而以子繼輔之無弟然後傳子自湯至於帝辛二十九帝中以弟繼兄者凡十四帝（此據史記殷本紀若據三代世表及漢書古今人表則得十五帝）其傳子者亦多傳弟之子而罕傳兄之子蓋周時以嫡庶長幼為貴賤之制商無有也故兄弟之中有未立而死者其祀之也與已立者同王亥之弟王恆其立否不可考而亦在祀典且卜辭於王亥王恆外又有王夨（前編卷一第三十五葉兩見又卷四第三十三葉及後編卷下第四葉各一見）亦在

祀典。疑亦王亥兄弟也。又自上甲至於示癸。史記僅有六君。而卜辭稱自田十有三示。又或稱九示十示。蓋亦并諸先公兄弟之立與未立者數之。逮有天下後亦然。孟子稱大丁未立。今觀其祀禮則與大乙大甲同。卜辭有一節曰。癸酉卜貞王賓（此字原奪以他文例之此處當有賓字）父丁歲三牛眔兄己一牛兄庚□□（此二字殘闕疑亦是一牛二字）亡□。（後編卷上第十九葉）又曰癸亥卜貞兄庚□眔兄己□。（同上第八葉）又曰貞兄庚□眔兄己其牛。（同上）考商時諸帝中。凡丁之子。無己庚二人相繼在位者。惟武丁之子有孝己。（戰國秦燕二策莊子外物篇荀子性惡大畧二篇漢書古今人表均有孝己家語弟子解云高宗以後妻殺孝己則孝己武丁子也）有祖庚有祖甲。則此條乃祖甲時所卜。父丁即武丁。兄己兄庚即孝己及祖庚也。孝己未立。故不見於世本及史記。而其祀典乃與祖庚同。然則上所舉祖丙小丁諸人名。與禮視先王無異者。非諸帝之異名。必諸帝兄弟之未立者矣。周初之制猶與之同。逸周書克殷解曰。王烈祖太王太伯王季虞公文王邑考以列升。蓋周公未制禮以前。殷禮固如斯矣。

二事。卜辭於諸先王本名之外。或稱帝某。或稱祖某。或稱父某兄某。羅參事曰。有商一代帝王以甲名者六。以乙名者五。以丁名者六。以庚辛名者四。以壬名者二。惟以丙及戊己名者各一。其稱大甲小甲大乙小乙大丁中丁者。殆後來加之以示別。然在嗣位之君。則徑稱其父為父甲。其兄為兄乙。當時已自了然。故疑所稱父某兄某者。即大乙以下諸帝矣。余案參事說是也。非獨父某兄某為然。其云帝與祖者。亦諸帝之通稱。卜辭曰。己卯卜貞帝甲□（中闕二字）其眔祖丁。（後編卷上第四葉）案祖丁之前一帝為沃甲。則帝甲即沃甲。非周語帝甲亂之之帝甲也。又曰。祖辛一牛。祖甲一牛。祖丁一牛。（同上第二十六葉）案祖辛祖丁之間。惟有沃甲。則祖甲亦即沃甲。非武丁之子祖甲也。又曰甲辰卜貞王賓求祖乙祖丁祖甲康祖丁武乙衣亡□。（同上第二十葉）案武乙以前四世。為小乙武丁祖甲庚丁（羅參事以庚丁為康丁之譌是也）則祖乙即小乙祖丁即武丁非河亶甲之子祖乙亦非祖辛之子祖丁也又此五世中名丁者有二故於庚丁（實康丁）云康祖丁以別之否則亦直云祖而已然則商人自大父以上皆稱曰祖其不須區別而自明者不必舉其本號但云祖某足矣即須加區別時亦有不舉其本號而但以數別之者如云口口于三祖庚（前編卷一第十九葉）案商諸帝以庚名者大庚弟一南庚弟二盤庚弟三祖庚弟四則三祖庚即盤庚也又有稱四祖丁者（後編卷上第三葉凡三見）案商諸帝以丁名者大丁弟一沃丁弟二中丁弟三祖丁弟四則四祖丁即史記之祖丁也以名庚者皆可稱祖庚名丁者皆可稱祖丁故加三四等字以別之否則贅矣由是推之則卜辭之祖丙或即外丙祖戊或即大戊祖己或即雍己孝己（此祖己非書高宗肜日之祖己卜辭稱卜貞王賓祖己與先王同而伊尹巫咸皆無此稱固宜別是一人且商時云祖某者皆先王之名非臣子可襲用疑尚書誤）故祖者大父以上諸先王之通稱也其稱父某者亦然父者父與諸父之通稱卜辭

曰父甲一牡父庚一牡父辛一牡（後編卷上第二十五葉）此當為武丁時所卜。父甲父庚父辛即陽甲盤庚小辛皆小乙之兄而武丁之諸父也（羅參事說）又卜辭凡單稱父某者有父甲（前編卷一第二十四葉）有父乙（同上第二十五及第二十六葉）有父丁（同上第二十六葉）有父己（同上第二十七葉及卷三第二十三葉後編卷上第六第七葉）有父庚（前編卷一第二十六及第二十七葉）有父辛（同上第二十七葉）今於盤庚以後諸帝之父及諸父中求之則武丁之於陽甲庚丁之於祖甲皆得稱父甲武丁之於小乙文丁之於武乙帝辛之於帝乙皆得稱父乙廩辛庚丁之於孝己皆得稱父己餘如父庚當為盤庚或祖庚父辛當為小辛或廩辛他皆放此其稱兄某者亦然案卜辭云兄某者有兄甲（前編卷一第三十八葉）有兄丁（同上卷一第三十九葉又後編卷上第七葉）有兄戊（前編卷一第四十葉）有兄己（前編卷一第四十及第四十一葉後編卷上第七葉）有兄庚（前編卷一第四十一葉後編卷上第七葉及第十九葉）有兄辛（後編卷上第七葉）有兄壬（同上）有兄癸（同上）今於盤庚以後諸帝之兄求之則兄甲當為盤庚小辛小乙之稱陽甲兄己當為祖庚祖甲之稱孝己兄庚當為小辛小乙之稱盤庚或祖甲之稱祖庚兄辛當為小乙之稱小辛。或庚丁之稱廩辛。而丁戊壬癸則盤庚以後諸帝之兄在位者。初無其人。自是未立而殂者。與孝己同矣。由是觀之。則卜辭中所未見之雍己沃甲廩辛等。名雖亡而實或存。其史家所不載之祖丙小丁（此疑即沃丁或武丁對大丁或祖丁言則沃丁與武丁自當稱小丁猶大甲之後有小甲祖乙之後有小乙祖辛之後有小辛矣）祖戊祖己中己南壬等。或為諸帝之異稱。或為諸帝兄弟之未立者。於是卜辭與世本史記間毫無牴牾之處矣。

附羅叔言參事二書

昨日下午郵局送到大稿。燈下讀一過。忻快無似。弟自去冬病胃悶損已數月。披覽來編。積疴若失。憶自卜辭初出洹陰。弟一見以為奇寶。而考釋之事未敢自任。研究十年。始稍稍能貫通。往者寫定考釋。尚未能自慊。固知繼我有作者必在先生。不謂捷悟遂至此也。上甲之釋無可疑者。弟意田字即小篆中字所從出。卜辭田字十外加口。固以示別。與[illegible]司司同例。然疑亦用以別於數名之十。周人尚用此字。兮伯吉父盤之兮田。即兮甲也。小篆復改作甲者。初以十嫌於數名之十（古七字）而加口作田。既又嫌於田疇之田而稍變之。秦陽陵虎符甲兵之字作甲。變口為冂。更譌冂為白。譌十為丅。如說文甲字。而初形全失。反不如隸書甲字尚存古文面目也。弟因考卜辭。知今隸頗存古文。此亦其一矣。又田或作亩者。弟以為即上甲二字合文。許書。帝古文作𢂴。注古文諸丄字皆从一。篆文皆从二。二。古文上字。考之卜辭及古金文。帝示諸文或从二。或从一。知古文二亦省作一。亩者。上甲也。許君之注當改正為古文諸丄字。或从一。或从二。一與二皆古文上。或浚長原文本如此。後人轉寫失之耳。尊稿當已寫定。可不必改正。或以弟此書寫附大著之後。奉讀大稿。弟為忻快累日。此書寄到。公亦當攬紙首肯也。（第一札）

前書與公論⿶凵田即上甲二字合書想公必謂然今日補拓以前未選入之龜甲獸骨得一骨上有⿶凵⿱一田字則竟作上田為之狂喜已而檢書契後編見卷下第四十二葉上甲字已有作⿶凵⿱一田者英人明義士所摹殷虛卜辭第二十九葉弁一百十八葉亦兩見⿶凵⿱一田字又為之失笑不獨弟忽之公亦忽之何耶卜辭上字多作⿶凵一下字作⿵冂一下字無所嫌二作⿶凵一者所以別於數名之二也此⿶凵⿱一田字兩見皆作⿶凵一又上帝字作⿶凵一⿱亠朩其為上字無疑⿶凵田為⿶凵⿱一田字之省亦無可疑不僅可為弟前說之證亦足證尊說之精確至今隸甲字全與田同但長其直畫想公於此益信今隸源流之古矣第二札

丁巳二月參事聞余考卜辭中殷先公先王索稿甚亟既寫定即以草藁寄之復書兩通為余證成上甲二字之釋第一札作於閏二月之望第二札則二十日也余適以展墓反浙至滬讀此二書開緘狂喜亟錄附於後越七日國維記

殷卜辭中所見先公先王續考

丁巳二月。余作殷卜辭中所見先公先王考。時所據者鐵雲藏龜及殷虛書契前後編諸書耳。踰月得見英倫哈同氏戩壽堂所藏殷虛文字拓本凡八百紙。又踰月。上虞羅叔言參事以養痾來海上。行裝中有新拓之書契文字約千紙。余盡得見之。二家拓本中足以補證余前說者頗多。乃復寫為一編。以質世之治古文及古史者。閏二月下旬。海甯王國維。

高祖夒

前考以卜辭之及為夒。即帝嚳之名。但就字形定之。無他證也。今見羅氏拓本中有一條曰。癸巳貞于高祖。（下闕）案卜辭中惟王亥稱高祖王亥（書契後編卷上第二十二葉）或高祖亥（哈氏拓本）大乙稱高祖乙（後編卷上第三葉）今亦稱高祖。斯為即夒之確證。亦為夒即帝嚳之確證矣。

上甲　報乙　報丙　報丁　主壬　主癸

前考據書契後編上第八葉一條。證⿷匚丙⿷匚丁即報丙報丁。又據此知卜辭以報丙報丁為次。與史記殷本紀及三代世表不同。此觀哈氏拓本中有一片。有田⿷匚乙示癸等字。而彼片有⿷匚丙⿷匚丁等字。疑本一骨折為二者。乃以二拓本合之。其斷痕若合符節。文辭亦連續可誦。凡殷先公先王自上甲至於大甲。其名皆在焉。其文三行。左行。其辭曰。乙未酒茲品田十⿷匚乙三⿷匚丙三⿷匚丁三示壬三示癸三大丁十大甲十。下闕此中曰十曰三者。蓋謂牲牢之數。上甲大丁大甲十而其餘皆三者。以上甲為先公之首。大丁大甲又先王而非先公。故殊其數也。示癸大丁之間無大乙者。大乙為大祖。先公先王或均合食於大祖故也。據此一文之中。先公之名具在。不獨田即上甲。⿷匚乙⿷匚丙⿷匚丁即報乙報丙報丁。示壬示癸即主壬主癸。胥得確證。且足證上甲以後諸先公之次。當為報乙報丙報丁主壬主癸。而史記以報丁報乙報丙為次。乃違事實。又據此次序。則首甲次乙次丙次丁。而終於壬癸。與十日之次全同。疑商人以日為名號。乃成湯以後之事。其先世諸公生卒之日。至湯有天下後。定祀典名號時。已不可知。乃即用十日之次序以追名之。故先公之次。乃適與十日之次同。否則不應如此巧合也。茲摹二骨之形狀及文字如左。

多后

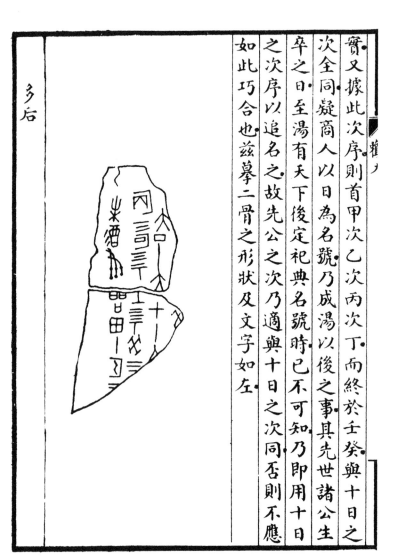

卜辭屢云自田至于多毓衣（見前考）曩疑多毓亦先公或先王之名
今觀戩壽堂所藏殷虛文字乃知其不然其辭曰乙丑卜貞王
賓居祖乙□亡尤又曰乙卯卜即貞王賓居祖乙父丁臣亡尤
又曰貞居祖乙古十牛四月又曰貞居祖乙古十物牛四月（以上出戩
壽堂所藏殷虛文字）又曰咸居祖乙（書契前編卷五第五葉）又曰甲□□貞翌乙□酒肜日于
居祖乙亡它（後編卷上第二十葉）則居亦作居卜辭又曰□丑之于五居（前編卷一第三十葉）
合此諸文觀之則多居殆非人名案卜辭居字異文頗多或作
毓（前編卷六第二十七葉）或作居（同上卷二第二十五葉）或作居作毓作毓（均同上）或作毓（同上二十五葉）或
作毓（後編卷上第二十葉）字皆从女从古（倒子）或从母从古象產子之形其从八
川小者則象產子之有水液也或从人者與从女从母同意故
以字形言此字即說文育之或體毓字毓从每从㐬（倒古文子）與此正
同呂中僕尊曰呂中僕作毓子寶尊彝毓子即毓子毓稚也書
今文堯典教育子詩豳風鬻子之閔斯書康誥兄亦不念鞠子

十七

哀康王之誥。無遺鞫子羞。育鬻鞫三字通。然卜辭假此為后字。古者育胄后聲相近。誼亦相通。說文解字后繼體君也。象人之形。施令以告四方。故厂之。从一口。是后从人。厂當即ㄅ之譌變。一口亦古之譌變也。后字之誼本从毓義引申。其後毓字專用毓育二形。后字專用居。又譌為后。遂成二字。卜辭毓又作叶。後編卷下第二十二葉與居居諸形。皆象倒子在人後。故先後之後古亦作后。蓋毓后後三字實本一字也。商人稱先王為后。書盤庚曰。古我前后。又曰女曷不念我古后之聞。又曰予念我先神后之勞爾先。又曰高后丕乃崇降罪疾。又曰先后丕降與汝罪疾。詩商頌曰商之先后。是商人稱其先人為后。是故多后者。猶書言多子多士多方也。五后者。猶詩書言三后。在天三后成功也。其與祖乙連言者。又假為後字。後祖乙謂武乙也。卜辭以居祖乙父丁連文。考殷諸帝中父名乙子名丁者。盤庚以後。惟小乙武丁及武乙文丁而小乙卜辭稱小祖乙（戩壽堂所藏殷虛文字）則后祖乙必武乙矣商諸帝名乙者六除帝乙外皆有祖乙之稱而各加字以別之是故高祖乙者謂大乙也中宗祖乙者謂祖乙也小祖乙者謂小乙也武祖乙后祖乙者謂武乙也卜辭君后之后與先後之後均用毓或𡰪知毓后後三字之古為一字矣

中宗祖乙

戩壽堂所藏殷虛文字中有斷片存字六曰中宗祖乙牛吉稱祖乙為中宗全與古來尚書學家之說違異惟太平御覽（八十三）引竹書紀年曰祖乙滕即位是為中宗居庇（今本紀年注亦云祖乙之世商道復興號為中宗即本此）今由此斷片知紀年是而古今尚書家說非也史記殷本紀以大甲為大宗大戊為中宗武丁為高宗此本尚書今文家說今徵之卜辭則大甲祖乙往往并祭而大戊不與焉卜辭曰□亥卜貞三示御大乙大甲祖乙五牢（羅氏拓本）又曰癸丑卜□貞求年于大甲

十牢祖乙十牢。後編上第二十七葉又曰丁亥卜□貞昔乙酉服𢀛御中闕大丁大甲祖乙百鬯百羊卯三百牛。下闕同上第二十八葉大乙大甲之後。獨舉祖乙。亦中宗是祖乙非大戊之一證。晏子春秋內篇諫上夫湯大甲武丁祖乙天下之盛君也亦以祖乙與大甲武丁并稱

大示　二示　三示　四示

戩壽堂所藏殷虛文字中有一條。其文曰癸卯卜酌求貞乙巳自田廿示一牛二示羊亼貴三示彘牢四示犬。前考以示為先公之專稱。故因卜辭十有三示一語。疑商先公之數不止如史記所紀。今此條稱自田廿示。又與彼云十有三示不同。蓋示者先公先王之通稱。卜辭云□亥卜貞三示御大乙大甲祖乙五牢。見前以大乙大甲祖乙為三示。是先王亦稱示矣。其有大示。亦云九示二示三示四示之別者。蓋商人祀其先自有差等。上甲之祀與報乙以下不同。大乙大甲祖乙之祀。又與他先王不同。又諸臣亦稱示。卜辭云癸酉卜右伊五示。羅氏拓本伊謂伊尹。故有大示二示

三示四示之名。卜辭又有小示。蓋即謂二示以下。小者。對大示言之也。

商先王世數

史記殷本紀三代世表及漢書古今人表所記殷君數同。而於世數則互相違異。據殷本紀則商三十一帝。（除大丁為三十帝）共十七世。三代世表以小甲雍己大戊為大庚弟。（殷本紀大庚子）則為十六世。古今人表以中丁外壬河亶甲為大戊弟。（殷本紀大戊子）祖乙為河亶甲弟。（殷本紀河亶甲子）小辛為盤庚子。（殷本紀盤庚弟）則增一世。減二世。亦為十六世。今由卜辭證之。則以殷本紀所記為近。案殷人祭祀中有特祭其所自出之先王。而非所自出之先王不與者。前考所舉求祖乙（小乙）祖丁（武丁）祖甲康祖丁（庚丁）武乙衣。其一例也。今檢卜辭中又有一斷片。其文曰（上闕）大甲大庚（中闕）丁祖乙祖（中闕）一羊一南。（下闕共三行左讀見後編卷上第五葉）此片雖殘闕。然於大甲大庚之間不數沃丁。中丁（中字直筆尚存）祖乙之間不數外壬河亶甲而一世之中僅舉一帝。蓋亦與前所舉者同例。

又其上下所闕。得以意補之如左。

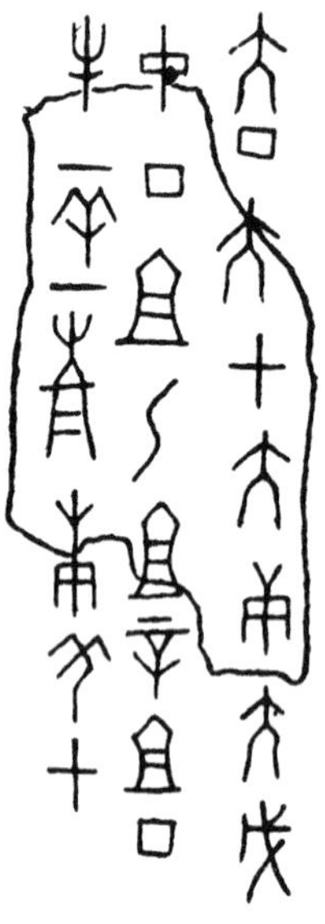

由此觀之。則此片當為盤庚小辛小乙三帝時之物。自大丁至祖丁皆其所自出之先王。以殷本紀世數次之。并以行款求之。其文當如是也。惟據殷本紀。則祖乙乃河亶甲子。而非中丁子。今此片中有中丁而無河亶甲。則祖乙自當為中丁子。史記蓋誤也。且據此。則大甲之後有大庚。則大戊自當為大庚子。其兄小甲雍己亦然。知三代世表以小甲雍己大戊為大庚弟者非矣。大戊之後有中丁。中丁之後有祖乙。則中丁外壬河亶甲自當為大戊子。祖乙自當為中丁子。知人表以中丁外壬河亶甲祖乙皆為大戊弟者非矣。卜辭又云父甲一牡。父庚一牡。父辛一牡。後編卷上第二十五葉甲為陽甲。庚則盤庚。辛則小辛。皆武丁之諸父。故曰父甲父庚父辛。則人表以小辛為盤庚子者非矣。凡此諸證皆與殷本紀合。而與世表人表不合。是故殷自小乙以上之世數可由此二片證之。小乙以下之世數可由祖乙祖丁祖甲康祖丁武乙一條證之。考古者得此可以無遺憾矣。

附殷世數異同表

帝名	殷本紀	三代世表	古今人表	卜辭
湯	主癸子	主癸子	主癸子	一世

大丁	湯子	湯子	湯子	湯子 二世
外丙	大丁弟	大丁弟	大丁弟	
中壬	外丙弟	外丙弟	外丙弟	
大甲	大丁子	大丁子	大丁子	大丁子 三世
沃丁	大甲子	大甲子	大甲子	
大庚	沃丁弟	沃丁弟	沃丁弟	大甲子 四世
小甲	大庚子	大庚弟	大庚子	
雍己	小甲弟	小甲弟	小甲弟	
大戊	雍己弟	雍己弟	雍己弟	大庚子 五世
中丁	大戊子	大戊子	大戊弟	大戊子 六世
外壬	中丁弟	中丁弟	中丁弟	
河亶甲	外壬弟	外壬弟	外壬弟	
祖乙	河亶甲子	河亶甲子	河亶甲弟	中丁子 七世

祖辛	祖乙子	祖乙子	祖乙子	祖乙子 八世
沃甲	祖辛弟	祖辛弟	祖辛弟	
祖丁	祖辛子	祖辛子	祖辛子	祖辛子 九世
南庚	沃甲子	沃甲子	沃甲子	
陽甲	祖丁子	祖丁子	祖丁子	祖丁子 十世
盤庚	陽甲弟	陽甲弟	陽甲弟	陽甲弟 十世
小辛	盤庚弟	盤庚弟	盤庚子	盤庚弟 十世
小乙	小辛弟	小辛弟	小辛弟	小辛弟 十世
武丁	小乙子	小乙子	小乙子	小乙子 十一世
祖庚	武丁子	武丁子	武丁子	武丁子 十二世
祖甲	祖庚弟	祖庚弟	祖庚弟	祖庚弟 十二世
廩辛	祖甲子	祖甲子	祖甲子	
庚丁	廩辛弟	廩辛弟	廩辛弟	祖甲子 十三世

武乙	大丁	帝乙	帝辛
庚丁子	武乙子	大丁子	帝乙子
庚丁子	武乙子	大丁子	帝乙子
庚丁子	武乙子	大丁子	帝乙子
庚丁子十四世			

觀堂集林卷第十

史林二

海甯　王　國維

殷周制度論

中國政治與文化之變革莫劇於殷周之際都邑者政治與文化之標徵也自上古以來帝王之都皆在東方太皞之虛在陳大庭氏之庫在魯黃帝邑於涿鹿之阿少皞與顓頊之虛皆在魯衛帝嚳居亳惟史言堯都平陽舜都蒲坂禹都安邑俱僻在西北與古帝宅京之處不同然堯號陶唐氏而冢在定陶之成陽舜號有虞氏而子孫封於梁國之虞縣孟子稱舜生卒之地皆在東夷蓋洪水之災兖州當其下游一時或有遷都之事非定居於西土也禹時都邑雖無可考然夏自太康以後以迄后桀其都邑及他地名之見於經典者率在東土與商人錯處河

濟間蓋數百歲商有天下不常厥邑而前後五遷不出邦畿千里之內故自五帝以來政治文物所自出之都邑皆在東方惟周獨崛起西土武王克紂之後立武庚置三監而去未能撫有東土也逮武庚之亂始以兵力平定東方克商踐奄滅國五十乃建康叔於衛伯禽於魯太公望於齊召公之子於燕其餘蔡郕郜雍曹滕凡蔣邢茅諸國碁置於殷之畿內及其侯甸而齊魯衛三國以王室懿親并有勳伐居蒲姑商奄故地為諸侯長又作雒邑為東都以臨東諸侯而天子仍居豐鎬者凡十一世自五帝以來都邑之自東方而移於西方蓋自周始故以族類言之則虞夏皆顓頊後殷周皆帝嚳後宜殷周為親以地理言之則虞夏商皆居東土周獨起於西方故夏商二代文化畧同洪範九疇帝之所以錫禹者而箕子傳之矣夏之季世若胤甲若孔甲若履癸始以日為名而殷人承之矣文化既爾政治亦

然。周之克殷。滅國五十。又其遺民或遷之雒邑。或分之魯衛諸國。而殷人所伐不過韋顧昆吾。且豕韋之後仍為商伯。昆吾雖亡。而己姓之國仍存於商周之世。書多士曰。夏迪簡在王庭。有服在百僚。當屬事實。故夏殷間政治與文物之變革。不似殷周間之劇烈矣。殷周間之大變革。自其表言之。不過一姓一家之興亡與都邑之移轉。自其裏言之。則舊制度廢而新制度興。舊文化廢而新文化興。又自其表言之。則古聖人之所以取天下及所以守之者。若無以異於後世之帝王。而自其裏言之。則其制度文物與其立制之本意。乃出於萬世治安之大計。其心術與規摹。迥非後世帝王所能夢見也。

欲觀周之所以定天下。必自其制度始矣。周人制度之大異於商者。一曰立子立嫡之制。由是而生宗法及喪服之制。并由是而有封建子弟之制。君天子臣諸侯之制。二曰廟數之制。三曰同姓不婚之制此數者皆周之所以綱紀天下其旨則在納上下於道德而合天子諸侯卿大夫士庶民以成一道德之團體周公制作之本意實在於此此非穿鑿附會之言也茲篇所論皆有事實為之根據試畧述之

殷以前無嫡庶之制黄帝之崩其二子昌意玄囂之後代有天下顓頊者昌意之子帝嚳者玄囂之子也厥後虞夏皆顓頊後殷周皆帝嚳後有天下者但為黄帝之子孫不必為黄帝之嫡世動言堯舜禪讓湯武征誅若其傳天下與受天下有大不同者然以帝繫言之堯舜之禪天下以舜禹之功然舜禹皆顓頊後本可以有天下者也湯武之代夏商固以其功與德然湯武皆帝嚳後亦本可以有天下者也以顓頊以來諸朝相繼之次言之固已無嫡庶之別矣一朝之中其嗣位者亦然特如商之繼統法以弟及為主而以子繼輔之無弟然後傳子自成湯至

於帝辛三十帝中以弟繼兄者凡十四帝。外丙中壬大庚雍己大戊外壬河亶甲沃甲南庚盤庚大辛小乙祖甲庚丁其以子繼父者亦非兄之子而多爲弟之子。小甲中丁祖辛武丁祖庚康辛武乙惟沃甲崩祖辛之子祖丁立。祖丁崩沃甲之子南庚立。南庚崩祖丁之子陽甲立。此三事獨與商人繼統法不合。此蓋史記殷本紀所謂中丁以後九世之亂。其間當有爭立之事。而不可考矣。故商人祀其先王。兄弟同禮。即先王兄弟之未立者。其禮亦同。是未嘗有嫡庶之別也。此不獨王朝之制。諸侯以下亦然。近保定南鄉出句兵三。皆有銘。其一曰大祖日己祖日丁祖日乙祖日庚祖日丁祖日己祖日己。其二曰祖日乙大父日癸大父日癸中父日癸父日癸父日辛父日己。其三曰大兄日乙兄日戊兄日壬兄日癸兄日癸兄日丙。此當是殷時北方侯國勒祖父兄之名於兵器以紀功者。而三世兄弟之名先後駢列。無上下貴賤之別。是故大王之立王季也。文王之舍伯邑考而立武王也。周公之繼武王而攝政稱王也，自殷制言之，皆正也。殷自武乙以後四世傳子，又孟子謂以紂為兄之子，且以為君，而有微子啓、王子比干。呂氏春秋當務篇云：紂之同母三人，其長子曰微子啓，其次曰仲衍，其次曰受德，受德乃紂也，甚少矣。紂母之生微子啓與仲衍也，尚為妾，已而為妻而生紂。紂之父、紂之母欲置微子啓以為大子，大史據法而爭之曰：有妻之子而不可置妾之子。紂故為後。史記殷本紀則云：帝乙長子為微子啓，啓母賤，不得嗣；少子辛，辛母正后，故立辛為嗣。此三說雖不同，似商末已有立嫡之制。然三說已自互異，恐即以周代之制擬之，未敢信為事實也。舍弟傳子之法，實自周始。當武王之崩，天下未定，國賴長君，周公既相武王克殷勝紂，勳勞最高，以德以長，以歷代之制，則繼武王而自立，固其所矣。而周公乃立成王而己攝之，後又反政焉。攝政者，所以濟變也；立成王者，所以居正也。自是以後，子繼之法遂為百王不易之制矣。

由傳子之制而嫡庶之制生焉。夫舍弟而傳子者，所以息爭也。兄弟之親本不如父子，而兄之尊又不如父，故兄弟間常不免有爭位之事。特如傳弟既盡之後，則嗣立者當為兄之子歟，弟之子歟？以理論言之，自當立兄之子；以事實言之，則所立者往往為弟之子。此商人所以有中丁以後九世之亂，而周人傳子之制正為救此弊而設也。然使於諸子之中可以任擇一人而立之。而此子又可任立其欲立者。則其爭益甚。反不如商之兄弟以長幼相及者猶有次第矣。故有傳子之法。而嫡庶之法亦與之俱生。其條例則春秋左氏傳之說曰。太子死。有母弟則立之。無則立長。年鈞擇賢。義鈞則卜。公羊家之說曰。禮嫡夫人無子立右媵。右媵無子立左媵。左媵無子立嫡姪娣。嫡姪娣無子立右媵姪娣。右媵姪娣無子立左媵姪娣。質家親親先立娣。文家尊尊先立姪。嫡子有孫而死。質家親親先立弟。文家尊尊先立孫。其雙生也。質家據現在立先生。文家據本意立後生。此二說中。後說尤為詳密。顧皆後儒充類之說。當立法之初。未必窮其變至此。然所謂立子以貴不以長。立適以長不以賢者。乃傳子法之精髓。當時雖未必有此語。固已用此意矣。蓋天下之大利莫如定。其大害莫如爭。任天者定。任人者爭。定之以天。爭乃不生。故天子諸侯之傳世也。繼統法之立子與立嫡也。後世用人之以資格也。皆任天而不參以人。所以求定而息爭也。古人非不知官天下之名美於家天下。立賢之利過於立嫡。人才之用優於資格。而終不以此易彼者。蓋懼夫名之可藉而爭之易生。其敝將不可勝窮。而民將無時或息也。故衡利而取重。絜害而取輕。而定為立子立嫡之法。以利天下後世。而此制實自周公定之。是周人改制之最大者。可由殷制比較得之。有周一代禮制。大抵由是出也。

是故由嫡庶之制而宗法與服術二者生焉。商人無嫡庶之制。故不能有宗法。藉曰有之。不過合一族之人奉其族之貴且賢者而宗之。其所宗之人。固非一定而不可易。如周之大宗小宗也。周人嫡庶之制。本為天子諸侯繼統法而設。復以此制通之大夫以下。則不為君統而為宗統。於是宗法生焉。周初宗法雖不可考。其見於七十子後學所述者。則喪服小記曰。別子為祖。繼別為宗。繼禰者為小宗。有五世而遷之宗。其繼高祖者也。是故祖遷於上。宗易於下。敬宗所以尊祖禰也。大傳曰。別子為祖。繼別為宗。繼禰者為小宗。有百世不遷之宗。有五世則遷之宗。百世不遷者。別子之後也。宗其繼別子者。百世不遷者也。宗其繼高祖者。五世則遷者也。尊祖故敬宗。敬宗尊祖之義也。是故有繼別之大宗。有繼高祖之宗。有繼曾祖之宗。有繼祖之宗。有繼禰之宗。是為五宗。其所宗者皆嫡也。宗之者皆庶也。此制為大夫以下設。而不上及天子諸侯。鄭康成於喪服小記注曰。別子。諸侯之庶子。別為後世為始祖者也。謂之別子者。公子不得禰先君也。又於大傳注曰。公子不得宗君。是天子諸侯雖本世嫡。於事實當統無數之大宗。然以尊故無宗名。其庶子不得禰先君。又不得宗今君。故自為別子。而其子乃為繼別之大宗。言禮者嫌別子之世近於無宗也。故大傳說之曰。有大宗而無小宗者。有小宗而無大宗者。有無宗亦莫之宗者。公子是也。公子有宗道。公子之公為其士大夫之庶者。宗其士大夫之適者。注曰。公子不得宗君。君命適昆弟為之宗。使之宗之。此傳所謂有大宗而無小宗也。又若無適昆弟。則使庶昆弟一人為之宗。而諸庶兄弟事之如小宗。此傳所謂有小宗而無大宗也。大傳此說頗與小記及其自說違異。蓋宗必有所繼。我之所以宗之者。以其繼別若繼高祖以下故也。君之嫡昆弟庶昆弟皆不得繼先君。又何所據以為衆兄弟之宗乎。或云。立此宗子者。所以合族也。若然。則所合者一公之子耳。至此公之子與先公之子若孫間。仍無合之之道。是大夫士以下皆有族。而天子諸侯之子。於其族曾祖父母從祖祖父母世父母叔父母以下服之所及者。乃無綴屬之法。是非先王教人親親之意也。故由尊之統言。

則天子諸侯絕宗王子公子無宗可也由親之統言則天子諸侯之子身爲別子而其後世爲大宗者無不奉天子諸侯以爲最大之大宗特以尊卑既殊不敢加以宗名而其實則仍在也故大傳曰君有合族之道其在詩小雅之常棣序曰燕兄弟也其詩曰儐爾籩豆飲酒之飫兄弟既具和樂且孺大雅之行葦序曰周家能內睦九族也其詩曰戚戚兄弟莫遠具邇或肆之筵或授之几是即周禮大宗伯所謂以飲食之禮親宗族兄弟者是天子之收族也文王世子曰公與族人燕則以齒又曰公與族人燕則異姓爲賓是諸侯之收族也夫收族者大宗之事也又在小雅之楚茨曰諸父兄弟備言燕私此言天子諸侯祭畢而與族人燕也尚書大傳曰宗室有事族人皆侍終日大宗已侍於賓奠然後燕私燕私者何也祭已而與族人飲也是祭畢而燕族人者亦大宗之事也是故天子諸侯雖無大宗之名

而有大宗之實。篤公劉之詩曰。食之飲之。君之宗之。傳曰。為之君。為之大宗也。板之詩曰。大宗維翰。傳曰。王者。天下之大宗。又曰。宗子維城。箋曰。王者之嫡子。謂之宗子。是禮家之大宗。限於大夫以下者。詩人直以稱天子諸侯。惟在天子諸侯。則宗統與君統合。故不必以宗名。大夫士以下。皆以賢才進。不必身是嫡子。故宗法乃成一獨立之統系。是以喪服有為宗子及其母妻之服。皆齊衰三月。與庶人為國君曾孫為曾祖父母之服同。適子庶子祇事宗子宗婦。雖貴富。不敢以貴富入於宗子之家。子弟猶歸器。祭則具二牲。獻其賢者於宗子。夫婦皆齊而宗敬焉。終事而敢私祭。是故大夫以下。君統之外。復戴宗統。此由嫡庶之制自然而生者也。

其次則為喪服之制。喪服之大綱四。曰親親。曰尊尊。曰長長。曰男女有別。無嫡庶。則有親而無尊。有恩而無義。而喪服之統系矣故殷以前之服制就令成一統系其不能如周禮服之完密則可斷也喪服中之自嫡庶之制出者如父為長子三年為衆子期庶子不得為長子三年母為長子三年為衆子期公為適子之長殤中殤大功為庶子之長殤中殤無服大夫為適子之長殤中殤大功為庶子之長殤小功適婦大功庶婦小功適孫期庶孫小功大夫為嫡孫為士者期庶孫小功出妻之子為母期為父後者則為出母無服為父後者為其母緦大夫之適子為妻期庶子為妻小功大夫之庶子為適昆弟期為庶昆弟大功為適昆弟之長殤中殤大功為庶昆弟之長殤小功為適昆弟之下殤小功為庶昆弟之下殤無服女子子適人者為其昆弟之為父後者期為衆昆弟大功凡此皆出於嫡庶之制無嫡庶之世其不適用此制明矣又無嫡庶則無宗法故為宗子與宗子之母妻之服無所施無嫡庶無宗法則無為人後者故為

人後者為其所後及為其父母昆弟之服亦無所用故喪服一篇其條理至精密纖悉者乃出於嫡庶之制既行以後自殷以前決不能有此制度也

為人後者為之子此亦由嫡庶之制生者也商之諸帝以弟繼兄者但後其父而不後其兄故稱其所繼者仍曰兄甲兄乙既不為之子斯亦不得云為之後矣又商之諸帝有專祭其所自出之帝而不及非所自出者卜辭有一條曰大丁大甲大庚大戊中丁祖乙祖辛祖丁牛一羊一（殷虛書契後編卷上第五葉及拙撰殷卜辭中所見先公先王續考）其於大甲大庚之間不數沃丁是大庚但後其父大甲而不為其兄沃丁後也中丁祖乙之間不數外壬河亶甲是祖乙但後其父中丁而不為其兄外壬河亶甲後也又一條曰□祖乙（小乙）祖丁（武丁）祖甲康祖丁（庚丁）武乙衣（書契後編卷上第二十葉并拙撰殷卜辭中所見先公先王考）於祖甲前不數祖庚康祖丁前不數廩辛是亦祖甲本不後其兄祖庚庚丁不後其兄廩

辛。故後世之帝。於合祭之一種中乃廢其祀。其特祭仍不廢是商無為人後者為之子之制也。周則兄弟之相繼者。非為其父後而實為所繼之兄弟後。以春秋時之制言之。春秋經文二年書八月丁卯大事于大廟躋僖公。公羊傳曰。譏何譏爾逆祀也。其逆祀奈何。先禰而後祖也。夫僖本閔兄。而傳乃以閔為祖僖為禰。是僖公以兄為弟閔公後。即為閔公子也。又經於成十五年書三月乙巳仲嬰齊卒。傳曰。仲嬰齊者。公孫嬰齊也。公孫嬰齊則曷為謂之仲嬰齊。為兄後也。為兄後則曷為謂之仲嬰齊。為人後者為之子也。為人後者為之子。則其稱仲何。孫以王父字為氏也。然則嬰齊孰後。後歸父也。夫嬰齊為歸父弟。以為歸父後。故祖其父仲遂而以其字為氏。是春秋時為人後者無不即為其子。此事於周初雖無可考。然由嫡庶之制推之。固當如是也。

又與嫡庶之制相輔者。分封子弟之制是也。商人兄弟相及。凡一帝之子，無嫡庶長幼，皆為未來之儲貳。故自開國之初，已無封建之事，矧在後世。惟商末之微子、箕子，先儒以微、箕為二國名，然比干亦王子而無封，則微、箕之為國名，亦未可遽定也。是以殷之亡，僅有一微子以存商祀，而中原除宋以外，更無一子姓之國。以商人兄弟相及之制推之，其效固應如是也。周人既立嫡長，則天位素定，其餘嫡子、庶子，皆視其貴賤賢否，疇以國邑。開國之初，建兄弟之國十五，姬姓之國四十，大抵在邦畿之外；後王之子弟，亦皆使食畿內之邑。故殷之諸侯皆異姓，而周則同姓異姓各半，此與政治文物之施行甚有關係，而天子諸侯君臣之分，亦由是而確定者也。

自殷以前，天子諸侯君臣之分未定也。故當夏后之世，而殷之王亥、王恆，累葉稱王；湯未放桀之時，亦已稱王；當商之末，而周之文、武亦稱王。蓋諸侯之於天子，猶後世諸侯之於盟主，未有

君臣之分也周初亦然於牧誓大誥皆稱諸侯曰友邦君是君
臣之分亦未全定也逮克殷踐奄滅國數十而新建之國皆其
功臣昆弟甥舅本周之臣子而魯衛晉齊四國又以王室至親
為東方大藩夏殷以來古國方之蔑矣由是天子之尊非復諸
侯之長而為諸侯之君其在喪服則諸侯為天子斬衰三年與
子為父臣為君同蓋天子諸侯君臣之分始定於此此周初大
一統之規模實與其大居正之制度相待而成者也
嫡庶者尊尊之統也由是而有宗法有服術其效及於政治者
則為天位之前定同姓諸侯之封建天子之尊嚴然周之制度
亦有用親親之統者則祭法是已商人祭法見於卜辭所紀者
至為繁複自帝嚳以下至於先公先王先妣皆有專祭祭各以
其名之日無親疎遠邇之殊也先公先王之昆弟在位者與不
在位者祀典與同無尊卑之差也其合祭也則或自上甲至於

大甲九世。或自上甲至於武乙二十世。或自大丁至於祖丁八世。或自大庚至於中丁三世。或自帝甲至於祖丁二世。或自小乙至於武乙五世。或自武丁至於武乙四世。又數言自上甲至於多后衣。此於卜辭屢見。必非周人三年一祫五年一禘之大祭。是無毀廟之制也。雖呂覽引商書言五世之廟可以觀怪。而卜辭所紀事實。乃全不與之合。是殷人祭其先無定制也。周人祭法。詩書禮經皆無明文。據禮家言。乃有七廟四廟之說。此雖不可視為宗周舊制。然禮家所言廟制。必已萌芽於周初。固無可疑也。古人言周制尚文者。蓋兼綜數義而不專主一義之謂。商人繼統之法。不合尊尊之義。其祭法又無遠邇尊卑之分。則於親親尊尊二義。皆無當也。周人以尊尊之義經親親之義而立嫡庶之制。又以親親之義經尊尊之義而立廟制。此其所以為文也。說廟制者。有七廟四廟之殊。然其實不異。王制禮器祭

法春秋穀梁傳皆言天子七廟諸侯五曾子問言當七廟五廟
無虛主荀子禮論篇亦言有天下者事七世有一國者事五世
惟喪服小記獨言王者禘其祖之所自出以其祖配之而立四
廟鄭注高祖以下也與始祖而五也如鄭說是四廟實五廟也
漢書韋玄成傳玄成等奏祭義曰王者禘其祖之所自出以其
祖配之而立四廟言始受命而王祭天以其祖配而不為立廟
親盡也立親廟四親親也親盡而迭毀親疏之殺示有終周之
所以七廟者以后稷始封文王武王受命而王是以三廟不毀
與親廟四而七公羊宣六年傳何注云禮天子諸侯立五廟周
家祖有功宗有德立后稷文武廟至於子孫自高祖以下而七
廟王制鄭注亦云七者太祖及文武之祧與親廟四則周之七
廟仍不外四廟之制劉歆獨引王制說之曰天子三昭三穆與
太祖之廟而七七者其正法不可常數者也宗不在此數中宗

變也。是謂七廟之中不數文武，則有親廟六。以禮意言之，劉說非也。蓋禮有尊之統，有親之統。以尊之統言之，祖愈遠則愈尊，則如殷人之制徧祀先公先王可也。廟之有制也，出於親之統。由親之統言之，則親親以三為五，以五為九，上殺下殺旁殺而親畢矣。親上不過高祖，下不過玄孫，故宗法服術皆以五為節。喪服有曾祖父母服而無高祖父母服，曾祖父母之服不過齊衰三月。若夫玄孫之生，殆未有及見高祖父母之死者，就令有之，其服亦不過袒免而止。此親親之界也。過是則親屬竭矣，故遂無服。服之所不及，祭亦不敢及。此禮服家所以有天子四廟之說也。劉歆又云：天子七日而殯，七月而葬；諸侯五日而殯，五月而葬。此喪事尊卑之序也，與廟數相應。春秋左氏傳曰：名位不同，禮亦異數，自上以下，降殺以兩，禮也。雖然，言豈一端而已，禮有以多為貴者，有以少為貴者，有無貴賤一者。車服之節，殯葬之期此有等衰者也至於親親之事則貴賤無以異以三為五大夫以下用之以五為九雖天子不能過也既有不毀之廟以存尊統復有四親廟以存親統此周禮之至文者也宗周之初雖無四廟明文然祭之一種限於四世則有據矣逸周書世俘解王克殷格於廟王烈祖自大王大伯王季虞公文王邑考以列升此太伯虞公邑考與三王并升猶用殷禮然所祀者四世也中庸言周公成文武之德追王大王王季上祀先公以天子之禮於先公之中追王二代與文武而四則成王周公時廟數雖不必限於四王然追王者與不追王者之祭固當有別矣書顧命所設几筵乃成王崩召公攝成王冊命康王時依神之席（見拙撰周書顧命考及顧命後考）而其席則牖間西序東序與西夾凡四此亦為大王王季文王武王設是周初所立即令不止四廟其於高祖以下固與他先公不同其後遂為四親廟之制又加以后稷文武

遂為七廟。是故徧祀先公先王者。殷制也。七廟四廟者。七十子後學之說也。周初制度。自當在此二者間。雖不敢以七十子後學之說上擬宗周制度。然其不如殷人之徧祀其先。固可由其他制度知之矣。

以上諸制。皆由尊尊親親二義出。然尊尊親親賢賢。此三者治天下之通義也。周人以尊尊親親二義。上治祖禰。下治子孫。旁治昆弟。而以賢賢之義治官。故天子諸侯世。而天子諸侯之卿大夫士皆不世。蓋天子諸侯者。有土之君也。有土之君不傳子不立嫡。則無以弭天下之爭。卿大夫士者。圖事之臣也。不任賢。無以治天下之事。以事實證之。周初三公。惟周公為武王母弟。召公則疏遠之族兄弟。而太公又異姓也。成康之際。其六卿為召公芮伯彤伯畢公衛侯毛公。而召畢毛三公又以卿兼三公。周公太公之子不與焉。王朝如是。侯國亦然。故春秋譏世卿。世卿者後世之亂制也禮有大夫爲宗子之服若如春秋以後世卿之制則宗子世爲大夫而支子不得與又何大夫爲宗子服之有矣此卿大夫士不世之制當自殷已然非屬周制慮後人疑傳子立嫡之制通乎大夫以下故附著之

男女之別周亦較前代爲嚴男子稱氏女子稱姓此周之通制也上古女無稱姓者有之惟一姜嫄姜嫄者周之妣而其名出於周人之口者也傳言黄帝之子爲十二姓祝融之後爲八姓又言虞爲姚姓夏爲姒姓商爲子姓凡此紀錄皆出周世據殷人文字則帝王之妣與母皆以日名與先王同諸侯以下之妣亦然（傳世商人彝器多有妣甲妣乙諸文）雖不敢謂殷以前無女姓之制然女子不以姓稱固事實也（晉語殷辛伐有蘇氏有蘇氏以妲己女焉案蘇國己姓其女稱妲己似已爲女子稱姓之始然恐亦周人追名之）而周則大姜大任大姒邑姜皆以姓著自是訖於春秋之末無不稱姓之女子大傳曰四世而緦服之窮也五世袒免殺同姓也六世親屬竭矣其

庶姓別於上而戚單於下。婚姻可以通乎。又曰。繫之以姓而弗別。綴之以食而弗殊。雖百世而婚姻不通者。周道然也。然則商人六世以後。或可通婚。而同姓不婚之制。實自周始。女子稱姓。亦自周人始矣。

是故有立子之制。而君位定。有封建子弟之制。而異姓之勢弱。天子之位尊。有嫡庶之制。於是有宗法。有服術。而自國以至天下合為一家。有卿大夫不世之制。而賢才得以進。有同姓不婚之制。而男女之別嚴。且異姓之國。非宗法之所能統者。以婚媾甥舅之誼通之。於是天下之國。大都王之兄弟甥舅。而諸國之間。亦皆有兄弟甥舅之親。周人一統之策。實存於是。此種制度。固亦由時勢之所趨。然手定此者。實惟周公。原周公所以能定此制者。以公於舊制本有可以為天子之道。其時又躬握天下之權。而顧不嗣位而居攝。又由居攝而致政。其無利天下之心。

昭昭然為天下所共見故其所設施人人知為安國家定民人之大計一切制度遂推行而無所阻矣

由是制度乃生典禮則經禮三百曲禮三千是也凡制度典禮所及者除宗法喪服數大端外上自天子諸侯下至大夫士止民無與焉所謂禮不下庶人是也若然則周之政治但為天子諸侯卿大夫士設而不為民設乎曰非也凡有天子諸侯卿大夫士者以為民也有制度典禮以治天子諸侯卿大夫士使有恩以相治有義以相分而國家之基定爭奪之禍泯焉民之所求者莫先於此矣且古之所謂國家者非徒政治之樞機亦道德之樞機也使天子諸侯大夫士各奉其制度典禮以親親尊尊賢賢明男女之別於上而民風化於下此之謂治反是則謂之亂是故天子諸侯卿大夫士者民之表也制度典禮者道德之器也周人為政之精髓實存於此此非無徵之說也以經證

之禮經言治之迹者但言天子諸侯卿大夫士而尚書言治之意者則惟言庶民康誥以下九篇周之經綸天下之道胥在焉其書皆以民為言召誥一篇言之尤為反覆詳盡曰命曰天曰民曰德四者一以貫之其言曰天亦哀於四方民其眷命用懋王其疾敬德又曰今天其命哲命吉凶命歷年知今我初服宅新邑肆惟王其疾敬德王其德之用祈天永命又曰欲王以小民受天永命且其所謂德者又非徒仁民之謂必天子自納於德而使民則之故曰其惟王勿以小民淫用非彝又曰其惟王位在德元小民乃惟刑用於天下越王顯充此言以治天下可云至治之極軌自來言政治者未能有高焉者也古之聖人亦豈無一姓福祚之念存於其心然深知夫一姓之福祚與萬姓之福祚是一非二又知一姓萬姓之福祚與其道德是一非二故其所以祈天永命者乃在德與民二字此篇乃召公之言而

史佚書之以誥天下洛誥云作冊逸誥是史逸所作召誥與洛誥日月相承乃一篇分為二者故亦史佚作也文武周公所以治天下之精義大法胥在於此故知周之制度典禮實皆為道德而設而制度典禮之專及大夫士以上者亦未始不為民而設也

周之制度典禮乃道德之器械而尊尊親親賢賢男女有別四者之結體也此之謂民彝其有不由此者謂之非彝康誥曰勿用非謀非彝召誥曰其惟王勿以小民淫用非彝非彝者禮之所去刑之所加也康誥曰凡民自得罪寇攘姦宄殺越人于貨愍不畏死罔不憝又曰元惡大憝矧惟不孝不友子弗祗服厥父事大傷厥考心于父不能字厥子乃疾厥子于弟弗念天顯乃弗克恭厥兄兄亦不念鞠子哀大不友于弟惟弔茲不於我政人得罪天惟與我民彝大泯亂曰乃其速由文王作罰刑茲無赦此周公誥康叔治殷民之道殷人之刑惟寇攘姦宄而周

人之刑則并及不孝不友故曰惟弔茲不於我政人得罪又曰乃其速由文王作罰其重民彝也如此是周制刑之意亦本於德治禮治之大經其所以致太平與刑措者蓋可覩矣

夫商之季世紀綱之廢道德之隳極矣周人數商之罪於牧誓曰今商王受惟婦言是用昏棄厥肆祀弗答昏棄厥遺王父母弟弗迪乃惟四方之多罪逋逃是崇是長是信是使是以為大夫卿士以暴虐於百姓以姦宄於商邑於多士曰在今後嗣王誕淫厥泆罔顧於天顯民祇於多方曰乃惟爾辟以爾多方大淫圖天之命屑有辭於酒誥曰在今後嗣王酣身厥命罔顯于民祇保越怨不易誕惟厥縱淫泆于非彝用燕喪威儀民罔不盡傷心惟荒腆于酒不惟自息乃逸厥心疾很不克畏死辜在商邑越殷國民無罹弗惟德馨香祀登聞于天誕惟民怨庶羣自酒腥聞在上故天降喪于殷罔愛于殷惟逸天非虐惟民自

逮辜由前三者之說則失德在一人由後之說殷之臣民其漸於亡國之俗久矣此非敵國誣謗之言也殷人亦屢言之西伯戡黎曰惟王淫戲用自絶微子曰我用沈酗於酒用亂敗厥德於下殷罔不小大好草竊姦宄卿士師師非度凡有辜罪乃罔恆獲小民方興相爲敵讎又曰天毒降災荒殷邦方興沈酗於酒乃罔畏畏咈其耉長舊有位人今殷民乃攘竊神祇之犧牷牲用以容將食無災夫商道尚鬼乃至竊神祇之犧牲卿士濁亂於上而法令隳廢於下舉國上下惟姦宄敵讎之是務固不待孟津之會牧野之誓而其亡已決矣而周自大王以後世載其德自西土邦君御事小子皆克用文王教至於庶民亦聽聽祖考之彝訓是殷周之興亡乃有德與無德之興亡故克殷之後尤兢兢以德治爲務召誥曰我不可不監於有夏亦不可不監於有殷我不敢知曰有夏受天命惟有歷年我不敢知曰不

其延惟不敬厥德乃早墜厥命我不敢知曰有殷受天命惟有歷年我不敢知曰不其延惟不敬厥德乃早墜厥命今王嗣受厥命我亦惟茲二國命嗣若功王乃初服周之君臣於其嗣服之初反覆教戒也如是則知所以驅草竊姦宄相為敵讎之民而躋之仁壽之域者其經綸固大有在欲知周公之聖與周之所以王必於是乎觀之矣

觀堂集林卷第十一

史林三

海甯　王國維

太史公行年考

公姓司馬氏，名遷，字子長。案子長之字，史記自序與漢書本傳皆不載。揚子法言寡見篇：或問司馬子長有言，五經不如老子之約也。又君子篇：多愛不忍，子長也。仲尼多愛，愛義也；子長多愛，愛奇也。子長二字之見於先漢人著述者始此。嗣是王充論衡超奇、變動、須頌、案書諸篇，張衡應閒，皆稱司馬子長，或單稱子長。是子長之字，兩漢人已多道之，正不必以不見史漢為疑矣。左馮翊夏陽人也。案自序，司馬氏入少梁在晉隨會奔秦之歲，即魯文公七年，周襄王之三十二年。越二百九十一年，至秦惠文王八年，而魏入少梁河西地於秦。十一年，改少梁曰夏陽。自司馬氏入少梁，迄史公之生，凡四百七十五年。自序云：昔在顓頊，至於夏商，重黎氏世序天地。其在周，程伯休父其後也。當周宣王時，失其守而為司馬氏。司馬氏世典周史。惠襄之閒，司馬氏去周適晉。晉中軍隨會奔秦，而司馬氏入少梁。自司馬氏去周適晉，分散，或在衛，或在趙，或在秦。在秦者名錯，與張儀爭論，於是惠王使錯將伐蜀，遂拔，因而守之。錯孫靳，事武安君白起，與武安君共阬趙長平軍還而與之俱死杜郵葬於華池[集解引晉灼曰地名在鄠縣索隱云晉灼非也案司馬遷碑在夏陽西北四里國維案水經河水注陶渠水又東南逕華池南池方三百六十七步在夏陽城西北四里許故司馬遷碑文云高門華池在茲夏陽城西北漢陽太守殷濟精舍四里所此索隱所本也]靳孫昌昌為秦主鐵官昌生無澤[漢書作毋澤]無澤為漢市長無澤生喜喜為五大夫卒皆葬高門[集解引蘇林曰長安北門贊曰長安城無高門索隱云蘇說非也案遷碑高門在夏陽西北去華池三里國維案水經河水注陶渠水又南逕高門原蓋層阜隤缺故流高門之稱矣又云高門原東去華池三里太平寰宇記同州韓城縣下引水經注高門原南有層阜秀出雲表俗謂馬門原正義引括地志亦云高門原俗名馬門原蓋亦本古本水經注馬門原或以司馬氏冢地名矣]喜生談談為太史公[說見後]太史公學天官於唐都[律書今上即位招致方士唐都分其天部而巴落下閎運算轉曆然後日辰之度與夏正同天官書自漢之為天文者星則唐都氣則王朔漢書律曆志元封七年造漢曆方士唐都巴郡落下閎與焉又公孫宏傳論治曆則唐都落下閎是唐都實與於太初改曆之役考司馬談卒于元封元年而其所師之唐都至七年尚存則都實壽考人矣]受易於楊何[儒林列傳易漢興田何傳東武人王同子仲子仲傳菑川人楊何何以易元光元年徵官至中大夫漢書儒林傳何字叔元]習道論於黃子[集解徐廣曰儒林傳曰黃生好黃老之術案傳云轅固生孝景時為博士與黃生爭論是黃生與司馬談時代略相當徐說殆是也談既習道論故論六家要旨頗右道家與史公無與乃揚雄云司馬子長有言五經不如老子之約班彪譏公先黃老而後六經是誤司馬談之說為史公之說矣]仕於建元元封之間有子曰遷即公是也

漢景帝中五年丙申公生一歲

案自序索隱引博物志太史令茂陵顯武里大夫司馬[此下奪遷字]年二十八三年六月乙卯除六百石也[今本博物志無此文當在逸篇中又茂先此條當本先漢記錄非魏晉人語說見後]

案三年者。武帝之元封三年。苟元封三年史公年二十八。則當生於建元六年。然張守節正義於自序為太史令五年而當太初元年下云。案遷年四十二歲。與索隱所引博物志差十歲。正義所云亦當本博物志。疑今本索隱所引博物志年二十八。張守節所見本作年三十八。三訛為二。乃事之常。三訛為四。則於理為遠。以此觀之。則史公生年。當為孝景中五年。而非孝武建元六年矣。

又案自序。遷生龍門。龍門在夏陽北。正義引括地志云。龍門山在同州韓城縣北五十里。而華池則在韓城縣西南十七里。相去七十里。似當司馬談時。公家已徙而向東北。然公自云生龍門者。以龍門之名見於夏書。較少梁夏陽為古。故樂用之。未必專指龍門山下。又云耕牧河山之陽。則所謂龍門固指山南河曲數十里間矣。

武帝建元元年辛丑六歲

五年乙巳十歲

案自序年十歲則誦古文索隱引劉伯莊說謂即左傳國語世本等書是也考司馬談仕於建元元封間是時當已入官公或隨父在京師故得誦古文矣自是以前必已就閭里書師受小學書故十歲而能誦古文

元光元年丁未十二歲

二年戊申十三歲

案漢舊儀（太平御覽卷二百三十五引）司馬遷父談世為太史遷年十三使乘傳行天下求古諸侯之史記（西京雜記卷六文畧同）考自序云二十而南遊江淮則衛宏說非也或本作二十誤倒為十二又訛二為三與

元朔元年癸丑十八歲

三年乙卯二十歲

案自序二十而南遊江淮上會稽探禹穴闚九疑浮於沅湘北涉汶泗講業齊魯之都觀孔子之遺風鄉射鄒嶧戹困鄱薛彭城過梁楚以歸考自序所紀亦不盡以遊之先後為次其次當先浮沅湘闚九疑然後上會稽自是北涉汶泗過楚及梁而歸否則既東復西又折而之東北殆無是理史公此行據衛宏說以為奉使乘傳行天下求古諸侯之史記也然公此時尚未服官下文云於是遷始仕為郎中明此時尚未仕則此行殆為宦學而非奉使矣

又案史公遊蹤見於史記者五帝本紀曰余嘗西至空同北過涿鹿東漸於海南浮江淮矣封禪書曰余從祭天地諸神名山川而封禪焉河渠書曰余南登廬山觀禹疏九江遂至於會稽大湟上姑蘇望五湖東闚洛汭大邳迎河行淮泗濟漯洛渠西瞻蜀之岷山及離碓北至龍門至於朔方齊太公

世家曰。吾適齊。自泰山屬之琅邪。北被於海。膏壤二千里。魏世家曰。吾適故大梁之墟。孔子世家曰。余適魯。觀仲尼廟堂車服禮器。諸生以時習禮其家。余低徊留之不能去云。伯夷列傳曰。余登箕山。其上蓋有許由冢云。孟嘗君列傳曰。吾嘗過薛。其俗閭里率多暴桀子弟。與鄒魯殊。信陵君列傳曰。吾過大梁之墟。求問其所謂夷門。夷門者。城之東門也。春申君列傳曰。吾適楚。觀春申君故城宮室。盛矣哉。屈原賈生列傳曰。余適長沙。觀屈原所自沈淵。蒙恬列傳曰。吾適北邊。自直道歸。行觀蒙恬所為秦築長城亭障。塹山堙谷。通直道。固已輕百姓力矣。淮陰侯列傳曰。吾如淮陰。淮陰人為言。韓信雖為布衣時。其志與衆異。其母死。貧無以葬。然乃行營高敞地。令其旁可置萬家。余視其母冢。良然。樊酈滕灌列傳曰。吾適豐沛。問其遺老。觀故蕭曹樊噲滕公之冢。自序曰。奉使西征巴蜀以南。南畧邛笮昆明。是史公足跡。殆遍宇内。所未至者。朝鮮河西嶺南諸初郡耳。此上所引。其有年可考者。仍各繫之於其年下。餘大抵是歲事也。是歲所歷各地。以先後次之如左。

適長沙。觀屈原所自沈淵。(屈原賈生列傳) 浮於沅湘。(自序) 闚九疑。(同上) 南登廬山。觀禹疏九江。遂至於會稽大湟。(河渠書) 上會稽。探禹穴。(自序) 上姑蘇。望五湖。(河渠書) 適楚。觀春申君故城宮室。(春申君列傳。據越絶書則春申君故城宮室在吳) 適淮陰。(淮陰侯列傳) 行淮泗濟漯。(河渠書) 北涉汶泗。講業齊魯之都。觀孔子之遺風。鄉射鄒嶧。(自序) 適魯。觀仲尼廟堂車服禮器。諸生以時習禮其家。(孔子世家) 戹困鄱薛彭城。(自序) 過薛。(孟嘗君列傳) 適豐沛。(樊酈滕灌列傳) 過梁楚以歸。(自序) 適大梁之墟。(魏世家及信陵君列傳)

又案漢書儒林傳。司馬遷亦從孔安國問故。遷書載堯典禹貢洪範微子金縢諸篇多古文說公從安國問古文尚書其年無考孔子世家但云安國為今皇帝博士至臨淮太守蚤卒安國生驩驩生卬既云早卒而又及紀其孫則安國之卒當在武帝初葉以漢書兒寬傳攷之則兒寬為博士弟子時安國正為博士而寬自博士弟子補廷尉文學卒史則當張湯為廷尉湯以元朔三年為廷尉至元狩三年遷御史大夫在職凡六年寬為廷尉史至北地視畜數年始為湯所知則其自博士弟子為廷尉卒史當在湯初任廷尉時也以此推之則安國為博士當在元光元朔閒攷褚大亦以此時為博士至元狩六年猶在職然安國既云蚤卒則其出為臨淮太守亦當在此數年中時史公年二十左右其從安國問古文尚書當在此時也又史公於自序中述董生語董生雖至元狩元朔閒尚存然已家居不在京師則史公見董生亦當在

十七八以前以此二事證之知博物志之年二十八為太史

令二確為三之訛字也

元狩元年己未二十四歲

元鼎元年乙丑三十歲

案自序云於是遷仕為郎中其年無考大抵在元朔元鼎間

其何自為郎亦不可考

四年戊辰三十三歲

案封禪書明年冬天子郊雍詔曰今上帝朕親郊而后土無祀則禮不答也有司與太史公祠官寬舒議天地牲角繭栗今陛下親祠后土后土宜於澤中為五壇壇一黄犢太牢具已祠盡瘞而從祠衣上黄於是天子遂東始立后土祠汾陰脽邱如寬舒等議考漢書武帝紀是歲冬十月行幸雍祠五畤行自夏陽東幸汾陰十一月甲子立后土祠於汾陰脽上則司

馬談等議立后土。乃十月事也。談為太史令始見此

五年己巳。三十四歲。

案五帝本紀。余嘗西至空同。考漢書武帝紀。是歲冬十月。行幸雍。祠五畤。遂踰隴。登空同。西臨祖厲河而還。公西至空同當是是歲十月扈從時事。

又案封禪書。公卿言皇帝始郊見太一雲陽。有司奉瑄玉嘉牲。是夜有美光。及晝黃氣上屬天。太史公祠官寬舒等曰。神靈之休。祐福兆祥。宜因此地光域立太畤壇以明應。令太祝領秋及臘閒祠。三歲一郊見。案漢書武帝紀。是歲十一月。立太畤於甘泉。天子親郊見。則太史談等議泰畤典禮。當在是月。

元封元年辛未。三十六歲。

案自序。奉使西征巴蜀以南。南略邛笮昆明。還報命。是歲天

子始建漢家之封。而太史公留滯周南。不得與從事。故發憤且卒。而子遷適使反。見父於河洛之間云云。考漢書武帝紀元鼎六年。定西南夷。以為武都牂柯越巂沈黎文山郡。史公奉使西南。當在置郡之後。其明年元封元年春正月。行幸緱氏登崇高。遂東巡海上。夏四月癸卯。還登封泰山。復東巡海上。自碣石至遼西。歷北邊九原。歸於甘泉。蓋史公自西南還報命。當在春間。時帝已東行。故自長安赴行在。其父談當亦扈駕至緱氏崇高間。或因病不得從。故留滯周南。適史公使反。遂遇父於河洛之間也。史公見父後。復從封泰山。故封禪書曰。余從巡祭天地諸神名山川而封禪焉。後復從帝海上。自碣石至遼西。故齊太公世家曰。吾適齊。自泰山屬之琅邪。北被於海。又歷北邊九原。歸於甘泉。故蒙恬傳曰。吾適北邊。自直道歸。直道者。自九原抵雲陽即甘泉之道。秦始皇本紀所謂除道。道

秦漢間人著書雖有以公名者。如漢書藝文志易家有蔡公二篇。陰陽家有南公三十一篇。名家有黃公四篇。毛公九篇。然此或後人所加。未必其所自稱。則桓譚張守節二說均有所不可通。惟公書傳自楊惲。公於惲為外王父。父談又其外曾祖父也。稱之為公。於理為宜。韋昭一說最為近之矣。自易令為公。遂滋異說。漢儀注。謂太史公武帝置。位在丞相上。天下計書先上太史公。副上丞相。序事如古春秋。遷死後。宣帝以其官為令。行太史公文書而已。太史公自序集解漢書本傳注如淳說皆引此文西京雜記卷六語畧同亦均用漢儀注文也又云。太史公秩二千石。卒史皆秩二百石。自序正義引漢舊儀案漢舊儀與漢儀注本一書皆漢舊儀注之畧稱衛宏所據也臣瓚駁之曰。百官表無太史公。茂陵中書司馬談以太史丞為太史令。集解引晉灼駁之曰。百官表無太史公在丞相上。且衛宏所說多不實。未可以為正。漢書本傳注引虞喜志林又為調停之說曰。古者主天官者皆上公。自周至漢。其職轉卑。然朝會坐

位猶居公上尊天之道其官屬猶以舊名尊而稱公也（自序索隱引）

國維案漢官皆承秦制以丞相太尉御史大夫為三公以奉常郎中令等為九卿中間名有更易員有增省而其制不變終先漢之世惟末置三師在丞相上他無所聞且太史令一官本屬奉常與太樂太祝太宰太卜太醫五令丞聯事無獨升置丞相上之理且漢之三公官名上均無公字何獨於太史稱太史公史公報任安書云僕之先人非有剖符丹書之功文史星歷近乎卜祝之間固主上所戲弄倡優畜之流俗之所輕也宋祁援此語以破衞宏其論篤矣且漢太史令之職掌天時星歷（續漢志）不掌紀事則衞宏序事如古春秋之說亦屬不根既不序事自無受天下計書之理晉灼謂衞宏所說多不實其說是也竊謂司馬談以太史丞為太史令見茂陵中書公為太史令見於自序較之衞宏所記自可依據至太

史令之秩。漢書百官公卿表無文。或以為千石。報任安書。鄉者僕嘗廁下大夫之列。臣瓚曰。漢太史令秩千石。故比下大夫。或以為八百石。漢書律歷志。太史令張壽王上書言歷有司劾壽王。吏八百石。古之大夫。服儒衣。誦不祥之辭。作妖言欲亂制度。不道。據此則太史令秩八百石。或以為六百石。則漢舊儀（北堂書鈔卷三十五引）續漢書百官志皆同。又據索隱所引博物志。則史公時秩亦六百石。案史公自稱僕嘗廁下大夫之列。而自序又稱壺遂為上大夫。（太初元年事）據漢書律歷志。壺遂此時為大中大夫。而大中大夫秩千石。千石為上大夫。則八百石為中大夫。六百石為下大夫矣。漢時官秩。以古制差之。則丞相太尉御史大夫當古三公。中二千石二千石比二千石當古上中下三卿。千石八百石六百石當上中下三大夫。五百石以下至二百石當上中下士。續漢志引漢舊注（即漢舊注儀）三公東

西曹掾比四百石。餘掾比三百石。屬比二百石。故曰公府掾
比古元士三命者也。元士四百石。則下大夫六百石審矣。又
漢書百官表。凡吏秩比二千石以上皆銀印青綬。比六百石
以上皆銅印墨綬。比二百石以上皆銅印黄綬。是亦隱以比
二千石以上當古之卿。比六百石以上當古大夫。比二百石
以上當古之士。則下大夫之爲秩六百石。蓋昭昭矣。臣瓚千
石之說。別無他據。元鳳中。太史令張壽王之秩八百石。或以
他事增秩。據史公所自述。自以六百石之說爲最長矣。

四年甲戌。三十九歲。

案五帝本紀。余北過涿鹿。考漢書武帝紀。是年冬十月。行幸
雍。祠五畤。通回中道。遂北出蕭關。歷獨鹿鳴澤。自代而還。服
虔曰。獨鹿。山名。在涿郡遒縣北界。今案漢書地理志。涿鹿縣
在上谷。不在涿郡。然五帝本紀集解引服虔云。涿鹿在涿郡。

是服虔固以獨鹿涿鹿為一地史公北過涿鹿蓋是年扈蹕
時所經
太初元年丁丑四十二歲
案漢書律歷志武帝元封七年漢興百二歲矣大中大夫公
孫卿壺遂太史令司馬遷等言歷紀廢壞宜改正朔於是廼
詔御史曰廼者有司言歷未定廣延宣問以考星度未能讎
也蓋聞古者黃帝合而不死名察發斂定清濁起五部建氣
物分數然則上矣書缺樂弛朕甚難之依違以惟未能修明
其以七年為元年遂詔卿遂遷與侍郎尊大典星射姓等議
造漢歷廼定東西立晷儀下漏刻以追二十八宿相距於四
方舉終以定朔晦分至躔離弦望廼以前歷上元泰初四千
六百一十七歲至於元封七年復得閼逢攝提格之歲中冬
十一月甲子朔旦冬至日月在建星大歲在子已得太初本

星度新正。姓等奏。不能爲算。願募治曆者。更造密度。各自增減。以造漢太初曆。迺選治曆鄧平及長樂司馬可酒泉候宜君侍郎尊及與民間治曆者凡二十餘人。方士唐都巴郡落下閎與焉。都分天部。而閎運算轉曆。其法以律起曆。曰律容一龠積八十一寸。則一日之分也。與長相終。律長九寸。百七十一分而終復。三復而得甲子。夫律陰陽九六。爻象所從出也。故黃鍾紀元氣之謂律。律法也。莫不取法焉。與鄧平所治同。於是皆觀新星度日月行。更以算推。如閎平法。法一月之日二十九日八十一分日之四十三。先藉半日。名曰陽曆。不藉名曰陰曆。所謂陽曆者。先朔月生。陰曆者。朔而後月迺生。平曰陽曆朔皆先旦月生。以朝諸侯王羣臣便。迺詔遷用鄧平所造八十一分律曆。罷廢尤疏遠者十七家。復使校曆律昏明宦者淳于陵渠復覆太初曆。晦朔弦望皆最密。日月如

合壁。五星如連珠。陵渠奏狀。遂用鄧平曆。以平爲太史丞云
云。如是則太初改曆之議發於公。而始終總其事者亦公也。
故韓長孺列傳言余與壺遂定律曆。漢志言乃詔遷用鄧平
所造八十一分律曆。蓋公爲太史令。星曆乃其專職。公孫卿
壺遂雖與此事。不過虛領而已。孔子言行夏之時。五百年後
卒行於公之手。後雖曆術屢變。除魏明帝僞周武氏外。無敢
復用亥子丑三正者。此亦公之一大事業也。

又案自序。五年而當太初元年。十一月甲子朔旦冬至。天曆
始改。建於明堂。諸神受紀。太史公曰。先人有言。自周公卒五
百歲而有孔子。孔子卒後至於今五百歲。有能紹明世。正易
傳。繼春秋。本詩書禮樂之際。意在斯乎。意在斯乎。小子何敢
讓焉云云。於是論次其文。是史公作史記。雖受父談遺命。然
其經始則在是年。蓋造曆事畢。述作之功乃始也。

天漢元年辛巳四十六歲

三年癸未四十八歲

案自序七年而太史公遭李陵之禍幽於縲紲徐廣曰天漢三年正義亦云案從太初元年至天漢三年乃七年也然據李將軍匈奴列傳及漢書武帝紀李陵傳陵降匈奴在天漢二年蓋史公以二年下吏至三年尚在縲紲其受腐刑亦當在三年而不在二年也

太始元年乙酉五十歲

案漢書本傳遷既被刑之後為中書令尊寵任職事當在此數年中鹽鐵論周秦篇今無行之人一旦下蠶室創未愈宿衛人主出入宮殿得由受奉祿食太官享賜身以尊榮妻子獲其饒云云是當時下蠶室者刑竟即任以事史公父子素以文學登用奉使扈從光寵有加一旦以言獲罪帝未嘗不

惜其才。中書令一官。設於武帝。或竟自公始任此官。未可知

也。

又案漢書百官公卿表。少府屬有中書謁者黃門鉤盾尚方御史永巷內者宦者八官令丞。中書令即中書謁者令之畧也。漢舊儀。（大唐六典卷九引）中書令領贊尚書出入奏事。秩千石。漢書佞幸傳。蕭望之建白。以為尚書百官之本。國家樞機。宜以通明公正處之。武帝遊宴後庭。始用宦者。非古制也。宜罷中書宦官。元帝不聽。成帝紀。建始四年春。罷中書宦官。置尚書員五人。續漢書百官志。尚書令一人。承秦所置。武帝用宦者。更為中書謁者令。成帝用士人。復故。據此。似武帝改尚書為中書。復改士人用宦者。成帝復故。然漢書張安世傳。安世武帝末為尚書令。霍光傳。尚書令讀奏。諸葛豐傳。有尚書令堯。京房傳。中書令石顯。顯顓權。顯友人五鹿充宗為尚書令。事皆在武

帝之後。成帝建始之前。是武帝雖置中書。不廢尚書。特於尚書外增一中書令。使之出受尚書事。入奏之於帝耳。故蓋寬饒傳與佞幸傳亦謂之中尚書。蓋謂中官之幹尚書事者。以别於尚書令以下士人也。漢舊儀（北堂書鈔卷五十七引）尚書令幷掌詔奏。既置中書掌詔誥答表。皆機密之事。蓋武帝親攬大政。丞相自公孫弘以後。如李蔡莊青翟趙周石慶公孫賀等。皆以中材備員。而政事一歸尚書。霍光以後。凡秉政者無不領尚書事。尚書為國政樞機。中書令又為尚書之樞機。本傳所謂尊寵任職者。由是故也。

太始四年戊子。五十三歲。

案公報益州刺史任安書。在是歲十一月。漢書武帝紀。是歲春三月。行幸太山。夏四月。幸不其。五月。還幸建章宮。書所云會從上東來者也。又冬十二月。行幸雍祠五時。書所云今少卿抱不測之罪。涉旬月。迫季冬。僕又薄從上上雍者也。是報安書作於是冬十一月無疑。或以任安下獄坐受衛太子節當在征和二年。然是年無東巡事。又行幸雍在次年正月。均與報書不合。田叔列傳後載褚先生所述武帝語曰。任安有當死之罪甚衆。吾嘗活之。是安於征和二年前曾坐他事。公報安書。自在太始末審矣。

征和元年己丑。五十四歲。

後元元年癸巳。五十八歲。

昭帝始元元年乙未。六十歲。

案史公卒年。絶不可考。惟漢書宣帝紀載後元二年。武帝疾往來長楊五柞宮。望氣者言長安獄中有天子氣。上遣使者分條中都官獄繫者。輕重皆殺之。內謁者令郭穰夜至郡邸獄。丙吉拒閉。使者不得入。此內謁者令。師古注云。內者。署屬少府不云内謁者二劉漢書刋誤因以謁為衍字又案劉屈氂傳有内者令郭穰在征和三年似可為劉說之證然丙吉傳亦稱内謁者令郭穰與宣紀同然則果宣帝紀與丙吉傳衍謁字抑劉屈氂傳奪謁字或郭穰於征和三年為内者令至後元二年又轉為内謁者令均未可知也如謁字非衍則内謁者令當即中謁者令亦即中書謁者令漢書百官公卿表成帝建始四年更名中書謁者令為中謁者令然中謁者本漢初舊名樊酈滕灌列傳漢十月拜灌嬰為中謁者漢書魏相傳述高帝時有中謁者趙堯等高后時始用宦官漢書高后紀少帝八年封中謁者張釋卿為列侯史記呂后本紀作大中謁者張釋又稱宦官令張澤自是一人大中謁者乃中謁者之長猶言中謁者令也成帝紀注引臣瓚曰漢初中人有中謁者令孝武加中謁者為中書謁者令置

僕射。其言當有所本。胥捐之傳。捐之言中謁者不宜受事。此即指宣帝後中書令出取封事見霍光傳言之。是則中書謁者。武帝後亦兼稱中謁者。不待成帝始改矣。由是言之。宣帝紀與丙吉傳之內謁者令。疑本作中謁者令。隋人諱忠改中為內。亦固其所。此說果中。則武帝後元二年郭穰已為中謁者令。時史公必已去官或前卒矣。要之史公卒年雖未可遽知。然視為與武帝相終始。當無大誤也。

史記紀事。公自謂訖於太初。班固則云訖於天漢。案史公作記。創始於太初中。故原稿紀事。以元封太初為斷。此事於諸表中踪跡最明。如漢興以來諸侯年表建元以來王子侯者年表皆訖太初四年。此史公原本也。高帝功臣年表則每帝一格。至末一格則云建元元年至元封六年三十六。又云太初元年盡後元二年十八。以武帝一代截而為二。明前三十六年事為史公原本。而後十八年事為後人所增入也。惠景間侯者年表與建元以來侯者年表末太初已後一格。亦後人所增。殊如建元以來侯者年表。元封以前六元各占一格。而太初以後五元并為一格。尤為後人續補之證。表既如此。書傳亦宜然。故欲據史記紀事以定史公之卒年。尤不可恃。故據屈原賈生列傳。則訖孝昭矣。據楚元王世家。則訖宣帝地節矣。據曆書及曹相國世家。則訖成帝建始矣。據司馬相如列傳。則訖成哀之際矣。凡此在今史記本文。而與褚先生所補無與者也。今觀史記中最晚之記事。得信為出自公手者。唯匈奴列傳之李廣利降匈奴事。（征和三年）餘皆出後人續補也。史公雖居茂陵。然冢墓尚在夏陽。水經河水注。陶渠水又東南逕夏陽縣故城。又歷高陽宮北。又東南歷司馬子長墓北。墓前有廟。廟前有碑。永嘉四年。漢陽太守殷濟瞻仰遺文。大其功德。遂建石室。立碑樹桓。太史公自序曰。遷生於龍門。是其墳墟所在矣。案漢永嘉無四年。晉永嘉時又無漢陽郡。此云永嘉四年漢陽太守殷濟。疑四字或誤。括地志。正義引。漢司馬遷墓在韓城縣南二十二里。夏陽縣故東南。與水經注合。又云。司馬遷冢在高門原上。則誤也。

史公子姓無考。漢書本傳。至王莽時。求封遷後為史通子。是史公有後也。女適楊敞。漢書楊敞傳。敞子忠。忠弟惲。惲母。司馬遷女也。又云。大將軍光謀欲廢昌邑王更立。議既定。使大司農田延年報敞。敞驚懼。不知所言。汗出洽背。唯唯而已。延年起至更衣。敞夫人遽從東箱謂敞曰。此國大事。今大將軍議已定。使九卿來報君侯。君侯不疾應。與大將軍同心。猶豫無決。先事誅矣。延年從更衣還。敞夫人與延年參語許諾。請奉大將軍教令。遂共廢昌邑王。立宣帝。案惲為敞幼子。則敞傳與延年參語之夫人。必公女也。廢立之是非姑置不論。以

一女子而明決如此洵不媿為公女矣

史公交遊據史記所載屈原賈生列傳有賈嘉刺客列傳有公孫季功董生樊酈滕灌列傳有樊它廣酈生陸賈列傳有平原君子（朱建子）張釋之馮唐列傳有馮遂（字王孫趙世家亦云余聞之馮王孫）田叔列傳有田仁韓長孺列傳有壺遂衛將軍驃騎列傳有蘇建自序有董生而公孫季功董生（非仲舒）曾與秦夏無且遊考荊軻刺秦王之歲下距史公之生凡八十有三年二人未必能及見史公道荊軻事又樊它廣及平原君子輩行亦遠在史公前然則此三傳所紀史公或追紀父談語也自馮遂以下皆與公同時漢書所紀有臨淮太守孔安國騎都尉李陵益州刺史任安皇甫謐高士傳所紀有處士摯峻

史公所著百三十篇後世謂之史記史記非公所自名也史公屢稱史記非自謂所著書周本紀云太史伯陽讀史記十

二諸侯年表云孔子西觀周室論史記舊聞又云魯君子左邱明因孔子史記具論其語成左氏春秋六國表云秦既得意燒天下詩書諸侯史記尤甚為其有所刺譏也又曰史記獨藏周室以故滅天官書云余觀史記考行事孔子世家云乃因魯史記作春秋自序云紬史記石室金匱之書凡七稱史記皆謂古史也古書稱史記者亦然逸周書有史記解鹽鐵論散不足篇云孔子讀史記喟然而嘆公羊疏引春秋說（謂春秋緯）云邱攬史記又引閔因叙云孔子使子夏等十四人求周史記得百二十國寶書感精符考異郵說題辭具有其文至後漢猶然越絕書（十四）云夫子作經攬史記東觀漢記（初學記卷二十一引）云時人有上言班固私改作史記（後漢書改史記為國史）公羊莊七年傳何休注云不修春秋謂史記也是漢人所謂史記皆泛言古史不指太史公書明太史公書當時未有史記之名故在前漢則

著錄於向歆七畧者謂之太史公百三十篇楊惲傳謂之太史公記宣元六王傳謂之太史公書其在後漢則班彪畧論王充論衡超奇案書對作等篇宋忠注世本(左傳正義引)亦謂之太史公書應劭風俗通謂之太史公記(見卷一及卷六)亦謂之太史記(見卷二)是兩漢不稱史記之證惟後漢書班彪傳稱司馬遷作史記乃范曄語西京雜記(卷二)稱司馬遷發憤作史記則吳均語耳稱太史公書為史記蓋始於魏志王肅傳乃太史公記之畧語晉荀勗穆天子傳序亦稱太史公記抱朴子内篇猶以太史公記與史記互稱可知以史記名書始於魏晉間矣竊意史公原書本有小題而無大題此種著述秦漢間人本謂之記六國表云太史公讀秦記漢書藝文志春秋類漢著記百九十卷後漢班固劉珍等在東觀所作者亦謂之漢記蔡邕等所續者謂之後漢記則稱史公所撰為太史公記乃其所

也。其畧稱史記者，猶稱漢舊儀注為漢舊儀，漢舊注，說文解字為說文，世說新語為世說矣。

史記一書傳播最早。漢書本傳，遷既死後，其書稍出，宣帝時，遷外孫平通侯楊惲祖述其書，遂宣播焉。其所謂宣播者，蓋上之於朝，又傳寫以公於世也。七畧春秋類有太史公百三十篇。宣元六王傳，成帝時東平王宇來朝，上書求太史公書，是漢祕府有是書也。鹽鐵論毀學篇，大夫曰：司馬子有言：天下攘攘，皆為利往。見貨殖列傳此桓寬述桑宏羊語。考桑宏羊論鹽鐵在昭帝始元六年，而論次之之桓寬乃宣帝時人。此引貨殖傳語，即不出宏羊之口，亦必為寬所潤色，是宣帝時民間亦有其書。嗣是馮商、褚先生、劉向、揚雄等均見之，蓋在先漢之末，傳世已不止一二本矣。

漢世百三十篇往往有寫以別行者。後漢書竇融傳，光武賜

融以太史公五宗外戚世家魏其侯列傳又循吏傳明帝賜
王景河渠書是也
記言記事雖古史職然漢時太史令但掌天時星曆不掌紀載故史公所撰書仍私史也況成書之時又在官中書令以後其為私家著述甚明故此書在公生前未必進御乃漢舊儀注（自序集解引）云司馬遷作景帝本紀極言其短及武帝之過帝怒而削去之（西京雜記卷六同）魏志王肅傳亦云漢武帝聞遷述史記取孝景及己本紀覽之於是大怒削而投之於今此兩紀有錄無書後遭李陵事遂下遷蠶室此二說最為無稽自序與報任安書皆作於被刑之後而自序最目有孝景今上兩本紀報任安書亦云本紀十二是無削去之說也
隋書經籍志別集類有漢中書令司馬遷集一卷蓋後人所輯書已久佚今其遺文存者悲士不遇賦見藝文類聚卷三

十。報任安書見漢書本傳及文選。與摯伯陵書見皇甫謐高士傳。悲士不遇賦陶靖節感士不遇賦序及劉孝標辨命論俱稱之。是六朝人已視為公作。然其辭義殊未足與公他文相稱。若與摯伯陵書。則直恐是贋作耳。

隋志子部五行家。載梁有太史公素王妙義二卷。亡。他書所引則作素王妙論。史記越王句踐世家集解。北堂書鈔卷四十五太平御覽卷四百四及四百七十二各引一條。其書似貨殖列傳。蓋取貨殖傳素封之語。故曰素王。非殷本紀素王九主之事。亦非仲尼素王之素王。殆魏晉人所依託也。

觀堂集林卷第十二

史林四

海甯　王國維

說自契至於成湯八遷

尚書序自契至於成湯八遷正義僅舉其三今考之古籍則世本居篇云契居蕃（見水經注渭水篇通鑑地理通釋引世本作番疑即漢志魯國之蕃縣觀相土之都在東岳下可知）契本帝嚳之子實本居亳今居於蕃是一遷也世本又云昭明居砥石（書正義引）由蕃遷於砥石是二遷也荀子成相篇云契玄王生昭明居於砥石遷於商是昭明又由砥石遷商是三遷也左氏襄九年傳云陶唐氏之火正閼伯居商邱祀大火而火紀時焉相土因之故商主大火是以商邱為昭明子相土所遷又定九年傳祝鮀論周封康叔曰取於相土之東都以會王之東蒐則相土之時曾有二都康叔取其東都以會王之東蒐則當在東岳之下蓋如泰山

之祊為鄭有者。此為東都。則商邱乃其西都矣。疑昭明遷商後相土又東徙泰山下。後復歸商邱。是四遷也。今本竹書紀年云。帝芬三十三年。商侯遷於殷。（山海經郭璞注引真本紀年有殷王子亥殷主甲微稱殷不稱商則今本紀年此事或可信）是六遷也。又孔甲九年。殷侯復歸於商邱。是七遷也。至湯始居亳。從先王居。則為八遷。湯至盤庚五遷。書序紀其四。而前之八遷。古未有說。雖上古之事若存若亡。世本紀年亦未可盡信。然要不失為古之經說也。（梁氏玉繩史記志疑引路史國名紀上甲居鄴以當一遷不知鄴即殷也）

說商

商之國號。本於地名。史記殷本紀云。契封於商。鄭玄皇甫謐以為上雒之商。蓋非也。古之宋國。實名商邱。邱者虛也。（說文解字虛大丘也崑崙丘謂之崑崙虛又云丘謂之虛从丘虍聲）宋之稱商邱。猶洹水南之稱殷虛。是商在宋地。左傳昭元年。后帝不臧。遷閼伯於商邱。主辰。商人是因。故辰為商星。又襄九年傳。陶唐氏之火正閼伯居商邱。祀大火。而火紀時焉。相土因之故商主大火又昭十七年傳宋大辰之虚也大火謂之大辰則宋之國都確為昭明相土故地杜預春秋釋地以商邱為梁國睢陽（今河南歸德府商邱縣）又云宋商商邱三名一地其說是也始以地名為國號繼以為有天下之號其後雖不常厥居而王都所在仍稱大邑商訖於失天下而不改羅參事殷虚書契考釋序云史稱盤庚以後商改稱殷而徧搜卜辭既不見殷字又屢言入商田游所至曰往曰出商獨言入可知文丁帝乙之世雖居河北國尚號商其說是也且周書多士云肆予敢求爾於天邑商是帝辛武庚之居猶稱商也至微子之封國號未改且處之商邱又復其先世之地故國謂之宋亦謂之商顧氏日知錄引左氏傳孝惠娶於商（哀二十四年）天之棄商久矣（僖二十二年）利以伐姜不利子商（哀九年）以證宋之得為商閻百詩潛邱劄記駁之其說甚辨然不悟周時多謂宋為商左氏襄九年傳士弱曰商人閱其禍敗

之釁必始於火此答晉侯宋知天道之問商人謂宋人也昭八年傳大蒐於紅自根牟至於商衞革車千乘商衞謂宋衞也吳語闕為深溝通於商魯之間謂宋魯之間也樂記師乙謂子貢商者五帝之遺音也商人識之故謂之商齊者三王之遺音也齊人識之故謂之齊子貢之時有齊人無商人商人即宋人也余疑宋與商聲相近初本名商後人欲以別於有天下之商故謂之宋耳然則商之名起於昭明訖於宋國蓋於宋地終始矣

說亳

古地以亳名者甚多周書立政云三亳阪尹鄭玄謂湯舊都之民服文王者分為三邑其長居險故名阪尹蓋東成皐南轘轅西降谷也書正義引皇甫謐則云三處之地皆名為亳蒙為北亳穀熟為南亳偃師為西亳同上括地志申之曰宋州穀熟縣西南三十五里南亳故城即南亳湯都也宋州北五十里大蒙城為景亳

湯所盟地，因景山爲名。偃師爲西亳，帝嚳及湯所都。（史記殷本紀正義引）二說不同。然立政說文王事，時周但長西土，不得有湯舊都之民與南北西三亳之地。此三亳者，自爲西夷，與左氏傳之肅慎、燕亳，說文京兆杜陵亭之亳，皆與湯都無與者也。又春秋襄十一年同盟於亳城北，（公穀作京城北，公羊疏謂服氏經亦作京，今左氏經傳作亳，殆字之誤也）則爲鄭地之亳。史記五帝本紀集解引皇覽云帝嚳冢在東郡濮陽頓邱城南亳陰野中，則爲衞地之亳。左氏傳公子禦說奔亳，則爲宋地之亳。與皇甫謐所舉三亳，以亳名者八九。然則湯之所都果安在乎？史記六國表言收功實者常於西北，故禹興於西羌，湯起於亳。徐廣以京兆杜陵之亳亭當之，蓋探史公之意以爲說。班固於漢地理志則云偃師尸鄉，殷湯所都。鄭玄亦以爲湯都偃師。皇甫謐以爲湯居南亳。（尚書正義引）括地志兼采二說，以爲湯始居南亳穀熟，後居西亳偃師。而漢書地理志山陽郡之薄縣，臣瓚曰湯所都。是湯所都之亳亦有四說余案瓚說是也山陽之薄即皇甫謐所謂北亳後漢以薄縣屬梁國至魏晉幷罷薄縣以其地屬梁國之蒙縣故謐云蒙為北亳者渾言之杜預於莊十一年傳注云蒙縣西北有亳城則析言之蒙之西北即漢山陽郡薄縣地也今山東曹州府曹縣南二十餘里其為湯都有三證一以春秋時宋之亳證之左氏莊十一年傳宋萬弒閔公於蒙澤立子游羣公子奔蕭公子御說奔亳南宮牛猛獲帥師圍亳冬十月蕭叔大心及戴武宣穆莊之族以曹師伐之殺南宮牛於師殺子游於宋立桓公猛獲奔衞南宮萬奔陳杜注以亳在蒙縣西北如杜說則亳與曹接境曹師之伐先亳後宋猛獲在亳故北奔衞南宮萬在宋故南走陳是宋之亳即漢之薄縣又哀十四年傳桓魋請以鞌易薄景公曰不可薄宗邑也乃益鞌七邑鞌桓魋之邑地雖無考當與薄近是歲魋入於曹以叛時曹地新入於宋雖未必為魋采邑亦

必與雝邑相近。則其所欲易之薄。亦必與曹相近。殆即前漢山陽郡之薄縣。而此薄為宋宗邑。尤足證其為湯所都。然則此北亳者。於春秋時為亳。為薄。於兩漢為薄縣。晉時縣治雖廢。而尚有亳城。若南亳西亳。不獨古籍無徵。即漢以後亦不見有亳名。其證一也。二以湯之鄰國證之。孟子言湯居亳。與葛為鄰。皇甫謐孟康司馬彪杜預酈道元均以甯陵縣（前漢屬陳留郡後漢屬梁國）之葛鄉為葛伯國。謐且謂偃師去甯陵八百餘里。不能使民為之耕。以證湯之所都。當為穀熟之南亳。然穀熟之去甯陵。雖較之偃師為近。中間尚隔二百餘里。若蒙縣西北之薄。與甯陵東北之葛鄉。地正相接。湯之所都。自當在此。其證二也。三以湯之經略北方證之。湯所伐國。韋顧昆吾夏桀。皆在北方。昆吾之墟。地在衞國（漢東郡濮陽城內）左傳世本說當可據。而韋國。鄭箋以為豕韋。按續漢書地理志。東郡白馬縣有韋鄉。杜預亦云。白馬縣東南有韋城。古豕韋氏之國。又白馬之津。史記曹相國世家亦謂之圍津。是韋與昆吾實為鄰國。與亳相距不過二百里。顧地無考。漢書古今人表作鼓。案殷虛卜辭云王步於𡨦。𡨦當即鼓字。卜辭所載地名。大抵在大河南北數百里內。知亦距韋與昆吾不遠。且顧與昆吾。鄭語均以為己姓之國。故衛之帝丘城外有戎州己氏。而梁國蒙薄之北。漢亦置己氏縣。疑古顧國當在昆吾之南。蒙薄之北。然則亳於湯之世。居國之北境。故湯自商丘徙此。以疆理北方。逮北伐韋顧。遂及昆吾。於是商境始北抵河。王業之成。基於此矣。湯之時。方有事北方。決無自商丘南徙穀熟之理。至偃師之地。更與諸國風馬牛不相及。其證三也。自來說湯都者。紛歧無定說。故舉此三證質之。

說耿

尚書序。祖乙遷於耿。史記殷本紀作邢。索隱以為河東皮氏縣之耿鄉。然仲丁遷隞。河亶甲居相。其地皆在河南北數百里內。祖乙所居。不得遠在河東。且河東之地。自古未聞河患。耿鄉距河稍遠。亦未至遽圮也。段氏古文尚書撰異引說文邢鄭地有邢亭。疑祖乙所遷。當是此地。然說文邢字下云。邢周公子所封。地近河內懷。其云周公子所封。則指邢茅胙祭之邢。（杜注在廣平襄國縣）然又云地近河內懷。則又指左傳（宣六年）戰國策（魏策秦固有懷地邢邱史記魏世家作懷地邢邱）之邢邱（杜注在河內平皋縣）也。邢邱即邢。虛猶言商邱殷虛。祖乙所遷。當即此地。其地正瀕大河。故祖乙圮於此也。

說殷

殷之為洹水南之殷虛。蓋不待言。然自史記以降。皆以殷為亳。其誤始於今文尚書書序訛字。而太史公仍之。書序。盤庚五遷。將治亳殷。（馬鄭本古文同）束皙謂孔子壁中尚書作將始宅殷。孔疏謂亳字摩滅。容或為宅。壁內之書。安國先得。治皆作亂。其字與始不類無緣誤作始字。段氏古文尚書撰異。謂治之作亂乃僞古文。束廣微當晉初未經永嘉之亂。或孔壁原文尚存祕府。所說殆不虛。按隋書經籍志晉世祕府所存有古文尚書經文。束晳所見自當不誣。且亳殷二字。未見古籍。商頌言宅殷土茫茫。周書召誥言宅新邑。宅殷連言。於義爲長。且殷之於亳截然二地。書疏引汲冢古文云。盤庚自奄遷於殷。在鄴南三十里。（史記索隱引汲郡古文盤庚自奄遷於北冢曰殷虛去鄴三十里。今本紀年作自奄遷於北蒙曰殷。無在鄴南三十里六字。）束晳以漢書項羽傳之洹水南殷虛釋之。（見書孔疏）今龜甲獸骨出土。皆在此地。蓋即盤庚以來殷之舊都。楚語白公子張曰。昔殷武丁能聳其德。至於神明。以入於河。自河徂亳。蓋用逸書說命之文。（今僞古文說命襲其語）書無逸稱高宗舊勞於外。當指此事。然則小乙之時。必都河北之殷。故武丁徂亳。必先入河。此其證也。史記既以盤庚所遷爲亳殷。在河南。而受辛之亡。又都河北。乃不得不以去亳從河北歸之武乙。今本紀年襲之。然史記正義引古本竹書紀年云自盤庚徙殷至紂之亡七百七十三年更不遷都雖不似竹書原文必檃括本書為之較得事實乃今本紀年於武乙三年書自殷遷於河北又於十五年書自河北遷於沬則又勦史記及帝王世紀之說必非汲冢本文也要之盤庚遷殷經無毫字武丁祖亳先入於河洹水之虛存於秦世此三事已足正書序及史記之誤而殷虛卜辭中所祀帝王訖於康祖丁武祖乙文祖丁羅參事以康祖丁為庚丁武祖乙為武乙文祖丁為文丁其說至不可易（見殷虛書契考釋）則帝乙之世尚宅殷虛史記正義所引竹書獨得其實如是則商居殷最久故亦稱殷詩書之文皆殷商互言或兼稱殷商然其名起於地名之殷而殷地之在河北不在河南則可斷也

周𦳝京考

宗周彝器言王在𦳝京者五（井鼎靜彝靜敦史懋壺遹敦）言王在𦳝者一（召伯虎敦）其字从

茻从㫄。㫄字雖不可識。然與㫄鼎之㫄。㫄尊之㫄。皆極相似。當是从茻㫄聲之字。蒡京蓋即詩小雅往城于方及侵鎬及方之方。鎬方二地自來無說。案小雅云。薄伐玁狁。至於太原。又云。來歸自鎬。我行永久。極其所至之地曰太原。著其所由歸之地曰鎬。則鎬與太原殆是一地。或太原其總名。而鎬與方皆太原之子邑耳。太原。先儒或以為晉陽。或以為平涼。而據尚書禹貢春秋左氏傳之說。其地當在河東。禹貢記禹治冀州水。首壺口梁岐。次太原。次岳陽。次覃懷。次衡漳。而終以恆衛。其次實自西而東。則太原一地。當在壺口梁岐之東。太岳之西。即漢之河東郡地。又左氏昭元年傳。宣汾洮。障大澤。以處太原。考汾水經流千三百四十里。歷漢太原河東二郡地。而洮水大澤則皆在河東。續漢書郡國志。河東郡聞喜邑有涑水。有洮水。水經涑水注則云。涑水所出。俗謂之華谷。（經云涑水出河東聞喜縣東山黍葭谷）至周陽與洮水合。又云。貫達曰汾洮二水名司馬彪曰洮水出聞喜縣故王莽以縣為洮亭也然則涑水殆亦為洮水之兼稱乎云云是酈氏始以洮為涑之别源又疑為涑之異號觀傳文汾洮并舉殆非涑水不足當之則後說殆是也顧無論從何說洮水皆不出漢河東境内則有汾洮二水之太原正漢河東郡地與禹貢之太原在壺口梁岐岳陽間者地望正合太澤當即安邑鹽池或蒲坂張陽池亦河東地也後漢書西羌傳穆王西伐犬戎取其五王王遂遷戎于太原此書當出原本竹書紀年而穆天子傳天子至於雷首犬戎胡觴天子於雷水之阿此當是犬戎既遷後事案雷首山在河東蒲坂縣雷水出焉則犬戎所遷之太原在河東可知周語宣王既喪南國之師乃料民於太原料民之事亦以河東為便不容東至晉陽亦無緣西至平涼也太原之地既定乃可求鎬方之所在余疑彝器中之莽京即小雅之方也靜敦上言王在莽京下言射

七

于大池。適敦上言王在葊京。下言呼漁于大池。則葊京左右必有大池。而河東諸湖澤。有董澤。有鹽池。有張陽池。（今蒲州五姓湖）鹽池既不可漁。則所謂大池者。董澤與張陽池必居其一。而張陽池東西兩陂。東陂東西二十五里。南北八里。西陂東西二十里。南北五里。去蒲坂一十五里。較董澤之東西四里南北三里者為大。若以此池當靜敦適敦之大池。則所謂葊京者。非蒲坂莫屬矣。漢書地理志。河東郡蒲坂。故曰蒲。秦更名。（今蒲州）葊蒲聲相近。又葊在陽部。蒲在魚部。為陰陽對轉之字。又古方旁同字。則小雅之方。當即彝器之葊京。秦漢之蒲坂矣。彝器凡言王在葊京者。多穆王時器。而召伯虎敦作於宣王六年。亦云王在葊。與穆王遷戎。宣王料民之事。亦可相印證也。周都豐鎬。而葊亦稱京。與唐都長安。而建蒲州為中都者。先後一揆。余曩作獫狁考。於方鎬之方。未能實指其地。故復著之。

秦都邑考

秦之祖先起於戎狄當殷之末有中潏者已居西垂大駱非子以後始有世系可紀事跡亦較有據其歷世所居之地曰西垂曰犬邱曰秦曰渭汧之會曰平陽曰雍曰涇陽曰櫟陽曰咸陽此九地中惟西垂一地名義不定犬邱涇陽二地有異實而同名者後人誤甲為乙遂使一代崛起之地與其經畧之跡不能盡知世亦無正其誤者案西垂之義本謂西界史記秦本紀中潏在西戎保西垂又申侯謂孝王曰昔我先酈山之女為戎胥軒妻生中潏以親故歸周保西垂西垂以其故和睦又云莊公為西垂大夫以語意觀之西垂殆泛指西土非一地之名然封禪書言秦襄公既侯居西垂本紀亦云文公元年居西垂宮則又似特有西垂一地水經漾水注以漢隴西郡之西縣當之其地距秦亭不遠使西垂而係地名則酈說無以易矣唯犬邱一

地徐廣曰今槐里也案槐里之名犬丘班固漢書地理志宋衷世本注均有此說此乃周地之犬丘非秦大駱非子所居之犬丘也本紀云非子居犬丘又云大駱地犬丘夫槐里之犬丘為懿王所都而大駱與孝王同時僅更一傳不容為大駱所有此可疑者一也又云宣公子莊公以其先大駱地犬丘為西垂大夫若西垂泛指西界則槐里尚在雍岐之東不得云西垂若以西垂為漢之西縣則槐里與西縣相距甚遠此可疑者二也且秦自襄公後始有岐西之地厥後文公居汧渭之會甯公居平陽德公居雍皆在槐里以西無緣大駱莊公之時已居槐里此可疑者三也案本紀又云莊公居其故西犬丘此西犬丘實對東犬丘之槐里言史記之文本自明白但其餘犬丘字上均畧去西字余疑犬丘西垂本一地自莊公居犬丘號西垂大夫後人因名西犬丘為西垂耳然則大駱之起遠在隴西非子邑秦

已稍近中國。莊公復得大駱故地。則又西徙。逮襄公伐戎至岐。文公始踰隴而居汧渭之會。其未踰隴以前。殆與諸戎無異。自徐廣以犬邱為槐里。正義仍之。遂若秦之初起已在周畿內者。殊失實也。此稿既成。檢楊氏守敬春秋列國圖。西犬邱於漢隴西郡西縣地。其意正與余合

史記於始皇本紀論贊後。復敘秦世系都邑陵墓所在。其言與秦本紀相出入。所紀秦先公謚號及在位年數。亦與本紀及六國表不同。蓋太史公別記所聞見之異辭。未必後人羼入也。其中云肅靈公即秦本紀之靈公居涇陽。為秦本紀及六國表所未及。涇陽一地。注家無說。余曩作玁狁考。曾據此及涇陽君高陵君之封。以證詩六月之涇陽。非漢安定郡之涇陽縣。今更證之。考春秋之季。秦晉不交兵者垂百年。兩國間地在北方者。頗為諸戎蠶食。至秦厲共公十六年。始塹河旁。以兵二萬伐大荔。取其王城。則今之陝西同州府大荔縣也。二十一年始縣頻陽。則今之蒲城

同官二縣間地也。至靈公六年。晉城少梁。秦擊之。六國表作七年與魏戰少梁十三年城籍姑。皆今之韓城縣地。然則厲共公以後。秦方東略。靈公之時。又拓地於東北。與三晉爭霸。故自雍東徙涇陽。涇陽者。當在涇水之委。今之涇陽縣地決非漢安定郡之涇陽也。且此時義渠方強。緜諸未滅。安定之涇陽與秦中隔諸戎。勢不得為秦有。即令秦於西北有斗入之地。而東略之世。決無反徙西北之理。厥後靈公子獻公徙治櫟陽。櫟陽在今高陵縣境。西距涇水入渭之處不遠。則涇陽自當在高陵之西。今涇陽之境矣。餘說詳玁狁考中。然則有周一代。秦之都邑分三處。與宗周春秋戰國三期相當。曰西垂。曰犬邱。曰秦。其地皆在隴坻以西。此宗周之世秦之本國也。曰汧渭之會。曰平陽。曰雍。皆在漢右扶風境。此周室東遷。秦得岐西地後之都邑也。曰涇陽。曰櫟陽。曰咸陽。皆在涇渭下游。此戰國以後秦東略時之都邑也。觀其都邑。而其國勢從可知矣。

又案秦本紀。於獻公即位前。說秦以往者數易君。君臣乖亂。故晉復強奪河西地。孝公元年。下令國中。亦曰會往者厲躁簡公出子之不寧。國家內憂。未遑外事。三晉攻奪我先君河西地。諸國卑秦。醜莫大焉。獻公即位。鎮撫邊疆。徙治櫟陽。且欲東伐云云。似靈公之世。國勢頗蹙。又未嘗東徙。秦始皇本紀後雖云靈公居涇陽。然於其陵墓。則云葬悼公西。悼公葬雍。則靈公亦葬雍。厥後簡公出子亦葬於雍。是靈公雖居涇陽。未嘗定都也。然以其經營東北觀之。則其居涇陽之事。殆無可疑。河西之失。亦非盡事實。本紀書簡公六年塹洛城重泉。而靈公之子獻公未立時亦居河西。則河西仍為秦有。不過疆場之事。一彼一此。時有之耳。孝公下令。欲激發國人。故張大其辭。觀本紀六國表所紀靈公時事。可知矣。

秦郡考

自史記秦始皇本紀載始皇二十六年從廷尉李斯議分天下以為三十六郡於是言秦郡者分為二說一以為三十六郡乃秦一代之郡數而史家追紀之一以為始皇二十六年之郡數而後此所置者不與焉前說始於班固漢書地理志後說始於裴駰史記集解而成於晉書地理志漢志所紀郡國沿革其稱秦置者二十七（河東太原上黨東郡潁川南陽南郡九江鉅鹿齊郡瑯邪會稽漢中蜀郡巴郡隴西北地上郡雲中雁門代郡上谷漁陽右北平遼西遼東南海）稱秦郡者一（長沙）稱故秦某郡者八（三川泗水九原桂林象郡邯鄲碭郡薛郡）中有始皇三十三年所置之南海桂林象郡三郡（由余所考定則九原郡亦三十三年置）裴駰不之數而易以鄣郡黔中并數內史為三十六郡晉志從之益以後置之閩中南海桂林象郡（由余所考定則閩中郡實始皇二十五年所置）為四十郡近者錢氏大昕用班說姚氏鼐用裴說二者爭而不決久矣原錢氏之意以漢志秦郡之數適得三十六與史記冥合又以班氏為後漢人其言較可依據余謂

充錢氏之說則以漢書證史記不若以史記證史記夫以班氏較裴氏則班氏古矣以司馬氏較班氏則司馬氏又古矣細繹史記之文無一與漢志相合始知持班裴二說者皆未嘗深探其本也今盡置諸家之說而於史記中求始皇二十六年所置三十六郡之數則秦本紀惠文君十年魏納上郡十五縣秦於是始有上郡後九年司馬錯伐蜀滅之秦於是有蜀郡後十三年攻楚漢中取地六百里置漢中郡昭襄王二十九年大良造白起攻楚取郢為南郡三十年蜀守若伐取巫郡及江南為黔中郡三十五年初置南陽郡莊襄王元年初置三川郡四年初置太原郡始皇本紀又謂始皇即位時秦地已并巴蜀漢中越宛有郢置南郡北收上郡以東有河東太原上黨郡則巴郡河東上黨三郡亦始皇以前所置也嗣後始皇五年初置東郡十七年内史騰攻韓以其地為郡名曰潁川二十五年王翦定

荆江南地降越君置會稽郡此十四郡皆見於本紀者也其散見於列傳者則穰侯列傳云穰侯卒於陶而因葬焉秦復收陶為郡案昭王十六年封魏冉陶為諸侯陶在齊魏之間蕞爾一縣難以立國二十二年蒙武伐齊河東為九縣齊之九縣秦不能越韓魏而有之其地當入於陶三十六年客卿竈攻齊取剛壽予穰侯則陶固有一郡之地矣趙策秦下甲攻趙趙賂以河間十二縣又云甘羅說趙令割五城以廣河間史記甘茂傳實用此文河間共十七城則亦有一郡之地樊噲傳河間守軍于杠里破之是秦有河間守矣漢初疆域當因其故故彭越王梁實都定陶辟疆分趙乃王河間由前後證之則始皇時實有此二郡也東越列傳云閩越王無諸及越東海王搖者皆越王句踐之後也秦已并天下皆廢為君長以其地為閩中郡而始皇本紀繫降越君於二十五年則閩中郡之置亦當在是年本紀

但書降越君置會稽郡文有所畧也匈奴列傳言秦昭襄王時有隴西北地上郡築長城以拒胡趙武靈王置雲中雁門代郡燕亦置上谷漁陽右北平遼西遼東郡以拒胡是秦之北鄙於上郡外固有隴西北地二郡及滅燕趙又得其緣邊八郡故始皇二十六年前之郡明見於史記者共二十有七至項羽高祖二紀中之碭郡高祖紀之泗川郡（紀有泗川監平泗川守壯守監皆郡官）陳涉世家中之陳郡東海郡皆見于始皇二十六年之後然不得謂二十六年未有此郡故秦郡之見于史記者共三十有一今姑不論而於漢書地理志求之則邯鄲鉅鹿二郡當為十九年滅趙後所置碭郡當為二十二年滅魏後所置長沙九江泗水薛郡當為二十三年滅楚後所置齊郡瑯邪當為二十六年春滅齊後所置漢志之秦郡中除與史記複出外求其真為二十六年前所有之郡又得九郡以益史記之二十七郡共為三十六郡（比之漢志之三十六郡則有陶郡河間鄣

中然中而無九原南海佳林象郡史記於始皇二十六年大書分天下為三十六郡。即謂是也。自是以後。則三十三年畧取陸梁地為桂林象郡南海。又前年使蒙恬發兵三十萬人北擊胡畧取河南地。是年又西北斥逐匈奴。自榆中并河以東屬之陰山。以為三十四縣。匈奴列傳作四十四縣此三十四縣者。優足以置一大郡。以地理準之。實即九原郡之地。三十五年除道。道九原抵雲陽。自是九原之名始見於史。故三十二年始皇之碣石。歸巡北邊。自上郡入。至三十七年始皇崩於沙邱。其喪乃從井陘抵九原。從直道至咸陽。明始皇三十二年以前。未有九原郡也。至二世時。則有陳守東海守見於陳涉世家。則秦之末年又置陳與東海二郡。故二十六年以後。於史記中又得六郡。并前為四十二郡。此秦一代之郡數也。然則秦郡遂盡於此乎。曰。據史文言之。似不能有他說矣。然以當時之建置言之。則余未敢信也。今以秦四十二郡還之六國。則除六郡為秦故地漢中蜀郡巴郡隴西北地上郡六郡氐之胡越會稽閩中南海桂林象郡九原外楚得其八南郡九江泗水東海長沙薛郡黔中陳郡趙亦如之太原上黨鉅鹿雲中鴈門代郡邯鄲河間燕得其五上谷漁陽右北平遼西遼東韓魏共得其七河東三川東郡潁川南陽定陶碭郡齊得其二齊郡琅邪夫齊地之大雖不若楚趙以視韓魏固將倍之且負海饒富非楚趙邊地之比也今舉全齊之地僅置二郡其不可解一也燕之五郡皆緣邊郡而無腹郡自薊以南古稱天府之地今虛不置郡其不可解二也余以為三十六郡之分在始皇二十六年齊國之滅近在是年之春距燕之亡亦不過一歲二國新定未遑建置故於燕僅因其舊置之緣邊五郡於齊畧分為齊與琅邪二郡其於區畫固未暇也訖於疆理既定則齊尚得五郡燕尚得一郡何以徵之曰漢書高帝紀曰以膠東膠西臨淄濟北博陽城陽郡七十三城立子肥為齊王博陽者濟南也史記項羽本紀以田安為濟北王都博陽田儋列傳亦云田橫走博陽漢書作田橫走博蘇林以為即泰山博縣案漢書王子侯表齊孝王子博陽頃侯就下曰在濟南則漢初博陽當在濟南而田安之王濟北實兼濟南北之地也此漢初之郡當因秦故而臨淄一郡實齊郡之本

名加以琅邪共得七郡為田齊故地如此則秦之疆理列國庶得其平故史記項羽本紀云徙齊王田市為膠東王立田安為濟北王曹相國世家云還定濟北郡田儋列傳云田榮反擊項羽於城陽此濟東濟北城陽者皆非縣名（膠東治即墨城陽治莒）則非郡奚屬矣故曰齊於臨淄琅邪外尚有五郡也秦於六國故都多為郡治臨淄邯鄲即以齊趙之都名其郡者也餘如韓都陽翟則秦潁川郡所治楚都壽春則秦九江郡所治唯三川郡則不治魏都之大梁而治周都之洛陽燕則據漢志所載僅得緣邊五郡而自薊以南膏腴之地以漢志郡國當之當得廣陽國之四縣涿郡之八縣與勃海郡若干縣此燕宗廟社稷所在八百餘年藉以立國者也其在秦時不宜虛不置郡水經灅水注言始皇二十一年滅燕以為廣陽郡高帝以封盧綰為燕王吏曰燕國全氏祖望地理志稽疑力主是說由今日觀之此郡之果名廣

陽與否雖不可知然其置郡之說殊不可易故曰燕尚有一郡也此六郡者於史雖無明徵然以建置言之乃所當有且其分置或前乎南海六郡矣由此言之則秦郡當得四十有八秦以水德王故數以六為紀二十六年始分天下為三十六郡三十六者六之自乘數也次當增置燕齊六郡為四十二郡四十二者六之七倍也至三十三年南置南海桂林象郡北置九原其於六數不足者二則又於內地分置陳東海二郡共為四十八郡四十八者六之八倍也秦制然也如謂不然則請引賈生之言以證之曰秦兼并天下山東三十餘郡秦漢之間自關以東謂之山東今四十八郡除六郡為關中地六郡得之胡越外其餘六國故地適得三十六郡故云山東三十餘郡若秦郡之數不至四十八則山東安得有三十餘郡乎故三十六郡者始皇二十六年之郡數又六國故地之郡數此語習於人口久矣而

班固遽以是為秦一代之郡不已疏乎後人眩於漢志之說而於賈傳之所論史遷之所紀瞢若無覩或反據漢志以訂正史記及漢書紀傳此余所以不能無辨也

漢郡考上

班孟堅志漢地理畢而總結之曰本秦京師為內史分天下作三十六郡漢興以其郡太大稍復開置又立諸侯王國武帝開廣三邊故自高祖增二十六文景各六武帝二十八昭帝一訖於孝平凡郡國一百三志中各郡下又分注其沿革具稱高帝置者二十曰河內曰汝南曰江夏曰魏郡曰常山曰清河曰涿郡曰渤海曰平原曰千乘曰泰山曰東萊曰東海曰豫章曰桂陽曰武陵曰廣漢曰定襄曰楚國曰淮陽國具稱高帝時為某郡者三京兆尹曰高帝二年為渭南郡左馮翊曰高帝二年為河上郡右扶風曰高帝二年為中地郡稱高帝郡國者二中山

國曰高帝郡。廣陽國曰高帝燕國。稱故郡者一，丹陽郡曰故鄣郡。計為郡二十三，為國三，合於後序增二十六之數。而後之祖述其說者，亦小有異同。續漢書郡國志舉信都而無武陵，晉書地理志舉梁國而無鄣郡，錢氏大昕舉內史、膠東、衡山而無渭南、河上、中地三郡，皆求以足漢志二十六之數。其是非暫置勿論，要皆以班氏之說為信而不可易也。豈獨此數家而已，自來讀漢書者，殆無不以班氏之說為信而不可易也。自余考之，則上所舉二十六郡國，其真為高帝置者，曾不及三分之一，而世人莫之察焉，是可異已。諸郡中可確證為高帝置者，唯河內郡見於史記漢興以來諸侯王年表序，清河、常山二郡見於樊噲傳，豫章郡見於黥布傳，餘如汝南、魏郡、中山，已不足徵。至江夏、涿郡、渤海、平原、千乘、泰山、東萊、桂陽、武陵、定襄十郡，尤可證其非高帝所置。江夏屬縣半為衡山故郡，吳芮之王衡山，實都邾縣。及芮徙長沙。而衡山為淮南別郡。英布劉長迭有其地。至文帝分王淮南三子。而衡山復為一國。武帝初。伍被為淮南王畫策云。南收衡山以擊廬江。有尋陽之船。守下雉之城。結九江之浦。絕豫章之口。尋陽為廬江屬縣。則下雉此時亦當屬衡山。此四語者。實分指廬江衡山九江豫章四郡。皆屬王時故地也。又云。彊弩臨江而守。以禁南郡之下。則淮南所慮。僅漢南郡之兵。不言江夏。武帝之初。似尚無江夏郡。逮元狩元年。衡山國除。次年於其地置六安國。僅得衡山五縣。江夏十四縣。當以衡山餘縣及南郡東邊數縣置之。則高帝時不得有江夏郡也。前秦郡考言秦於燕之故都當置一郡。其地有漢志之廣陽國四縣。及涿郡渤海二郡之半。漢初置燕國。當仍其舊。而涿郡之地。介居漢志之廣陽河間二國間。中葉以後。廣陽河間各得四縣。故中間得有涿郡之二十九縣。若高帝時燕之內史與趙之河間郡。

決非迫隘如此則已無置郡之餘地故史記酈商傳商破燕王臧荼軍食邑涿五千戶號曰涿侯至高帝十二年以破英布功改封曲周若當時已置涿郡決無以郡治為侯國之理是歲盧綰稱亂子建受封燕地未平而高皇晏駕其於疆域當無變革是高帝時不得有涿郡渤海二郡也平原千乘二郡漢初為齊悼惠王封域而平原實齊濟北郡之地景武以後濟北國境反居濟水之南其在漢初實跨濟水南北史記曹相國世家云還定濟北郡攻著漯陰平原鬲盧著於漢志為濟南縣盧為泰山縣（文帝後濟北王所都）漯陰平原鬲皆平原屬縣故徐廣云濟北分平原太山二郡高帝時齊既有濟北郡則不得有平原郡也史記諸侯王表文帝十五年分齊為膠西國都苑徐廣曰樂安有苑縣按漢志齊地無苑縣據水經瓠子河注所引則作高苑高苑千乘縣也案史記功臣侯表有高苑侯丙倩高祖六年封武帝建元三

年國除。膠西之都，以不應與侯國同處。然水經注實有東西二高苑，其所謂東高苑城者，膠西之都也；所謂西高苑城者，丙倩之邑也。東高苑城，以今地望準之，當在樂安、高苑之間，是漢初千乘之地屬於膠西，不得有千乘郡也。封禪書云：濟北王以為天子且封禪，乃上書獻泰山及其旁邑，天子以他縣償之。則泰山郡之置在武帝時，非高帝所置也。東萊一郡，處膠東、膠西之北。漢志之膠東國僅得八縣，高密國（本膠西國）僅得五縣，故其北得置十七縣之東萊郡。漢初膠西實有千乘之地，史記吳王濞傳言膠西王卬以賣爵事有姦，削其六縣。漢書膠西于王端傳亦言有司比再請削其國，去太半。則高密國五縣，當因膠西既削之餘；膠東八縣，恐亦非漢初舊域。東萊一郡當置於二國削地後，非高帝所置也。故漢書高帝紀云：以膠東、膠西、臨淄、濟北、博陽、城陽郡立子肥為齊王。史記齊悼惠王世家數文帝時齊國別郡。亦但舉濟北濟南菑川膠西膠東城陽。而無平原千乘泰山東萊四郡。則高帝時無此四郡也。武陵桂陽二郡之地高帝時為長沙國南境。故文帝賜趙佗書曰。前日聞王發兵於邊。為寇災不止。當其時長沙苦之。南郡尤甚。又曰。朕欲定地犬牙相入者。以問吏。吏曰此高皇帝所以介長沙土也。朕不得擅變焉。則長沙與南越之間。漢不得置郡。且長沙在文帝時不過二萬五千戶。勢不能分置三郡。則武陵桂陽二郡非高帝所置也。定襄一郡若為高帝所置。則其時當屬代國。案高帝封兄仲于代王雲中代雁門三郡。後封子恆。王太原代雁門三郡。皆無定襄。史記舉漢郡。亦但計雲中以西。而定襄則在其東。則定襄非高帝郡也。此外如東海本秦郯郡。淮陽本秦陳郡。燕之國都亦秦之一郡。而史失其名。則高帝所置之郡。其餘幾何。又漢志所舉秦郡。當高帝時。南海桂林象郡入於南越。閩中入於閩越。九原入於匈奴（漢志五原郡注秦九原郡武帝元朔二年更名若漢初尚有是郡者然武帝紀云元朔二年收河南地置朔方五原郡則此郡實武帝所開又史記匈奴傳匈奴收蒙恬所奪地與漢關故河南塞至朝那膚施事在楚漢之際則九原之沒久矣）黔中一郡亦廢於楚漢之際則高帝時之郡數又得幾何即今漢志二十餘郡悉為高帝所置則汝南當屬淮陽常山清河中山屬趙涿郡渤海屬燕平原千乘泰山東萊屬齊東海屬楚豫章屬淮南鄣郡屬吳桂陽武陵屬長沙定襄屬代其得為漢郡者不過江夏魏郡廣漢三郡而此三郡亦無所徵故謂此二十餘郡為高帝所置其誤猶小若直以孝平時之疆域為漢初之疆域而謂此二十餘郡者悉為天子所有則全不合當時事實也然但據漢志以為說則此誤必不能免（錢氏大昕謂高帝置郡二十六其十之八皆屬于王國此說極是他人未有明言之者）此則不可以不辨也善夫太史公之言曰漢初內地自山以東盡諸侯地漢獨有三河東郡潁川南陽自江陵以西至蜀北自雲中至隴西與內史凡十五郡此十五郡者河東一河內二河南三所謂三河也東郡四潁川五南陽六自江陵以西

至蜀則南郡七巴郡八蜀郡九北自雲中至隴西則雲中十上郡十一北地十二隴西十三而自山以西尚有上黨巴蜀之北尚有漢中共十五郡加內史爲十六此高帝五年初定天下時之郡數也六年以雲中屬代則幷內史得十五郡至十一年復置雲中而罷東郡以益梁罷潁川郡以益淮陽則幷內史爲十四郡史公習聞十五郡之名又習聞東郡潁川之爲漢郡故既稱與內史爲十五又幷數東郡潁川雖云疎漏然視班氏之誤則有間矣由是言之則高帝末年之郡除王國支郡外幷內史唯得十四而已至於文景之間亦僅有二十四郡故枚乘說吳王曰夫漢幷二十四郡十七諸侯其珍怪不如山東之府乘之說吳在景帝三年吳王舉兵之後而十七諸侯則爲文景間之事（史記諸侯王表唯文帝後七年及景帝元年共十七國）夫十七諸侯旣數文景間之諸侯知二十四郡亦數文景間之郡也乘於景帝三年說吳何以不數三年之

郡而猶數元年以前之郡曰猶吾輩今日之言十八行省二十二行省也枚乘此書劉奉世以其言齊趙事與史不合疑為傳者增之然雖有增飾而十七諸侯二十四郡之數不能鑿空為之也此二十四郡者除高帝時十四郡外則左内史一右内史二漢志以分左右内史為武帝建元六年事然百官公卿表紀景帝元年以鼂錯為左内史則景帝初已分内史為三又景帝紀中六年詔曰三輔舉不如法令者詔文稱三輔不容有誤必漢志之誤也東郡三漢書賈誼傳請割淮陽北邊二三列城與東郡以益梁則孝文之時梁不得東郡潁川四淮陽五淮陽王武於文帝十一年徙梁為郡琅邪六琅邪本齊別郡文帝元年廢琅邪國以與齊十五年齊文王薨分其地為菑川濟南濟北膠西膠東六國并城陽為七國而琅邪不以封其為漢郡當在此時矣河間七河間哀王以文帝十五年薨國除為郡益上十四郡為二十一郡其餘三郡則當為汝南魏郡廣漢此文帝末年郡數也而漢郡之增實在孝景之世元年削趙之常山郡二年削楚之東海郡三年削吳之會稽鄣郡是歲七國反既平其地又以其餘減削諸侯於是始得平原千乘濟南北海東萊之地於齊得涿郡渤海上谷漁陽右北平遼西遼東之地於燕得鉅鹿清河於趙得太原雁門於代得沛郡於楚沛郡本秦泗水郡至項羽都彭城後徙治彭城遂名彭城郡漢初為元王交所都景

帝四年封劉禮為楚王紹元王後紿不盡與以彭城故地沛郡之置當在此時觀高帝十二年春吳濞尚為沛侯可知此時尚無沛郡是歲後豐沛二縣為天子湯沐邑其他縣城屬楚國水經獲水注謂楚元王冢在蕭縣之同孝山足證沛郡諸縣多屬楚國故分屬梁之碭郡史記謂內地自山以東盡諸侯地制漢初固不得有沛郡也得廬江豫章於淮南得武陵桂陽於長沙。而諸侯地之以新封皇子者尚不與焉。故史記諸侯王年表序言之曰。吳楚時前後諸侯或以謫削地。是以燕代無北邊郡。吳淮南長沙無南邊郡。齊趙梁楚支郡名山陂海咸納於漢。諸侯稍微。此實善道當時之大勢者也。至漢志所謂高帝增二十六郡國文景各六者。參以史漢紀傳。無一相合。而自來未有理而董之者。此則余所大惑不解也。

漢郡考下

漢興矯秦郡縣之失。大啟諸國。時去六國之亡未遠。大抵因其故壤。專制千里。建國之大。古今所未有也。當漢初定天下。異姓諸王各據其手定之地。韓信王楚。彭越王梁。張敖王趙。韓王信王韓。盧綰王燕。英布王淮南。吳芮王長沙。此諸王者。皆與高祖

素等夷又無骨肉之親外託君臣之名而内有敵國之實是時
高帝之策在建同姓以制異姓故六年廢楚王信則分其地以
王劉賈於荆弟劉交於楚又時齊代無王則王子肥於齊王兄
仲於代而徙韓王信於太原收穎川郡以通東方之道明年韓
王信叛而代王亦弃其國則以代王愛子如意九年廢趙王張
敖則徙代王於趙而益以代地使陳豨以趙相國守之明年陳
豨反則王子恆於代彭越反則王子恢於梁子友於淮陽英布
反則王子長於淮南兄子濞於吳又明年盧綰反則王子建於
燕當始封子弟時惟恐其地之不廣力不能有所禁禦也及異
姓漸盡又慮諸子分地之不均也故新置之國率因其故洎吳
濞受封始慮東南之亂未及半載而高祖遽崩呂后以嫡母之
尊廢梁趙割齊楚以王張呂宮車朝駕而臨淄之兵夕起矣文
帝之世亦第稍分齊趙以衆建其子弟惟梁代無王則王子參

於代子武於梁以控制東諸侯其所用亦高帝遺策所異者高以同姓制異姓文以親制疏而已孝景嗣位始大削吳楚趙而七國之亂隨之既平七國因以餘威宰制諸侯其分王諸子亦不過一郡之地昭宣以降王國益微及孝平元始中諸侯大者十餘城小者三四縣比漢初王國或不能得其十分之一變置既亟作史者但據後世版籍畧紀沿革而已故但據漢志之文以求漢初諸侯之疆域則其大小廣狹不能與實際同日而語今考漢初諸國之地則大者七八郡小者二三郡而後世所置之郡尚不計焉舉其目則屬齊者八曰臨淄曰菑川曰濟南曰濟北曰膠西曰膠東曰琅邪曰城陽漢書高帝紀以膠東膠西臨淄濟北博陽城陽郡七十三城立子肥為齊王史記齊悼惠王世家文帝十六年齊孝王將閭以悼惠王子楊虛侯為齊王故齊別郡盡以王悼惠王子子志為濟北王子辟光為濟南王子賢為菑川王子卬為膠西王子雄渠為膠東王與城陽齊凡七王皆不數琅邪然悼惠王世家云哀王八年高后割齊琅邪郡立營陵侯劉澤為琅邪王又云孝文帝元年盡以高后時所割齊之城陽琅邪濟南郡復與齊則漢初齊國得琅邪郡至文帝十五年齊文王薨無後其明年文帝分齊為六盡王悼惠王諸子獨琅邪不以封殆於此時入漢也屬燕者六曰□□曰上谷曰漁陽曰右北平曰遼西曰遼東案燕國都所治之郡史失其名武帝元朔

元年燕王定國自殺國除為郡則名燕郡漢書徐樂傳稱樂燕郡無終人是也無終漢志屬右北平此特當屬燕郡若以右北平為燕別郡故曰燕郡則景帝時右北平已屬漢矣至上谷五郡屬燕史雖無明文然司馬遷稱諸侯地皆外接於胡越景帝後燕代無北邊郡吳淮南長沙無南邊郡則景帝以前燕代諸國各有邊郡矣下代吳諸國仿此屬趙者六曰邯鄲曰鉅鹿曰常山曰清河曰河間曰中山中間益郡三曰代曰雁門曰雲中趙國諸郡史無明文以史遷云內地自山以東盡諸侯地知之屬代者三曰太原曰代曰雁門漢書高帝紀六年以雲中雁門代郡五十三縣立兄宜信侯喜為代王十一年詔曰代地居常山之北與夷狄鄰趙乃從山南有之遠數有胡寇難以為國頗取山南太原之地益屬代代之雲中以西為雲中郡則代受邊寇益少矣是文帝王代時已以太原易雲中也屬梁者二曰碭郡曰定陶中間益郡一曰東郡屬淮陽者曰陳郡曰汝南中間益郡一曰潁川高帝紀十一年立子恢為梁王子友為淮陽王罷東郡頗益梁罷潁郡川頗益淮陽屬楚者三曰彭城曰東海曰薛郡漢書高帝紀以碭郡薛郡郯郡三十六縣立弟文信君交為楚王郯郡即東海碭郡乃彭城之誤楚元王云王薛郡東海彭城三十六縣是也屬吳者三曰廣陵曰會稽曰鄣郡高帝紀以東陽鄣郡吳郡三十三縣立劉賈為荊王及英布反并荊地吳王濞之封實因故荊國境東陽與廣陵實為一郡初治東陽故名東陽及吳濞乃都廣陵本傳云吳王起兵於廣陵是也後廣陵國轉小漢乃於其北置臨淮郡耳屬淮南者四曰九江曰廬江曰衡山曰豫章史記黥布傳布遂剖符為淮南王都六九江廬江衡山豫章皆屬布後厲王王淮南亦仍其封域屬長沙者一曰長沙故高帝時諸侯之郡凡三十有九而諸郡之廣狹又當與漢志絕異漢志齊郡即臨淄十二縣菑川三縣高密即膠西五縣膠東八縣城陽廣陽即燕□□郡趙國即邯鄲河

間各四縣。梁國（即碭郡）八縣。淮陽（即陳郡）九縣。楚國（即彭城）七縣。魯國（即薛郡）六縣
廣陵四縣。六安（即衡山）五縣。皆非漢初郡域。以理度之。則漢志北海
之二十六縣。實得臨淄菑川之縣。平原縣十九。千乘縣十五。濟
南縣十四。泰山縣二十四。實分齊之濟南濟北楚之薛郡之縣。
東萊縣十七。實得膠西膠東之縣。琅邪縣五十一。實得城陽之
縣。涿郡縣二十九。勃海縣二十六。實得廣陽河間之縣。廣平縣
十六。實得邯鄲之縣。沛郡汝南縣各三十七。一得碭郡彭城之
縣。一得陳郡之縣。臨淮縣二十九。實得彭城廣陵之縣。江夏縣
十二。實得衡山之縣。故漢初齊地當得漢志之平原千乘濟南
泰山齊郡北海東萊琅邪八郡及菑川膠東高密城陽四國。燕
地當得涿郡勃海上谷漁陽右北平遼西遼東七郡及廣陽一
國。趙地當得鉅鹿常山清河三郡與魏郡之半及趙廣平真定
中山信都河間六國。梁地當得山陽濟陰二郡與沛郡之半及

梁東平二國。淮陽當得汝南一郡與淮陽國。楚當得東海一郡與沛郡臨淮之半及魯楚二國。吳當得會稽丹陽二郡與臨淮之半及廣陵國。淮南當得廬江九江豫章三郡與江夏之半及六安國。長沙當得桂陽武陵零陵三郡及長沙國。此三十二郡與一十七國者。以元始中之郡國言之也。而班志於諸郡國下其言故厶國。或厶年為厶國者。僅十三郡國。而不言故厶國者三十有六。使後之讀史者。疑若自高帝時即為漢郡者。此所以不能不表而出之也。

浙江考

浙江之名。始見於山海經史記漢書越絶書吳越春秋諸書。而漢書地理志及水經。皆有漸江水。無浙江水。說文解字於江沱二字下出浙字。曰江水至會稽山陰入海。為浙江其後又出漸字。曰漸水出丹陽黟南蠻中東入海。乾嘉以來言水地者。率祖說文之說分浙漸為二水以今之錢唐江當漸水以漢志之分江水或南江當漸水是惑於班許水經之言而不悟先秦西漢之所謂浙江固指今之錢唐江也海內東經之說出漢人手姑置勿論試以史記定之史記浙江凡六見秦始皇本紀過丹陽至錢唐臨浙江水波惡乃西百二十里從狹中渡項羽本紀秦始皇帝游會稽渡浙江若謂此浙江即分江水則自丹陽至錢唐當先渡浙江不得云至錢唐臨浙江也若以浙江為漢志之南江則自錢唐至山陰不須渡浙江又錢唐之西百二十里不得復有浙江也則本紀之浙江正謂錢唐江也（其言水波惡亦惟錢唐江為然）又高祖功臣侯表堂邑侯陳嬰下云定豫章浙江都折（漢書侯表作都浙）費侯陳賀下云定會稽浙江湖陽（漢表作湖陵）蓋漢之定江南也陳嬰之兵自豫章至浙江之上游定太末黟歙諸縣陳賀之兵自會稽（時會稽郡治吳）至浙江之下游定錢唐餘暨山陰諸縣陳嬰所都之地史記作折

漢書作漸。蓋即漢志、說文、水經所謂蠻夷中地。非以水名地。即以地名水。尤浙、漸為一之明證矣。湖陽漢表作湖陵。即越絕書及吳志孫靜傳之固陵。即今西興固陵之為湖陵。猶姑孰之為湖孰矣。越絕書言浙江西路固陵城者。范蠡敦兵城也。其陵固可守。謂之固陵。漢初為楚守者。蓋亦據此城以拒漢。故陳賀定浙江後。即至湖陵。則侯表中之浙江。亦謂今之錢唐江也。越王句踐世家。楚盡取故吳地至浙江。北貨殖傳。浙江南則越。即論衡所謂餘暨以南屬越。錢唐以北屬吳。錢唐之江。兩國界也。是實戰國以後楚越之界。與春秋吳越之界未必相合。而以山川大勢分之。最為易曉。故移以言吳越之界。是世家、列傳中之浙江。亦謂今之錢唐江也。史遷親上會稽。吳越諸水。皆所經歷。所記不容有誤。且始皇經行。皆有記注。徹侯功伐。亦書故府。其言當有所本。是秦漢之間。已以今錢唐江為浙江。不自史記始。厥後袁康趙曄王充朱育韋昭等凡南人所云浙江無不與史記合許叔重之說自不能無誤乾嘉諸儒過信其說不復質之古書是未師而非往古重傳說而輕目驗吾不能從之矣

漢會稽東部都尉治所考

漢書地理志會稽郡錢唐下云西部都尉治回浦下云南部都尉治太平御覽一百七十一引漢志南部作東部古書所紀亦但有會稽東部都尉無南部都尉則作東部者是也吳志虞翻傳注引會稽典錄朱育對濮陽興曰元鼎五年除東越因以其地為治(乃治之誤)而立東部都尉後徙章安陽朔元年又行治鄞或有寇害復徙句章此較漢志所紀沿革殊詳考章安即回浦續漢志無回浦有章安劉昭注引太康地記曰章安本鄞縣南之回浦鄉蓋光武初年省縣為鄉後復立縣因更其名也惟班志言回浦南部都尉治為平帝元始二年事(班氏地理志用元始二年版籍)而朱育言陽朔

元年已徙治鄞。二說不同。疑朱育之對。於事實無誤。而於年代則未必盡合。嘗熟考之。知都尉之治。治與回浦。乃前漢事。其徙鄞與句章。則後漢事也。據漢志都尉當前漢之末。尚治回浦。後漢時改回浦爲章安。時都尉之治如故。朱育云後徙章安。從其後名也。後漢書順帝紀。陽嘉元年二月。海賊曾旌等寇會稽。殺句章鄞鄮三縣長。攻會稽東部都尉。頗疑都尉徙鄞。實在是年。朱育所云陽朔元年。乃陽嘉元年之誤也。至徙治句章。則更在其後。如此則班朱二說。均可得而通。至三國吳時。東部都尉復治章安。吳志孫亮傳。太平二年。以會稽東部爲臨海郡是也。又立南部都尉。治建安。賀齊傳言齊進兵建安。立都尉府。自是建安遂爲南部都尉常治。孫休傳。永安三年。以會稽南部爲建安郡是也。然則漢之東部都尉。由治徙于章安。吳則於章安置東部。於治置南部。漢志之譌東部爲南部。或因吳地而誤歟。

後漢會稽郡東部候官考

續漢書郡國志會稽郡下有東部候國。乃東部候官之譌。惠氏棟後漢書補注錢氏大昕二十二史考異幷已正之。此贊漢書地理志之冶縣也。漢初名東冶。見史記東越傳。嗣後後漢書鄭弘傳魏志王朗傳吳志孫策賀齊呂岱傳亦作東冶。漢書嚴助傳及吳志蔣欽傳則單作冶。嚴助傳注引蘇林曰。冶山名也。今名東冶。屬會稽郡。蘇林魏人。而曰今名東冶。是後漢及三國亦尚呼其故名。晉太康地理志云。東冶後改為東候官（後漢書鄭弘傳注引）。宋書州郡志云。候官。漢曰東候官。此不知何時所改。吳志虞翻傳作東部候官。與續漢志合。而孫亮全夫人及賀齊傳但作候官。已畧東字。要之東冶與冶者其故名。東部候官若東候官者其新名。而候官則又新名之畧也。余謂因此一名。得確知冶縣為前漢會稽東部都尉治所。何則。候官者。都尉之屬也。漢書地理志敦煌郡敦煌下云。中部都尉治步廣候官。續漢書郡國志張掖屬國都尉下亦有候官。又據近日敦煌塞上所出漢木簡。知敦煌中部都尉下有步廣平望兩候官。玉門都尉下有玉門大煎都兩候官。其候官或與都尉同治。或分治。都尉下之有候官。猶校尉下之有軍候。續漢書百官志部校尉一人比二千石。部下有曲。曲有軍候一人比六百石。都尉秩同校尉。候官之於都尉。當視軍候之屬校尉矣。揚雄云東南一尉。西北一候。尉謂都尉。候則候官。此候官之名義也。竊意武帝初置會稽東部都尉。本治治縣。如朱育之說。後徙回浦。尚留一候官於此。以其地為東部都尉下候官所治。故後漢時謂之東部候官。或但謂之候官。因以為縣名。而東治之名轉廢。晉書地理志乃謂後漢改東治為候官都尉。通典仍之。候官都尉四字連言。不辭甚矣。

宋刊水經注殘本跋

宋刊水經注殘本存卷五末七葉又卷六至卷八卷十六至卷十九卷三十四卷三十八至卷四十凡十一卷有奇每半葉十一行行二十字宋諱闕筆至桓構二字止而光宗嫌名敦字不闕蓋宋南渡初刊本也本內閣大庫物案明文淵閣書目水經十二册至萬歷內閣藏書目錄僅存一册而光緒中葉所編內閣大庫書檔册數字庫中乃有水經二十一本其册數反增於文淵閣書目疑內閣書目之一册乃十一册之譌奪而光緒中編檔册當時固未必檢原書册數必照舊檔册謄之其二十一本當是十一本之譌誤衍二字也此十一卷半當原書四册許乃江安傅沅叔集諸家所藏殘本而成其卷十六至卷十九卷三十九之後半及四十出於吳縣曹氏餘出於寶應劉氏曹劉皆光宣閒故舍人掇拾於大庫廢紙中故合二家所藏乃得此數海內酈書宋刊本殆盡於此矣先是曹氏書出嘉興沈乙庵

先生以一昔之力校出卷三十九之半及卷四十。余從之傳校。癸亥，余來京師，乃得盡假沅叔所藏，校朱王孫刋本一過。宋本錯簡誤字，與有明一代抄本刻本大致相同。然佳處往往出諸本上，即朱全趙戴諸家所校正之字，有宋本不誤者。兹將宋本獨勝諸本而諸家未及校正者，畧述一二。如卷十九渭水注：東去新豐既近，何恐項伯夜與張良共見高祖乎。諸本近作遠，恐作由，乃與酈氏論旨相反。案本注云：渭水又東逕鴻門北，舊大道北下坂下口名也。古有鴻䆮，（中畧䆮當作亭）郡國志曰：新豐縣東有鴻門亭者也。郭緣生（下脫述征記曰四字）或云：霸城南門曰鴻門也。項羽將因會高祖危高祖，羽仁而弗斷，范增謀而不納，項伯終護高祖以獲免。既抵霸上，遂封漢王。案漢書注：鴻門在新豐東十七里，則霸上應百里。案史記：項伯夜馳告張良，良與俱見高祖，仍便夜返。攷其道里，不容得爾。今父老傳在霸城南門（下當脫相去二字）數十里，於理為得。以上郭緣生說案緣生此記述行途徑見可謂學而不思矣今新豐縣故城東三里。有阪長二里餘。塹原通道。南北洞開。有同門汰（當作狀）謂之鴻門。孟康言在新豐東十七里。無之。蓋指縣治而言。非謂城也。自新豐故城西至霸城五十里。霸城西十里則霸水。西二十里則長安城。應劭曰。霸水上地名。在長安東二十里。即霸城是也。高祖舊停軍處。東去新豐既近。何惡項伯夜與張良共見高祖乎。推此言之。知緣生此記乖矣云云。案郭酈二氏相歧之點。郭氏謂如孟康漢書注。則鴻門距霸上百里。項伯無由夜見張良。仍以夜返故主霸城南門為鴻門之說。酈氏謂新豐故城距霸上（酈謂霸城）僅五十里。不礙一夕中往返。故主故城東三里坂口為鴻門之說。若如今本則酈說殆不可通矣。又酈氏謂新豐故城西至霸城五十里。如孟康說鴻門在新豐東十七里。則西至霸上亦不足七十里。何以緣生有百里之說。蓋緣生以孟康時新豐縣治起算。非以漢新豐故城起算。太平寰宇記漢靈帝末。移安定郡陰槃縣寄理新豐故城。其新豐縣又移理於故城東三十里零水側。則孟康時。新豐縣治西去霸城八十里。鴻門又在其東十七里。則近百里矣。故既言新豐故城東十七里無鴻門。而又引申之曰。蓋指縣治而言。非謂城也。如此則酈氏此注始可讀。然非宋本近悉二字不譌。何由知酈氏之論旨乎。諸本中。惟大典本明抄本與宋本同。戴氏雖見大典本而亦從譌本。蓋未深思酈氏之說也。又卷三十八溱水注。石本桂陽汝城縣。諸本汝城并作武城。惟明抄本與此本同。案桂陽無武城縣。故朱箋疑為臨武之譌。而沈炳巽則改桂陽為桂林。趙戴從之。不知武城乃汝城之訛。晉宋桂陽郡固有汝城縣也。卷四十漸江水注。入山採旅。諸本旅皆作薪。案後漢書光武紀野穀旅生。注。旅寄也。不因播種而生。故曰旅。今字書作穭。音呂。又獻帝紀尚書郎以下自出採稆注引埤蒼曰穭自生也稆與穭同酈云採旅正與范書語合諸本改作薪蓋緣不知採旅為何語耳其他文字勝於明以後諸本處尚數十科可以此類推然宋刊價値尚不在字句之末明以來抄刻諸本之源流得此始可了然蓋三百年來人間從未見此祕籍矣

永樂大典本水經注䟦

永樂大典卷一萬一千一百二十七至卷一萬一千一百三十四凡四册全錄水經注河水至丹水二十卷今藏歸安蔣氏傳書堂壬戌二月余假以校聚珍本一過甲子春復移錄於校宋本之書眉始知大典所據原本與傳氏所藏殘宋本大同蓋傳本本明文淵閣物永樂編大典時或即從閣本移錄也今宋本僅存十一卷有奇而大典此書尚存半部足彌宋本之闕又道光時張石舟穆曾校出大典酈書全部今大典已闕安得張氏

校本出。更彌大典之缺陷乎。

明抄本水經注跋

明抄本水經注四十卷。海鹽朱氏藏。每半葉十一行。行二十字。與宋刊殘本明柳大中抄本吳門顧氏所藏明影宋抄本行款并同。取宋刊殘本校此本。凡佳處誤處與字之别搆一一相同。取永樂大典本孫潛夫本袁壽階所校明影宋抄本校之。亦十同八九。蓋即從宋刊本抄出也。今宋刊本僅存十一卷有奇。永樂大典本存二十卷。孫潛夫袁壽階校本存十五卷。餘如柳大中本歸震川本趙清常本陸孟鳧錢遵王顧抱沖諸家所藏舊鈔本。今已無可蹤跡。而此本獨首尾完具。今日酈書舊本不得不推此本為弟一矣。余既以此本校於朱王孫本上。以與舊校宋刊本大典本相參證。復以宋本大典本所闕諸卷就戴校聚珍本勘之。知戴本於明抄佳處亦十得八九。蓋本於大典。其有明抄不誤，而戴本仍從通行本或別本改者，如潁水注潁水又東逕項城中，楚襄王所郭以為別都，都内西南小城項縣故城也，舊預州治。案預者豫之別字，諸本幷訛作潁。考項縣在漢魏時本屬豫州汝南郡，至後魏孝昌四年始置潁州，不得為項縣地，而天平二年置北揚州乃治項城，是項縣故城當是舊豫州治，不得為後魏潁州治也。且下文云又東逕刺史賈逵祠，刺史上不著州名，乃承上文舊豫州治言之。魏志本傳逵為豫州刺史則此本作預州是，諸本作潁者誤也。沔水注引世本舜居饒内，明黄省曾刊本同饒内諸本幷作嬀汭。案饒内乃𣎆内之譌，唐寫本尚書釋文於堯典末出𣎆内二字，云𣎆字又作𣎆，居危反，又水名，内音汭，如銳反。周語武王反及𣎆内，宋公序補音曰上音嬀，下音汭，今案別本或作𣎆，非是，古文尚書作𣎆，與嬀同。案𣎆字無讀居危之理，當從別本作𣎆。天聖明道本上𣎆内作𣎆，下故謂之𣎆汭作𣎆，蓋即宋公序所謂別本也。宋校本盡改作𣎆 宋說非是，然可證梅本尚書本作鸁内或譌為鸁内鸁鸁饒字相近因譌為饒矣諸本改為嫣汭非是溫水注林邑都治典沖(中略)秦漢象郡之象林邑也(中略)後去象有林邑之號諸本并作後去象林林邑之號案酈意謂林邑國號本出象林後省象字故為林邑若如諸本則不辭矣葉榆水注晉太康地記封溪縣屬交阯馬援以西于治遠路逕千里分置斯縣諸本西于并作西南(黃省曾本作西干)案漢書地理志續漢書郡國志交阯郡皆有西于縣下注亦云其次一水東逕封溪縣南又西南逕西于縣南則上注亦當作西于明矣餘如汝水注犨柏交陰諸本陰并作隂渠水注衞褚師圃亡在中牟諸本圃并作固又徙邦于大梁(黃本同)諸本邦并作都又以為夏州後滅之諸本滅并作城陰溝水注從事史右北平無終年化諸本牟并作年睢水注蠡南如西諸本作蠡臺而西戴校作蠡臺如西又東與渾湖水合諸本渾并作澤又顧訪病嫗即其母也諸本

嫗并作姬。瓠子水注。揚雄河東賦。諸本東并作水。泗水注。諸孔氏丘封。諸本并奪丘字。巨洋水注。追至巨昧水上。黄本同諸本昧并作洋。淄水注。淄水未下。諸本并作淄水來山下。沔水注。溫泉水冬夏揚湯。諸本揚湯并作湯湯。涓水注。初流淺狹。後乃寬廣。諸本寬廣并作廣厚。江水注。吾鬥大極。黄本同諸本并作疲極。戴本作大亟。又劉備自涪攻之。諸本并作劉備自將攻雒。葉榆水注。江北對交阯朱戴縣。諸本北并作水。均以此本爲長。而戴校并不從。不識大典本與此本有異同。抑由戴氏校勘未密。或竟舍大典本而從他本。要之宋本與大典本既殘闕。益感此本之可貴矣。三百年來治酈氏書者殆近十家。然朱王孫雖見宋本而所校不盡可據。全氏好以己所訂正之處託於其先人所見宋本。戴氏則託於大典本。而宋本與大典本勝處。朱戴二本亦未能盡之。雖於酈書不爲無功。而於事實則去之彌遠。若以此本爲主。盡列諸本異同及諸家訂正之字於下。亦今日不可已之事業歟。甲子二月。

朱謀㙔水經注箋跋

朱氏之書自明以來毀譽參半。馮定遠云朱鬱儀校水經精審之至。然直以俗本為據。意所不安。惟小注云宋板作某字耳。何尤乎不學之小生。余案馮氏之言。頗中朱書之病。朱書底本實用吳琯古今逸史本。（吳本非不善。王奉常序吳本深推江都陸弼與吳氏校正之功。余以宋刊殘本校之。凡吳本與宋本異處。其字皆剜改也。可證吳書原本之佳及校正之勤）而以宋本黃本校注於下。國朝全趙戴三家。始并朱氏所引之宋本而亦疑之。余以宋刊殘本校朱本。始知朱氏實見宋本。但其箋中所云宋本作某者。不必盡出宋本。而所云舊本作某古本作某當作某疑作某者。往往與宋本合。今姑以卷六汾水諸注言之。朱氏所引之宋本十一條。與今宋本合者五條。不合者六條。云舊本作某而實合於宋本者六條。云一作某而實合於宋本者三條。引他書校改而合於宋本者二條。云當作某疑作某而合於宋本者九條。餘卷做此。疑朱氏既以宋本校吳本。其自己所校訂者。亦書於其上。歷年稍久。乃不能自別。於是誤以己所訂正之字為宋本字。或以宋本之字為他本及己所訂正之字。此一說也。又或以己所訂正之字託諸宋本。以宋本之字攘為己所訂正之字。此又一說也。又朱箋中校改之字。與宋本合者。或署己說。或署孫汝澄說。或署李克家說。此又不脫明人標榜之習。疑後一說為信矣。朱箋乃江西布政使司參政李長庚所刊。而孫汝澄李克家二人校之。疑亦為孫李所竄亂矣。然朱氏此箋實有大功於酈書。又實親見宋本。其方法之誤。當校勘學萌芽之時。固不能免。觀於戴氏之校大典本。固無庸深責朱氏矣。

孫潛夫校水經注殘本跋

全謝山先生所見水經注舊抄校本凡三。曰柳大中鈔本。曰趙清常三校本。曰孫潛夫校本。三本時均在揚州馬氏小玲瓏山館而潛夫本即以柳趙二本校於朱王孫本上實兼有二本之勝其書當嘉慶初顧千里得之揚州以歸袁氏五硯樓袁壽階復以顧氏小讀書堆所藏景宋抄本校之袁氏書散為其壻貝簡香所得今亦藏傅沅叔處存卷一至卷五卷九至卷十六卷三十八至卷四十凡十有五卷卷九後有孫氏小跋云自此卷至卷十五趙本失去十二月初二日用柳大中抄本補對一過餘卷均有趙清常跋則兼臨趙氏本也謝山謂趙以宋本謝本黄本分勘其所謂別抄本者則歸太僕家本孫氏此校則已不復識別即於柳趙二本亦不盡加識別故全趙二家引此校但渾稱孫潛夫本而已余以全趙二家所引潛夫校語核此殘本則趙書所引不見於此本者凡三十七科其中實多全氏說全書所引不見于此本者凡七科中有全氏說有孫汝澄說蓋謝山既校孫本後復自有記注并書其上久之不能自別無怪趙

東潛不能別也恐後人疑此本非潛夫手校或疑潛夫於此本外別有校本者故附論之

聚珍本戴校水經注跋

壬戌春余於烏程蔣氏傳書堂見永樂大典四册全載水經注河水至丹水二十卷之文因思戴校聚珍板本出於大典乃亟取以校戴本頗怪戴本勝處全出大典本外而大典本勝處戴校未能盡之疑東原之言不實思欲取全趙二家本一校戴本未暇也既而嘉興沈乙庵先生以明黃省曾刊本屬余錄大典本異同則又知大典本與黃本相近先生復勸余一校朱王孫本以備舊本異同亦未暇也癸亥入都始得朱王孫本復假江安傅氏所藏宋刊殘本十一卷半孫潛夫手校殘本十五卷校於朱本上又校得吳琯古今逸史本於是於明以前舊本沿譌得窺崖略乃復取全趙二家書并取趙氏朱箋刊誤所引諸家

校本以校戴本乃更恍然於三四百年諸家釐訂之勤蓋水經注之有善本非一人之力也更正錯簡則明有朱王孫國朝有孫潛夫黄子鴻胡東樵釐訂經注則明有馮開之國朝有全謝山趙東潛捃補逸文則有全趙二氏考證史事則有朱王孫何義門沈繹旃校定文字則吳朱孫沈全趙諸家皆有不可没之功戴東原氏成書最後遂奄有諸家之勝而其書又最先出故謂酈書之有善本自戴氏始可也戴氏自刊酈注經始於乾隆三十七年（見孔葒谷序）而告成則在其身後所校官本刊於乾隆三十九年逮五十九年趙氏書出戴氏弟子段懋堂氏訝其與戴書同也於是有致梁曜北二書疑梁氏兄弟校刊趙書時以戴改趙道光甲辰張石舟（穆）得謝山鄉人王艧軒（梓材）所傳鈔全氏七校本乃謂戴趙皆襲全氏而於戴書攻擊尤力至光緒中葉薛叔耘刊全氏書於甯波於是戴氏竊書之案幾成定讞然全校

本初刊時校勘者已謂王梓材重錄本往往據戴改全林晉霞頤山尤致不滿至詆爲贗造於是長沙王氏合校本遂不取全本一字然薛氏所刊全本實取諸盧氏林氏所藏黏綴底本及殷氏所藏清本非專據王梓材本未可以其晚出而疑之也余曩以大典本半部校戴校聚珍本始知戴校并不據大典本足證石舟之說（惟石舟謂提要所云脫簡有自數十字至四百餘字此又大典絕無之事今案卷十八渭水注中脫簡一葉四百餘字大典實有之張氏此說未諦）又以孫潛夫校本及全趙二本校之知戴氏得見全趙二家書之說蓋不盡誣何以知之趙氏本書即曰梁處素兄弟據戴改之矣然其朱箋刊誤中所引之全說戴氏何以多與之合也全氏之書即曰王艧軒據戴改之矣然全本校語及所引趙氏校語戴氏又何以多與之合也夫書籍之據他書校改者苟所據之原書同即令十百人校之亦無不同未足以爲相襲之證據也至據舊本校改則非同見此本不能同用此字如柳大中本孫潛夫本謝山

見於揚州馬氏者。東潛則見謝山傳校本。渭水注中脫簡一葉。全趙據柳孫二本補之。戴氏自言據大典補之。今大典原本具在。戴氏所補。乃不同於大典本而反同於全趙本。謂非見全趙之書不可矣。考全氏書未入四庫館。趙氏書之得著錄四庫。當在東原身後。（戴校本屢云此注內之小注與全氏說同，而趙書題要則駁此說，故知此爲非出東原手。）而其書之入四庫館。則遠在其前。案浙江採集遺書總目成於乾隆三十九年。其凡例內載浙江進書凡十二次。前十次所進書目。通編爲甲乙至壬癸十集。而第十一第十二次所進者。則編爲閏集。今攷趙氏水經注釋及沈釋㳺水經注集釋訂譌。其目均在戊集中。則必爲第十次以前所進書。亦必前乎三十九年矣。而東原入館在三十八年之秋。其校水經注成在三十九年之冬。當時必見趙書無疑。然余疑東原見趙氏書。尚在乾隆戊子（三十五年）修直隸河渠書時。東原修此書實承東潛之後。當時物力豐盛。趙氏河渠書稿百三十卷。戴氏河渠書稿百十卷并有數寫本。又趙校水經注全氏雙韭山房錄有二部。則全氏校本。趙氏亦必有之。水經注為纂河渠書時第一要書。故全趙二校本。局中必有寫本無疑。東原見之。自必在此時矣。至釐定經注。戴氏是否本諸全趙。殊不易定。據段氏所撰東原年譜。自定水經一卷。繫於乾隆三十年乙酉。段刊東原文集書水經注後一篇。亦署乙酉秋八月。此篇雖不見於孔氏刊本。然段氏刊文集及年譜。均在乾隆壬子。（五十七年）其時趙書未出。趙戴相襲之論未起也。則所署年月。自尚可信。而東原撰官本提要所舉釐定經注條例三則。至簡至賅。較之全趙二家說尤為親切。（全說見五校本題辭。趙說證附見於朱箋刊誤卷末。）則東原於此事似非全出因襲。且金宇文虛中蔡正甫明馮開之已發此論。固不必見全趙書而始為之也。余頗疑東原既發見此事。遂以酈書為己一家之學。後見全趙書與己同。不以為助。而反以為讐。故於其校定鄭書也為得此書善本計不能不盡採全趙之說而對於其人其書必泯其迹而後快於是盡以諸本之美歸諸大典本盡掠諸家釐訂之功以為己功其弟子輩過尊其師復以意氣為之辨護忿戾之氣相召遂來張石舟輩竊書之譏亦有以自取之也東原學問才力固自橫絕一世然自視過高鶩名亦甚其一生心力專注於聲音訓詁名物象數而於六經大義所得頗淺晚年欲奪朱子之席乃撰孟子字義疏證等書雖自謂欲以孔孟之說還之孔孟宋儒之說還之宋儒顧其書雖力與程朱異而亦未嘗與孔孟合其著他書亦往往述其所自得而不肯言其所自出其平生學術出於江慎修故其古韻之學根於等韻象數之學根於西法與江氏同而不肯公言等韻西法與江氏異其於江氏亦未嘗篤在三之誼但呼之曰婺源老儒江慎修而已其治鄭書也亦然黃胡全趙諸家之說戴氏雖盡取之

而氣矜之隆雅不欲稱述諸氏是固官書體例宜然然其自刊之本亦同官本則不可解也又戴書簡嚴例不稱引他說然於序錄中亦不著一語則尤不可解也以視東潛之祖述謝山謝山之於東潛稱道不絕口者其雅量高致固有閒矣由此氣矜之過不獨厚誣大典本抹搬諸家本如張石舟之所譏且有私改大典假託他本之迹如蔣氏所藏大典本第一卷有塗改四處河水一遐記綿邈遐邈二字中惟辶辶二偏旁係大典原本段邈二文皆係刮補乃從朱王孫箋今官本作經記綿邈當是再改之本又令河不通利令字大典作今乃從全趙二本改今字下半作令天魔波旬大典與諸本同乃改天字首筆作夭以實其校語中夭妖字通之說河水二自析支以西濱於河首左右居也大典與諸本同作在右居也乃從全趙二本改在字為左全趙從孫潛夫校蓋戴校既託諸大典本復慮後人據大典以駁之也乃私改大典原本以實其說

其僅改卷首四處者當以其不勝改而中止也此漢人私改蘭臺漆書之故智不謂東原乃復為之又戴氏官本校語除朱本及所謂近刻外從未一引他本獨於卷三十一卷三十二卷四十中五引歸有光本今核此五條均與全趙本同且歸氏本久佚惟趙清常何義門見之全氏曾見趙何校本於此五條并不著歸本如此孫潛夫傳校趙本其卷四十尚存亦不言歸本有此異同以東原之學誣大典觀之則所引歸本疑亦偽託也凡此等學問上可忌可恥之事東原胥為之而不顧則皆由氣矜之一念誤之至於掩他人之書以為己有則實非其本意而其迹則與之相等平生尚論古人雅不欲因學問之事傷及其人之品格然東原此書方法之錯誤實與其性格相關故縱論及之以為學者戒當知學問之事無往而不當用其忠實也甲子二月

觀堂集林卷第十三　史林五

海甯　王國維

鬼方昆夷玁狁考

我國古時有一彊梁之外族其族西自汧隴環中國而北東及太行常山間中間或分或合時入侵暴中國其俗尚武力而文化之度不及諸夏遠甚又本無文字或雖有而不與中國同是以中國之稱之也隨世異名因地殊號至於後世或且以醜名加之其見於商周間者曰鬼方曰混夷曰獯鬻其在宗周之季則曰玁狁入春秋後則始謂之戎繼號曰狄戰國以降又稱之曰胡曰匈奴綜上諸稱觀之則曰戎曰狄者皆中國人所加之名曰鬼方曰混夷曰獯鬻曰玁狁曰胡曰匈奴者乃其本名而鬼方之方混夷之夷亦為中國所附加當中國呼之為戎狄之

時。彼之自稱決非如此。其居邊裔者。尤當仍其故號。故戰國時。中國戎狄既盡。强國辟土。與邊裔接。乃復以其本名呼之。此族春秋以降之事。載籍稍具。而遠古之事。則頗茫然。學者但知其名而已。今由古器物與古文字之助。始得言其崖畧。倘亦史學家之所樂聞歟。

此族見於最古之書者。實為鬼方。易既濟爻辭曰。高宗伐鬼方。三年克之。未濟爻辭曰。震用伐鬼方。三年有賞于大國。詩大雅蕩之篇曰。内奰于中國。覃及鬼方。易之爻辭。蓋作於商周之際。大雅蕩之篇。作於周厲王之世。而託為文王斥殷紂之言。蓋亦謂殷時已有此族矣。後人於易見鬼方之克需以三年。知其為强國。於詩見鬼方與中國對舉。知其為遠方。然皆不能質言其地。有以為在北者。干寶易注云。鬼方。北方國也。（李鼎祚周易集解引）有以為在西者。宋衷世本注云。鬼方。於漢則先零羌是也。（文選楊雄趙充國頌注引）有以為在南者爲竹書紀年武丁三十二年伐鬼方次於荊則以鬼方爲荊以南之國黄氏日鈔且以爲鬼方即荊楚矣其餘異説紛紜不知所極年代遼遠書闕無徵固自不足怪也唯竹書紀年稱王季伐西落鬼戎（此條見後漢書西羌傳及章懷太子注乃眞紀年之文）可知其地尚在岐周之西今徵之古器物則宣城李氏所藏小盂鼎（今佚）與濰縣陳氏所藏梁伯戈皆有鬼方字案大小兩盂鼎皆出陝西鳳翔府郿縣禮村溝岸間其地西北接岐山縣境當爲盂之封地大盂鼎紀王遣盂就國之事在成王二十三祀（吴氏大澂盂鼎跋以此鼎爲成王時作案銘中尚述殷人酗酒事以戒盂與酒誥辭意略同吴説是也）小盂鼎紀盂伐鬼方獻俘受錫之事在成王二十五祀則伐鬼方事在盂就國之後鬼方之地自當與盂之封地相近而岐山郿縣以東即是豐鎬其南又限以終南太一唯其西汧渭之間乃西戎出入之道又西踰隴坻則爲戎地張衡所謂隴坻之險隔閡華戎者也由是觀之鬼方地在汧隴之間或更在其西蓋無

疑義。雖游牧之族，非有定居，然殷周間之鬼方，其一部落必在此地無疑也。然其全境猶當環周之西北二垂，而控其東北。梁伯戈雖僅有魁方緐及梁伯作數字可辨，然自為梁伯伐鬼方時所鑄，而梁伯之國，杜預謂在馮翊夏陽縣。史記秦本紀惠文王十年，更名少梁為夏陽。漢志亦云夏陽故少梁。其地在今陝西西安府韓城縣，又在宗周之東。其北亦為鬼方境，故有爭戰之事。據此二器，則鬼方之地實由宗周之西而包其東北，與下所攷昆夷玁狁正同。此鬼方疆域之畧可考者也。

至其種族之大小強弱如何？易稱高宗伐鬼方三年克之，紀年稱王季伐西落鬼戎，俘其二十翟王。觀此二事，鬼方之非小部落可知。而小盂鼎所紀獻俘之數，尤為詳悉。雖字多殘闕，猶得窺大畧。（此鼎唯有吳氏式芬釋文，尚多踈畧，今取其獻俘一節更釋之。）其文曰：王□盂以□□伐䰠方□□□□□□□□二人，□馘□□□□馘，孚人萬手八十一人，孚□□

□匹□車□兩孚牛□百□□□牛羊廿八羊。又曰。執嘼一人□□百卌七馘□□□□□孚□□三匹孚車兩云云。銘中鬼方下第三字。僅存下半口字。以下文執嘼一人在馘前例之。當為嘼字之泐。嘼者疑首之假借字。下文第九第十兩行間。尚有折嘼二字。殆即易所云有嘉折首。他器所云折首執訊矣。馘即聝字。虢季子白盤。桓桓子白。獻⿹戈爪于王。其字从戈从爪。諸家或釋俘。或釋馘。今此字从或从爪。其為馘字無疑。嘼者折首。馘者截耳也。孚即俘之本字。手則三千二字合文。嘼與馘之數雖摩滅不可知。然俘人之數至萬三千有餘。則嘼馘之數亦可知矣。此事在宗周之初。自為大捷。而書闕不紀。又當成王全盛之時。而鬼方之衆尚如此。則其強大亦可知。梁伯戈時代雖無可攷。觀其文字。當在盂鼎之後。可知宗周之世尚有鬼方之名。不獨殷周間為然。此鬼方事實之畧可考者也。

鬼方之名，易、詩作鬼，然古金文作𢧵，或作𩲡。盂鼎曰：「王□盂以□□伐𢧵方。」（吳氏攈古録𢧵字半泐作戭，然第八行有𢧵字，鬼字之首又稍泐，合觀二字用筆位置，知確是𢧵字也。）其字从鬼从戈。又梁伯戈云：「𩲡方緐。」（即蠻字。）其字从鬼从攴。二字不同，皆為古文畏字。案大盂鼎「畏天畏」，二畏字上作鬼，下作𢼮。毛公鼎「愍天疾畏」、「敬念王畏」，二畏字皆作𢼮，皆从鬼从卜者。尚盤畏字作𤰞，則从甶（說文：甶，鬼頭也）从攴。卜與攴同音，又攴字之所從，當為攴之省字。而或从卜在鬼字之右，或从攴在鬼字之左，或从攴在鬼頭之下，此古文變化之通例，不礙其為一字也。从戈之𢧵，亦即𩲡字。凡从攴从戈皆有擊意，故古文往往相通。如薄伐玁狁之薄，今毛詩作薄，薄者迫也。而虢季子白盤之搏伐从干，不嬰敦之搏戟从戈，師寰敦之搏乃衆則又从卜。書之「外薄四海」，其義亦為迫，而釋文引一本作敷。詩常武之「鋪敦淮濆」，釋文引韓詩鋪作敷，後漢書馮緄傳亦引作敷敦。案敷敦即搏搏，則字亦从攴，可知从卜、从攴从戈皆可相通則㦾字亦畏字也其中𢦏㦾二字見於周初之器爲字尤古後从卜之字變而作魁从戈之字變而作威古威字从戈从女邾公華邾公牼二鐘皆然虢叔鐘作𢦏𢦏亦戈形之變而鬼女二字皆象人跪形形極相似故變而从女上虞羅氏所藏古鉩有𡴀亡戥鉩亡戥即亡畏此㦾威畏三字相關之證也魁字又變作𢧁王孫遺諸鐘之畏嬰（即畏忌）趩趩沇兒鐘之盄于畏義（即淑於威儀）皆如此作既从卜又从攴則稍贅矣由此觀之則㦾魁二字確爲畏字鬼方之名當作畏方毛詩傳鬼方遠方也畏遠雙聲故以聲爲訓漢人始以魁爲鬼字張平子東京賦況魁㦾與畢方薛綜不識魁字以說文之魁字釋之不知魁㦾用小雅爲鬼爲蜮語尤爲明白決非指小兒鬼之魁是周時畏字漢人已用爲鬼字故莊子天地篇之門無畏（釋文門無鬼司馬本作無畏）郭象本作門無鬼又雜篇之徐無鬼亦當爲徐無畏之誤也（古人多以無畏無忌爲名如左傳之申之舟名無畏）

是也

由是觀之漢人以隸書寫定經籍時改畏方為鬼方固不足怪此古經中一字之訂正雖為細事然由此一字可知鬼方與後世諸夷之關係其有裨於史學者較裨於小學者為大也

鬼方與昆夷玁狁其國名與地理上遞嬗之跡當詳於下其可特舉者則宗周之末尚有隗國春秋諸狄皆為隗姓是也鄭語史伯告鄭桓公云當成周者西有虞虢晉隗霍揚魏芮案他書不見有隗國此隗國者殆指晉之西北諸族即唐叔所受之懷姓九宗春秋隗姓諸狄之祖也原其國姓之名皆出於古之畏方可得而徵論也案春秋左傳凡狄女稱隗氏而見於古金文中則皆作媿（邑君鼎邑君盉鄭同媿鼎芮伯作叔媿鼎鄭公子敦五器皆如此作）經典所以作隗字者凡女姓之字金文皆从女作而先秦以後所寫經傳往往省去女旁如己姓之己金文作妀（蘇魏妀鼎蘇公敦）作妃（見番妃鬲虢仲鬲虢文公子敦皆女姓非妃匹之妃）今左傳國語世本皆作己字庸姓之庸金文作嫞（杜伯鬲）今詩美孟庸矣作庸字弋姓之

弋金文作㚤（南旁敦）今詩美孟弋矣穀梁傳葬我小君定弋皆作弋字任姓金文作妊（蘇冶妊鼎、鑄公簠等）今詩與左傳國語世本皆作任字然則媿字依晚周省字之例自當作鬼其所以作隗者當因古文畏作㽇隗作䡔㽇旁之卜與䡔旁之阝所差甚微故又誤為隗然則媿隗二字之於畏字聲既相同形亦極近其出於古之畏方無疑畏方之畏本種族之名後以名其國且以為姓理或然也我國周後國姓之別頗嚴然在商世則如彭祖為彭姓姺邳之姺為姺姓皆以國為姓況鬼方禮俗與中國異或本無姓氏之制逮入中國與諸夏通婚媾因以國名為姓世本陸終取鬼方氏之妹謂之女嬇大戴禮帝繫篇及水經注洧水條所引作女隤漢書古今人表作女潰而史記楚世家索隱與路史後紀所引皆作女嬇鬼貴同聲故餽字亦通作饋則女嬇女隤疑亦女媿女隗之變鬼方之為媿姓猶玁狁之為允姓也雖世本所紀上古之事未可輕信。又上古之女亦不盡以姓為稱。然後世附會之說，亦必有所依據。而嬇隤二字，其音與媿隗絶近，其形亦與媿隗二字變化相同，或殷周間之鬼方已以媿為姓，作世本者因傅之上古歟。此鬼方姓氏及其遺裔之畧可考者也。

混夷之名，亦見於周初之書。大雅緜之詩曰：混夷駾矣。說文解字馬部引作昆夷，口部引作犬夷，而孟子及毛詩采薇序作昆夷，史記匈奴傳作緄，尚書大傳則作畎夷。顏師古漢書匈奴傳注云：畎音工犬反。昆、混、緄并工本反，四字聲皆相近。（禮記袞亦作卷，是工本、工犬二音相通之證。）余謂皆畏與鬼之陽聲。又變而為葷粥（史記五帝本紀及三王世家），為薰育（史記周本紀），為獯鬻（孟子），又變而為玁狁，亦皆畏、鬼二音之遺。畏之為鬼，混（胡本反，或胡渾反）之為昆、為緄、為畎、為犬，古喉牙同音也。畏之為混，鬼之為昆、為緄、為畎、為犬，古陰陽對轉也。混、昆與葷、薰，非獨同部，亦同母之字（古音喉牙不分）。玁狁則葷、薰之引而長者也。故鬼方、昆夷、薰育、玁狁自係一語之變。亦即一族之稱。自音韻學上證之有餘矣。然徵之舊說。則頗不同。鬼方混夷。古人無混而一之者。至混夷與獯鬻玁狁。則又畫然分而為二。孟子言太王事獯鬻。文王事昆夷。詩序言文王之時。西有昆夷之患。北有玁狁之難。逸周書序亦謂文王立。西距昆夷。北備玁狁。然孟子以獯鬻昆夷并舉。乃由行文避複之故。據緜詩本文。則太王所事。正是混夷。此詩自一章至七章。皆言太王遷都築室之事。八章云。柞棫拔矣。行道兑矣。混夷駾矣。維其喙矣。亦當言太王定都之後。伐木開道。混夷畏其强而驚走也。經於第九章虞芮質厥成以下始言文王。鄭箋以第八章繫之文王。殊無所據。太王所喙者既為混夷。則前此所事者。亦當為混夷。孟子易以獯鬻者。以下文云文王事昆夷。故以異名同實之獯鬻代之。臨文之道不得不爾也。此古書之不可泥者一也。詩序所言。亦由誤解經語。案出車詩云。赫赫南仲。玁狁于襄。又云。赫赫南仲。薄伐西戎。既云玁狁復云西戎。鄭君注尚書大傳據之。遂云南仲一行。并平二寇。序詩者之意。殆亦以昆夷當經之西戎。與鄭君同。不知西戎即玁狁。互言之以諧韻。與孟子之昆夷獯鬻錯舉之以成文。無異也。不嫛敦以玁狁與戎錯舉。正與出車詩同。此古書之不可泥者二也。然則舊說以昆夷與獯鬻玁狁為二。蓋無所據。昆夷之地。自太王之遷自北而南觀之。則必從豳北入寇。又史記謂自隴以西有緜諸緄戎翟豲之戎。楊惲亦謂安定山谷之間昆戎舊壤。則其地又環岐周之西。與上所考鬼方疆域若合符節。而自殷之武丁。訖於周之成王。鬼方國大民眾。常為西北患。不容太王文王之時絕不為寇。而別有他族介居其閒。後世玁狁所據之地。亦與昆夷畧同。故自史事及地理觀之。混夷之為畏夷之異名。又為玁狁之祖先。蓋無可疑。不獨有音韻上之證據也。獯鬻玁狁。皆宗周以前之稱。而當時書器。均不見獯鬻二字。其見於傳記者以孟子為最古史記五帝本紀稱黄帝北逐葷粥匈奴傳亦云唐虞以上有山戎獫狁葷粥居於北蠻晉灼曰堯時曰葷粥皆後世追紀之辭不足為據猶伊尹四方令周書王會解幷有匈奴非事實也然以理勢度之尚當為玁狁以前之稱葷薰之音同於混昆而玁字其聲雖同其韻已變合玁狁二字乃得薰音其名或當在獯鬻之後也詩玁狁之玁釋文云本或作獫音險史記以降亦多作獫狁古金文如兮甲盤虢季子白盤作厰𤞞不𡢁敦作厰允又作𡨦允𡨦即厰之異文說文厂部厰崟也一曰地名从厂敢聲案厰崟二字連文厰崟即穀梁傳之巖唫（僖三十八年）公羊傳作嶔巖則顛倒其文孫愐唐韻厰魚音反以為厰即唫字然則厰字之用為厰崟之厰者一變而作巖再變而作險（古巖險同字尚書序及墨子尚賢篇之傅巖史記作傅險左氏傳制巖邑也孟子不立乎巖牆之下巖即險字廣韻巖險也）其用為厰允之厰者一變作玁再變作獫自其最後之字厰自當讀險不當讀魚

音反。陸音是也。此字之音。與畏混葷獯異部。其變化唯可於雙聲求之。殆先有獯音而後有玁狁之二合音也。然則舊說之先獯鬻而後玁狁。或非無據矣。

獯鬻地理。一無可考。唯玁狁出入之地。則見於書器者較多。其見於詩者。曰焦穫。曰涇陽。曰鎬。曰方。曰朔方。曰太原。此六者。昔儒考證至多。未有定說也。更求之於金文中。則見於不嬰敦者。曰西俞。曰畧。曰高陵。見於兮甲盤者。曰嚚盧。見於虢季子白盤者。曰洛之陽。此十一地中。方與朔方。畧與洛。當為一地。故得九地。九地之中。唯涇陽與洛陽此雍州浸之洛非豫州之伊雒以水得名。今尚可實指。其地。而涇水自西北而東南。洛水自北而南。經流各千里。但曰涇陽。曰洛之陽。語意亦頗廣莫也。欲定其地。非綜此九地考之不可。案玁狁之寇周也。及涇水之北。而周之伐玁狁也。在洛水之陽。則玁狁出入。當在涇洛之間。而涇洛二水。其上游懸隔千里。

至其下流入渭之處乃始相近則涇陽洛陽皆當在二水下游涇陽旣在涇水下游則焦穫亦當在涇水下游之北陳氏啓源毛詩稽古編詩數徵說之甚詳此言焦穫見其從兵深入迫處內地繼又追本其始自遠而來故言鎬與方紀其外侵所經也亦曰涇陽紀其內侵所極也正義亦云鎬方雖在焦穫之下不必先焦穫乃侵鎬方其說均是也郭璞爾雅注以爲在池陽瓠中者是也不嬰敦之高陵亦當即漢志左馮翊之高陵縣其地西接池陽亦在涇水之委然先儒多以漢時涇陽縣屬安定郡在涇水發源之處疑詩之涇陽亦當在彼不知秦時亦有涇陽在涇水下游案史記秦始皇本紀云肅靈公居涇陽考秦自德公以降都雍靈公始居涇陽靈公子獻公之世又徙櫟陽則涇陽一地當在雍與櫟陽之間而櫟陽漢之萬年縣西界向陵距涇水入渭之處不遠則靈公所居之涇陽自當在涇水下游決非漢安定郡之涇陽也又穰侯列傳云秦昭王同母弟曰高陵君涇陽君蓋一封高陵一封涇陽二君受封之年史所不紀然當在昭王即位宣太后執政之初時義渠未滅漢安定郡

之涇陽縣，介在邊裔，太后決不封其愛子於此，且與高陵君同封，亦當同壤。後昭襄王十六年，封公子市（即涇陽君。史記秦本紀索隱云涇陽君名市，穰侯列傳索隱乃云名顯，誤也）宛，公子悝（即高陵君）鄧，為諸侯。宛、鄧二地相接，則前所食涇陽、高陵二地亦當相接。然則秦之涇陽，當為今日之涇陽縣（漢之池陽縣），而非漢之之涇陽。以秦之涇陽之非漢之涇陽，益知周之涇陽之非漢之涇陽矣。此三地者，皆在涇北，自此而東北，則至洛水。虢季子白盤云：「搏伐嚴允于洛之陽。」兮甲盤（世稱兮田盤）云：「王初各伐嚴允于𦋝䱷。」𦋝䱷亦在洛水東北。𦋝字雖不可識，然必為从冈畐聲。䱷則古文魚字。周禮天官𢿋人，釋文本或作魰，𢿋魰同字，知䱷魚亦一字矣。古魚吾同音，故往往假䱷𢿋為吾。齊子仲姜鎛云：「保䱷兄弟，保䱷子姓。」即保吾兄弟，保吾子姓也。沇兒鐘云：「𢿋以宴以喜。」即吾以宴以喜也。敦煌本隸古定商書「魚家旄孫于荒」，日本古寫本周書「魚有民有命」，皆假魚為吾。史記河渠書「功無已時兮吾山平吾山亦即魚山也古魚吾同音衙从吾聲亦讀如吾䍐盧與春秋之彭衙為對音䍐彭聲相近盧衙則同母兼同部字也史記秦本紀武公元年伐彭戲氏正義曰戎號也蓋同州彭衙故城是也戲蓋盧之譌字矣彭衙一地於漢為左馮翊衙縣正在洛水東北方鎬太原亦當於此閒求之然則宣王之用兵於玁狁也其初在涇水之北六月第三章是也其繼也在洛水之陽六月四章及兮甲盤虢季子白盤是也而洛水東北以往即是西河太原一地當在河東禹貢既載壺口治梁及岐既修太原至于岳陽鄭注孔傳均以太原為漢太原郡然禹治冀州水實自西而東疑壺口梁岐而往至霍太山其地皆謂之太原左昭元年傳宣汾洮障大澤以處太原則太原之地奄有汾洮二水其地當即漢之河東郡非漢太原郡矣疑太原之名古代蓋兼漢太原西河河東三郡地而秦人置郡晉陽諸縣遂專

具名以古書所紀太原地望證之亦無不合後漢書西羌傳穆王西伐犬戎取其五王王遂遷戎于太原此事當出真本竹書紀年案范書西羌傳序大都取材于國語史記紀年三書此節白鹿白狼事無國語史記則取五王及遷戎太原事當出紀年章懷太子注雖不引紀年爲證然郭璞穆天子傳注引紀年取其五王以東則遷戎太原事必本紀年無疑穆王所遷者蓋即五王之衆郭璞引紀年云取其五王以東則所遷之地亦當在東穆天子傳天子至于雷首犬戎胡觴天子于雷水之阿此亦犬戎既遷後事案雷首山在河東蒲坂縣今蒲州紀年與穆傳所紀若果不謬則太原在河東可知後人或東傳之於晉陽西傳之於平涼皆與史事及地理不合者也凡此八地均在宗周東北唯西俞一地則在宗周之西不嬰敦云白氏曰不嬰馭方玁狁廣伐西俞王命余羞追于西余來歸獻禽今余命女御追于畧女以我車宕伐玁狁于高陵蓋此時玁狁從東西兩道入寇故既追于西歸而復東追於洛時西寇雖去而東方之寇已深入故未及至洛而與之戰於涇北之高陵也是

西俞之地。實在周西與爾雅之北陵西隃。趙策趙世家之巠分先俞。皆不相涉。周西之地以俞隃榆名者頗多。皆一字一音之偶合。訖不能指為何地。然由羞追于西一語。可知玁狁自宗周之東北而包其西。與鬼方昆夷之地全相符合也。

玁狁之號始於何時。訖於何代。其侵暴中國以何時為甚。亦有可討論者。詩詠伐玁狁事有采薇出車六月三篇。六月之為宣王時詩。世無異論。唯采薇出車二詩。毛傳及詩序皆以為文王時詩。然其詩云王事靡盬。又云王命南仲。又云天子命我城彼朔方。皆不似諸侯之詩。序以為文王以天子之命命將遣戍役。故其辭如此。然三家詩說殊不盡然。漢書匈奴傳謂懿王時戎狄交侵。詩人始作疾而歌之曰。靡室靡家。玁狁之故。又曰豈不日戒。玁狁孔棘。則班固以采薇為懿王時詩也。出車詠南仲伐玁狁之事。南仲亦見大雅常武篇。其詩曰王命卿士。南仲太祖。

太師皇父傳謂王命卿士南仲於太祖皇父為太師白虎通釋爵人於朝封諸侯於廟引詩曰王命卿士南仲太祖白虎通多用魯詩是魯說亦與毛同箋則以南仲為皇父之太祖係文王時人然漢書古今人表繫南仲於宣王時在方叔召虎之下仲山甫之上而文王時別無南仲後漢書龐參傳載馬融上書曰昔周宣獫狁侵鎬及方孝文匈奴亦畧上郡而宣王立中興之功文帝建太宗之號非唯兩主有明叡之姿抑亦扞城有虓虎之助是以南仲赫赫列在周詩亞夫赳赳載於漢策是班固馬融皆以南仲為宣王時人融且以出車之南仲為即常武之南仲矣今焦山所藏鄦惠鼎云司徒南中入右鄦惠具器稱九月既望甲戌有月日而無年無由知其為何時之器然其文字不類周初而與召伯虎敦相似則南仲自是宣王時人出車亦宣王時詩也徵之古器則凡紀玁狁事者亦皆宣王時器今甲盤

稱惟五年三月既死霸庚寅案長術宣王五年三月乙丑朔二十六日得庚寅此正與余既死霸之說合虢季子白盤云惟王十有二年正月初吉丁亥案宣王十二年正月乙酉朔三日得丁亥亦與初吉之語合而十二年正月丁亥為鑄盤之日則伐玁狁當為十一年事矣由是觀之則周時用兵玁狁事其見於書器者大抵在宣王之世而宣王以後即不見有玁狁事是玁狁之稱不過在懿宣數王間其侵暴中國亦以厲宣之間為最甚也

至玁狁之後裔如何經傳所紀自幽平以後至於春秋隱桓之間但有戎號莊閔以後乃有狄號戎與狄皆中國語非外族之本名戎者兵也書稱詰爾戎兵詩稱弓矢戎兵其字从戈从甲本為兵器之總稱引申之則凡持兵器以侵盜者亦謂之戎狄者遠也字本作逷書稱逷矣西土之人詩稱舍爾介狄皆謂遠

也。後乃引申之為驅除之於遠方之義。魯頌之狄彼東南。數狄鐘之數狄不龔。曾伯霥簠之克狄淮夷。皆是也。因之凡種族之本居遠方而當驅除者。亦謂之狄。且其字从犬。中含賤惡之意。故說文有犬種之說。其非外族所自名而為中國人所加之名。甚為明白。故宣王以後。有戎狄而無玁狁者。非玁狁種類一旦滅絕。或遠徙他處之謂。反因玁狁荐食中國。為害尤甚。故不呼其本名。而以中國之名呼之。其追紀其先世也。且被以惡名。是故言昆戎則謂之犬戎。薰鬻則謂之獯鬻。嚴允則謂之玁狁。蓋周室東遷以後事矣。考詩書古器。皆無犬戎事。犬戎之名。始見於左傳國語山海經竹書紀年穆天子傳等。皆春秋戰國以後呼昆夷之稱。而獯鬻玁狁亦被此名。後漢書西羌傳稱武乙暴虐。犬戎寇邊。周古公踰梁山而遷於岐下。是以獯鬻為犬戎也。後漢書西羌傳引紀年。穆王西征犬戎。取其五王。王遂遷戎于太原。又引夷王命虢公帥六師伐太原之戎。又引宣王二十七年王遣兵伐太原戎不克。而詩云薄伐玁狁至于太原。太原一地不容有二戎。則又以玁狁為犬戎也。由是觀之。古之獯鬻玁狁。後人皆被以犬戎之名。則攻幽王滅宗周之犬戎。亦當即宣王時之玁狁。不然。玁狁當懿宣之間。仍世為患。乃一傳至幽王時。絕無所見。而滅宗周者乃出于他種族。此事理之必不可信者也。然則戎中最強大之犬戎。既即玁狁。其餘以戎名者。如汾晉閒諸戎。當即唐叔所受之懷姓九宗。又河南山北之陰戎。伊川之陸渾戎。皆徙自瓜州。所謂允姓之姦居於瓜州者。亦玁狁同族也。春秋莊閔以後。戎號廢而狄號興。（春秋所書閔僖以後無單稱戎者唯云某戎或某某之戎而已）而狄之姓氏見于左傳者。實為隗姓。後世有謂赤狄隗姓白狄釐姓者。（世本）又有謂隗姓赤狄。媿姓白狄者。（潛夫論）然秦漢以後之隗姓。皆出白狄故地。秦始皇時丞相隗狀。雖不知其所出。當為秦人。漢隗囂一族則天水成紀人魏之隗禧（見魏志王肅傳）亦京兆人則赤白二狄疑皆隗姓皆鬼方玁狁後裔或同族及春秋中葉赤狄諸國皆滅於晉河南山北諸戎亦多爲晉役屬白狄僻在西方不與中國通故戎狄之稱泯焉爾後强國并起外族不得逞於中國其逃亡奔走復其故土者或本在邊裔未入中國者戰國辟土時乃復與之相接彼所自稱本無戎狄之名乃復以其本名呼之於是胡與匈奴之名始見於戰國之際與數百年前之獯鬻玁狁先後相應其爲同種當司馬氏作匈奴傳時蓋已知之矣

西胡考上

漢人謂西域諸國爲西胡胡本對匈奴與東胡言之海外東經云西胡白玉山在大夏東又云昆侖山在西胡西白玉山及昆侖山即今之喀喇昆侖是前漢人謂蔥嶺以東之國曰西胡也（山海經此篇中多漢郡縣名是漢人所附益然在建平元年劉歆所進十三篇中是猶出前漢人手也）說文解字玉部珋石之有光者璧珋也

出西胡中。又邑部鄯善西胡國也。又糸部纚西胡毳布也。鄯善在蔥嶺東。毳布蔥嶺東西皆產之。壁琉則專出蔥嶺以西月氏罽賓大秦諸國。是後漢人於蔥嶺東西諸國。皆謂之西胡也。魏晉六朝猶襲此名。後漢書西域傳贊云。逖矣西胡。天之奧區。宋雲行記云。鄯善城主是吐谷渾第二息寧西將軍統部落三千以禦西胡。又云惠生在烏場國二年。西胡風俗大同小異。不能具錄。是南北朝人亦幷謂蔥嶺東西諸國為西胡也。西胡亦單呼為胡。漢書西域傳。西夜與胡異。其種類氐羌行國。逐水草往來。是其所謂胡。乃指西域城郭諸國。非謂游牧之匈奴。後漢以降。匈奴浸微。西域諸國。遂專是號。羅布泊畔所出之魏晉閒木簡。所云胡浮屠胡犁支者。皆西域人名。而鄯善龜茲所產鐵謂之胡鐵。所作臿頭金謂之胡臿金。又魏晉以來凡草木之名冠以胡字者。其實皆西域物也。六朝以後史傳釋典所用胡字皆不以之斥北狄，而以之斥西戎。釋道宣釋迦方志所謂此土，又指西蕃，例為胡國者也。隋僧彥琮始分別胡梵，（續高僧傳一）唐人皆祖其說。（道宣釋迦方志、智廣悉曇字記、慧琳一切經音義皆然）然除印度外，凡西域諸國皆謂之胡。玄奘大唐西域記又由其文字分胡為三種。其於蔥嶺以東諸國，但云文字語言取則印度而已，不別為之立名。至蔥嶺以西分為二種。一曰窣利。自素葉水城以西至羯霜那（大國）地名窣利，人亦謂焉。文字語言，即隨稱矣。字源簡略，本二十餘言，轉而相生，其流浸廣。粗有書記，豎讀其文，遞相傳授，師資無替。二曰覩貨邏。此鐵門以南，雪山以北之地，分為二十七國，語言去就稍異，諸國字源二十五言，轉而相生，用之備物。書以橫讀，自左而右，文記浸多，逾廣窣利。此外如梵衍那、迦畢試、尸棄尼、商彌等國，皆云文字同覩貨邏國，語言稍異，則亦覩貨邏之一支。案奘師此言，蓋本印度舊說。大智度論（二十五）謂敝生處者，安陀羅、舍婆羅（原注裸國）

也。兜佉羅（原注：小月氏）修利安息大秦等。考安陀羅即西域記之案達羅國。與裸國俱在印度之南。安息大秦在印度之西。則兜佉羅修利當在印度之北。兜佉羅即覩貨邏。修利即窣利。審矣。唐僧利言梵語雜名。胡之梵言。形為 Suli。聲曰蘇哩。蘇哩亦即窣利。但利言專以蘇哩為胡。玄奘則但以窣利為胡之一種。故又云自黑嶺以來并為胡俗。則蔥嶺東西與嬀水南北。雖非窣利。仍是胡國。慧超行記與慧琳西域記音義所說畧同。道宣釋迦方志并謂雪山以西至於西海名寶主也。偏饒異珍而輕禮重貨。是為胡國。則波斯大秦亦入其中。故西域諸國。自六朝人言之。則梵亦為胡。自唐人言之。則除梵皆胡。斷可識矣。是故以形貌言。則漢書言自宛以西至安息國。其人皆深目多鬚髯。北史言自高昌以西諸國人等皆深目高鼻。又言康國人深目高鼻多鬚髯。顏師古漢書注言烏孫人青眼赤鬚。西域記及唐書皆言疎勒護蜜人幷碧瞳。均與波斯大秦人相似。以言語言。則漢書言自宛以西至安息國雖頗異言。然大同。自相曉知也。又近日西人於新疆南北路發見三種古文字。一粟特語。二覩貨邏語。三東伊蘭語。覩貨邏語與玄奘所稱名同。粟特當玄奘之所謂窣利。東伊蘭語則當其所謂葱嶺以東諸國語也。三者皆屬阿利安語系。與印度波斯大秦語族類相同。而粟特語與東伊蘭語。尤與波斯語近。以風俗言。則漢書言自宛以西至安息國其人善賈市。爭分銖。貴女子。西域記言寶主之鄉。無禮義。重財賄。短製左衽。斷髮長髭。有城郭之居。務貨殖之利。又言黑嶺以來莫非胡俗。大率土著。建城郭。務田畜。性重財賄。俗輕仁義。嫁娶無禮。尊卑無次。婦言是用。男位居下。吉乃素服。凶則皂衣。亦與大秦波斯俗尚畧同。是故言乎稱號。則同被胡名。言乎形貌。言語風俗。則雖有小異。無害大同。於是此種胡人種族之疑問起。

即此種胡人果從東方往抑從西方來之疑問是也

西胡考下

自來西域之地凡征伐者自東往貿易者自西來此事實也太古之事不可知若有史以來侵入西域者惟古之希臘大食近世之俄羅斯來自西土其餘若烏孫之徙塞種之徙大夏之徙大月氏之徙匈奴之徙嚈噠之徙九姓昭武之徙突厥之徙回鶻之徙蒙古之徙莫不自東而西即如玄奘所稱窣利覩貨邏二種亦有西徙之跡玄奘謂自素葉水城以西至羯霜那地名窣利是窣利之地東盡康居故境西盡九姓昭武之地諸國之中康為宗國北史謂康本康居之後又謂其王本月氏人舊居祁連山北昭武城因被匈奴所破西踰蔥嶺遂有國支庶各分王故康國左右諸國并以昭武為姓其稱九姓昭武亦如三姓葛祿九姓回鶻十姓突厥卅姓突厥卌姓拔悉蜜為北方游牧

人種之名稱是罕利之人本出東方文字暨讀尤近漢法至觀貨邏則西徙之跡尤歷歷可指考觀貨邏之名源出大夏（嘉興沈乙庵先生并西人馬括德等并創是說）大夏本東方古國逸周書王會解云禺氏騊駼大夏茲白牛犬戎文馬又伊尹獻令云正北空桐大夏空桐與禺氏（即月氏）犬戎皆在近塞則大夏一國明非遠裔史記封禪書云齊桓公西伐大夏涉流沙此本管子佚文呂氏春秋古樂篇伶倫自太夏之西乃至阮隃之陰漢書律歷志說苑修文篇風俗通音聲篇同紀此事阮隃皆作昆侖昆之為阮聲之近（說文自部阮讀若昆）侖之為隃字之誤也綜此二說則大夏當在流沙之內昆侖之東較周初王會時已稍西徙穆天子傳云自宗周瀍水以西至于河宗之邦陽紆之山三千又四百里自陽紆西至于西夏氏二千又五百里自西夏至于珠余氏及河首千又五百里自河首襄山以西南至于舂山珠澤昆侖之邱七百里是西夏氏西距昆侖二

千又二百里。與管子呂覽所記大夏地望正合。惟海外東經云。國在流沙外者大夏豎沙居繇月支之國。又云。西胡白玉山在大夏東。與周秦間故書不合。此出漢通西域後所附益。非其本文矣。大唐西域記十二云。于闐國尼壤城東四百餘里至覩貨邏故國。國久空曠。城皆荒蕪。案于闐國姓實爲尉遲。而畫家之尉遲乙僧。張彥遠歷代名畫記云于闐人。朱景元唐朝名畫錄云吐火羅人。二者皆唐人所記。是于闐與吐火羅本同族。亦吐火羅人曾居于闐之證。又今和闐以東大沙磧。唐書謂之圖倫磧。唐書西域吐谷渾傳李靖等軍且末之西伏允走圖倫磧將託于闐是圖倫磧在且末于闐間今謂之塔哈爾馬干磧。皆覩貨邏磧之訛變。是覩貨邏故國在且末于闐間。與周秦間書所記大夏地位若合符節。唐書西域傳云。大夏即吐火羅。具言信矣。大夏之國。自西踰蔥嶺後。即以音行。除史記漢書尚仍其故號外。後漢書謂之兜勒。和帝紀及西域傳序六朝譯經者謂之兜佉勒。鞞婆沙論卷九世尊極知兜佉勒語勝生兜佉勒中者兜佉羅（大智度論卷二十五見上）魏書謂之吐呼羅隋書以下謂之吐火羅西域記謂之覩貨邏皆大夏之對音其從葱嶺以西蓋秦漢閒之事希臘地理學家斯德拉僕所著書記西歷紀元前百五十年時覩貨邏等四蠻族侵入希臘人所建之拔底延王國是大夏之入嬀水流域前乎大月氏者僅二十年故大夏居嬀水南而大月氏居其北此其侵略先後之次序也此事中國印度希臘古籍全相符合則覩貨邏一族與月氏同出東方可斷言矣窣利覩貨邏既同出東方則其同語系之種族若印度若波斯若大秦當無一不出自東方特其遷徙當遠在有史以前此前說之結論必歸於是又與民族西徙之事實相符合也雖然侵略者自東往貿易者自西來二者皆史實也凡西徙之種族於其所征服之國不過得其政權及兵權而自成統治者之一級其時人民之生活仍如故也慧超行傳於西域諸國屢言土人是胡王是

突厥。或言土人是胡。王及兵馬并是突厥。凡東方民族侵入西域者，殆無不然。且西域人民，以國居東西之衝，數被侵畧，亦遂專心職業，不復措意政治之事。是故希臘來則臣希臘，大夏月氏來則臣大夏月氏，嚈噠來則臣嚈噠，九姓昭武來則臣九姓昭武，突厥來則臣突厥，大食來則臣大食。雖屢易其主，而人民之營其生活也如故。當時統治者與被治者間言語風俗固自不同，而統治一級，人數較少，或武力雖優，而文化較劣，抑居既久，往往與被治者相融合。故此土之言語風俗，非統治者之言語風俗，實被治者之言語風俗也。世或以統治者之名呼其種族及言語，如大月氏人、覩貨邏語之類，蓋非盡當。考古書所載，此土人民本與波斯、大秦同是一族。漢書言自宛以西至安息國，雖頗異言，然大同，自相曉知也。其人皆深目多鬚髯，善賈市，爭分銖。貴女子，女子所言，丈夫乃決正。是其形貌言語風俗本同西方。自漢訖唐。蟬嫣未變。北史言康國人善商賈。粟特人多詣涼土販貨。大月氏人商販京師。唐書言康國人好利。丈夫年二十去旁國。利所在無不至。玄奘慧超所記胡俗無不同貫。又西域記於素葉水城及怛羅斯城。皆云各國商胡雜居。於颯秣建及迦畢試國。云異方奇貨皆聚此國。是大食未興以前。東西貿易悉在此種胡人之手。故自漢以來。人民頗復東向。北史言高昌以西諸國人等。皆深目高鼻。是漢時此族以大宛為東界者。至南北朝已越葱嶺。而以高昌為其東界。雖此種人民或於有史以前本居東土。然於有史以後自西徂東。亦為事實。故高昌以西。語言文字。與波斯大秦同屬一系。漢魏以來。總呼為胡。深合事理。然則論西胡之事。當分別統治者與被治者二級觀之。否則鮮不窒閡矣。

西胡續考

自漢書西域傳。言自宛以西至安息。其人皆深目多鬚髯。後世所記胡人容貌。如世說新語六記康僧淵。太平廣記二百四十八引啟顏錄記隋三藏法師。又四百三十五引朝野僉載記宋察事。無不如是。北史于闐傳言自高昌以西。諸國人等。皆深目高鼻。惟此一國于闐貌不甚胡。唐書突厥傳言頡利族人思摩。以貌似胡。疑非阿史那種。故但為夾畢特勒。而不得為設。是胡之容貌。顯與他種不同。而其不同之處。則深目多鬚四字盡之。隋唐以來。凡非胡人而貌類是者。亦謂之胡。劉賓客嘉話錄。言楊國忠知吏部銓。呼選人名。引入於中庭。不問資序。短小者通道參軍。胡者云湖州文學。李匡乂資暇錄下云。俗怖小兒曰麻胡來。不知其源者以為多髯之神。李商隱驕兒詩。或謔張飛胡。或嘲鄧艾吃。東觀奏記上宣宗問宰臣白敏中曰。有一山陵使胡而長。其人姓氏為誰。敏中奏。景陵山陵使令狐楚。侯鯖錄四王晉卿嘗過鞏洛聞道旁有後唐莊宗廟默念始治終亂意斯人必胡及覩神象兩眼外皆鬚也是中國人貌類胡人者皆呼之曰胡亦曰胡子此名當六朝時本施之胡人藝文類聚三十五載梁簡文帝謝安吉公主餉胡子一頭啟云方言異俗極有可觀山高水遠宛在其貌即用世說所載康僧淵事蓋謂真胡人至唐而中國人貌類是者亦謂之胡子太平廣記二百四之五引御史臺記云邵景蕭嵩俱授朝散大夫二人狀貌類胡景鼻高而嵩鬚多同時服朱紱對立於庭韋鏗簾中獨窺而詠曰一雙胡子著緋袍一個鬚多一鼻高云云又雲谿友議載唐陸巖夢桂州筵上贈胡子女詩云自道風流不可攀那堪蹙頞更頹顏眼睛深却湘江水鼻孔高於華岳山是自唐以來皆呼多鬚或深目高鼻者為胡或胡子此二語至今猶存世人呼鬚及多鬚之人皆曰胡子俗又製鬍字以代之北夢瑣言七載蔡押衙詩云可憐洞庭湖却到三冬

無髭鬚以其不成湖也是唐人已謂鬚爲胡豈知此語之源本出於西域胡人之狀貌乎且深目多鬚不獨西胡爲然古代專有胡名之匈奴疑亦如是兩漢人書雖無記匈奴形貌者然晉時胡羯皆南匈奴之裔晉書石季龍載記云太子詹事孫珍問侍中崔約曰吾患目疾何方療之約素狎珍戲之曰溺中可愈珍曰目何可溺約曰卿目睕睕正耐溺中珍恨之以告石宣宣諸子中最胡狀目深聞之大怒誅約父子又云冉閔躬率趙人誅諸胡羯無貴賤男女少長皆斬之死者二十餘萬屯據四方者所在承閔書誅之於是高鼻多鬚至有濫死者安祿山事跡下云高鞠仁令范陽城中殺胡者重賞於是羯胡盡死小兒擲於空中以戈承之高鼻類胡而濫死者甚衆事亦相類夫安史之衆素號雜胡自兼有突厥奚契丹諸部晉之羯胡則明明匈奴別部而其狀高鼻多鬚與西胡無異則古之匈奴蓋可識矣

自後漢以來。匈奴寖微。而東胡中之鮮卑。起而代之。盡有其故地。自是訖於蠕蠕之亡。主北垂者。皆鮮卑同族也。後魏之末。高車突厥代興。亦與匈奴異種。獨西域人民與匈奴形貌相似。故匈奴失國之後。此種人遂專有胡名。顧當時所以獨名為胡者。實因形貌相同之故。觀晉書載記之所記。殆非偶然矣。

西域井渠考

今新疆南北路通鑿井取水。吐魯番有所謂卡兒水者。乃穿井若干。於地下相通以行水。伯希和教授以為與波斯之地下水道相似。疑此法自波斯傳來。余謂此中國舊法也。史記河渠書武帝初發卒萬餘人穿渠。自徵引洛水至商顏下。岸善崩。乃鑿井深者四十餘丈。往往為井。井下相通行水。水頹以絕商顏。東至山嶺十餘里間。井渠之生自此始。此事史家不紀其年。然記於塞瓠子元封二年之前。時西域尚未通也。又大宛列傳云。宛城中無井汲城外流水。又云宛城新得秦人知穿井。是穿井為秦人所教。西域本無此法。及漢通西域。以塞外乏水。且沙土善崩。故以井渠法施之塞下。漢書烏孫傳。漢遣破羌將軍辛武賢將兵萬五千人至敦煌。遣使案行卑鞮侯井。欲通渠轉穀。積居廬倉以討之。孟康曰。卑鞮侯井。大井六通渠也。下流涌出。在白龍堆東土山下。井名通渠。又有上下流。則確是井渠。沙州圖經云。大井澤在州北十五里。引漢書辛武賢事云。遣使者案行。悉穿大井。是漢時井渠。或自敦煌城北直抵龍堆矣。漢於鄯善車師屯田處。當亦用此法。波斯之水。與蔥嶺以東畧同。北史西域傳言波斯地多沙磧。引水溉。西域記言波剌斯國引水為田。皆不言具引水之法。劉郁西使記言穆錫地無水。土人隔嶺鑿井。相沿數十里。下通流以溉田。所言與漢井渠之法無異。蓋東來賈胡以此土之法傳之彼國者。非由彼土傳來也。元王禎農書農器圖譜十三灌溉門附載陰溝法即古井渠之遺明陰客菽園雜記一陝西城中舊無水道井亦不多居民日汲水西門外參政余公子俊知西安府時以為關中險要之地使城閉日民何以生始鑿渠城中引灞滻水從東入西出環甃其下以通水其上仍爲平地隨處作井口使民得汲以汲此永世之利也可見井渠之制歷代行之無廢今京師陰溝用以洩潴澱水者亦用是法也